传世励志经典

男儿志兮天下事

梁启超励志文选

梁启超 著 吕树坤 编

中华工商联合出版社

图书在版编目（CIP）数据

男儿志兮天下事：梁启超励志文选 / 梁启超著；
吕树坤编. --北京：中华工商联合出版社，2014.9
ISBN 978-7-5158-1074-4

Ⅰ. ①男… Ⅱ. ①梁… ②吕… Ⅲ. ①梁启超（
1873～1929）—文集 Ⅳ. ①B259.1-53

中国版本图书馆 CIP 数据核字（2014）第 210266 号

男儿志兮天下事
——梁启超励志文选

作　　者：	梁启超
编　　者：	吕树坤
出 品 人：	徐　潜
策划编辑：	魏鸿鸣
责任编辑：	林　立　崔红亮
封面设计：	周　源
责任审读：	李　征
责任印制：	迈致红
出版发行：	中华工商联合出版社有限责任公司
印　　刷：	天津旭丰源印刷有限公司
版　　次：	2014 年 12 月第 1 版
印　　次：	2023 年 4 月第 4 次印刷
开　　本：	710mm×1020mm　1/16
字　　数：	200 千字
印　　张：	17.25
书　　号：	ISBN 978-7-5158-1074-4
定　　价：	59.80元

服务热线：010—58301130　　　　工商联版图书
销售热线：010—58302813　　　　版权所有　侵权必究
地址邮编：北京市西城区西环广场 A 座
　　　　　　19—20 层，100044
http://www.cHgslcbs.cn　　　　　凡本社图书出现印装质量
E-mail：cicap1202@sina.com（营销中心）　问题，请与印务部联系。
E-mail：gslzbs@sina.com（总编室）　　联系电话：010—58302915

序

　　为了给《传世励志经典》写几句话，我翻阅了手边几种常见的古今中外圣贤大师关于人生的书，大致统计了一下，励志类的比例，确为首屈一指。其实古往今来，所有的成功者，他们的人生和他们所激赏的人生，不外是：有志者，事竟成。

　　励志是动宾结构的词，励是磨砺，志是志向，放在一起就是磨砺志向。所以说，励志不是简单的立志，是要像把刀放在石头上磨才能锋利一样，这个磨砺，也不是轻而易举地摩擦一下，而是要下力气的，对刀来说，不仅要把自身的锈磨掉，还要把多余的部分都要毫不留情地磨掉，这简直是一场磨难。所有绚丽的人生都是用艰难磨砺成的，砥砺生命放光华。可见，励志至少有三层意思：

　　一是立志。国人都崇拜的一本书叫《易经》，那里面有一句话说：天行健，君子以自强不息。这是一种天人合一的理念，它揭示了自然界和人类发展演化的基本规律，所以一切圣贤伟人无不遵循此道。当然，这里还有一个立什么样的志的问题，孔子说：士不可以不弘毅，任重而道远。古往今来，凡志士仁人立的都是天下家国之志。李白说：大丈夫必有四方之志，白居易有诗曰：丈夫贵兼济，岂独善一身，讲的都是这个道理。

二是励志。有了志向不一定就能成事，《礼记》里说：玉不琢，不成器。因为从理想到现实还有很大的距离。志向须在现实的困境中反复历练，不断考验才能变得坚韧弘毅，才能一步一个脚印地逐步实现。所以拿破仑说：真正之才智乃刚毅之志向。孟子则把天将降大任于斯人描述得如此艰难困苦。我们看看历代圣贤，从三大宗的创始人耶稣、默哈穆德、释迦牟尼到孔夫子、司马迁、孙中山，直至各行各业的精英，哪一个不是历经磨难终成大业，哪一个不是砥砺生命放射出人生的光芒。

三是守志。无论立志还是励志都不是一朝一夕、一蹴而就的，它贯穿了人的一生，无论生命之火是绚丽还是暗淡，都将到它熄灭的最后一刻。所以真正的有志者，一方面存矢志不渝之德，另一方面有不为穷变节、不为贱易志之气。像孟子说的那样：富贵不能淫、贫贱不能移、威武不能屈。明代有位首辅大臣叫刘吉，他说过：有志者立长志，无志者常立志，这话是很有道理的。

话说回来，励志并非粘贴在生命上的标签，而是融汇于人生中一点一滴的气蕴，最后成长为人的格调和气质，成就人生的梦想。不管你做哪一行，有志不论年少，无志空活百年。

这套《传世励志经典》共收辑了100部图书，包括传记、文集、选辑。为励志者满足心灵的渴望，有的像心灵鸡汤，营养而鲜美；有的就是萝卜白菜或粗茶淡饭，却是生命之必需。无论直接或间接，先贤们的追求和感悟，一定会给我们带来生命的惊喜。

徐 潜

2014 年 5 月 16 日

前　言

自 1840 年鸦片战争以来,列强瓜分中国日甚一日,清朝政府腐败无能,国势艰危,黎民涂炭。对此,无数忧国忧民的仁人志士,为争取民族独立和人民自由幸福,前仆后继,奋起抗争,谱写出一页又一页可歌可泣、感天动地的历史篇章。这其中,梁启超先生是当之无愧的有代表性的一位。

梁启超(1873—1929),字卓如,一字任甫,号任公,又号饮冰室主人、饮冰子、哀时客、中国之新民、自由斋主人等,是中国近代著名的思想家、政治家、教育家、史学家、文学家,是维新变法的主要领导人。

他学识渊博,著作等身,在哲学、文学、史学、经学、法学、伦理学、宗教学等领域,均有建树。他一生以“救国新民”为己任,即使在维新变法失败后逃亡日本期间,“救国新民”的思想亦未曾稍减。在他的文章与演讲中,爱国主义思想像一条粗大的红线贯穿于始终。即或是纯学术性的文章,其爱国之情亦不时回荡于字里行间。他曾以“善变”闻名于世,但其宗旨和目的始终不变,“其方法虽变,然其所以爱国者未尝变也”。

他的文章条理清晰，笔端满含激情，曾风靡于一时。正如毛泽东所言："立论锋利，条理分明，感情奔放，痛快淋漓"，"一反骈体、桐城、八股之病，清新平易，传诵一时。他是当时最有号召力的政论家"。他的文章和思想整整影响了一代人。郭沫若曾说："平心而论，梁任公地位在当时确实不失为一个革命家的代表。二十年前的青少年，可以说是没有一个没受过他的思想或文字的洗礼的。"毛泽东早年组织的"新民学会"，不能说不受到梁启超创办《新民丛报》、撰写《新民说》等文章的"救国新民"思想的影响。据说钱穆先生16岁时，因读梁启超的《中国前途之希望与国民责任》（亦称《中国不亡论》）一文，遂萌发为故国招魂之志，志向中国史学，以存国魂，救国家，终成就一代国学宗师。

梁启超的爱国主义思想，不是空洞的标语口号，而是将"救国"与"新民"紧密联系起来。只有更新国民的思想道德，增强责任意识和义务观念，才能拯救国家。对于"新民"的具体内涵，予以多侧面、多角度的反复阐述，他的每一篇文章几乎都与此相关。今天的读者阅读这些文章，仍会受到启迪，从中汲取力量，激励斗志。因为我们正在实现的中华民族伟大复兴的中国梦，这也正是以梁启超等人为代表的无数仁人志士们的百年梦想！

由于篇幅所限，本书只收入41篇文章。为方便读者，每篇文章前加有"题解"，文章后附有"注释"。"注释"力求简明，以帮助读者扫清文字障碍为目的。

"题解"与"注释"中的不妥之处，敬请读者指正。

编　者

2014年5月18日

目 录

三十自述

这是作者于1902年三十岁时所撰写的一篇回顾三十年来的人生历程的文章。作者从故乡、父辈开篇，自出生至变法失败后东渡日本，其求学经历与思想轨迹，均跃然纸上。三十年间，经历了无数个人生节点，每一个节点，都是求学的一次更新，思想的一次跨越，人生观的一次升华。而拜康有为为师，是其人生的一大节点，其心情是"且惊且喜，且怨且艾，且疑且惧"，"平生知有学自兹始"。从此，走上了变法维新之路。变法失败，逃亡日本，无日不心系祖国，创刊办报，"冀以为中国国民道铎之一助"。"国家多难，岁月如流，眇眇之身，力小任重"，忧国忧民的责任心未曾稍减！三十年的历史跨度，一气呵成，国事不堪，死生师友，动魄惊心。足可为后来者"励志"之借鉴。

"风云入世多，日月掷人急。如何一少年，忽忽已三十。"此余今年正月二十六日在日本东海道汽车中所作《三十初度口占①》十首之一也。人海奔走，年光蹉跎，所志所事，百未一就，揽镜据鞍②，能无悲怃？擎一既结集其文，复欲为作小传。余谢之曰："若某之行谊③经历，曾何足有记载之一值。若必不获已者，则人知我，何如我之自知？吾死友谭浏阳④曾作'三十自述'，吾毋宁效颦⑤焉。"作《三十自述》。

余乡人也。于赤县神州⑥，有当秦汉之交，屹然独立群雄之表数十年，用其地，与其人，称蛮夷大长，留英雄之名誉于历史上之一省。于其省也，有当宋元之交，我黄帝子孙与北狄异种血战不胜，君臣殉国，自沉崖山⑦，留悲愤之记念于历史上之一县。是即余之故乡也。乡名熊子⑧，距崖山七里强，当西江入南海交汇之冲，其江口列岛七，而熊子宅其中央，余实中国极南之一岛民也。先世自宋末由福州徙南雄，明末由南雄徙新会，定居焉。数百年栖于山谷，族之伯叔兄弟，且耕且读，不问世事，如桃源中人。顾闻父老口碑所述，吾大王父⑨最富于阴德，力耕所获，一粟一帛，辄以分惠诸族党之无告⑩者。王父讳维清，字镜泉，为郡生员，例选广文⑪，不就。王母氏黎。父名宝瑛，字莲涧，夙教授于乡里。母氏赵。

余生同治癸酉正月二十六日，实太平国⑫亡于金陵后十年，清大学士曾国藩卒后一年，普法战争后三年，而意大利建国罗马之岁也。生一月而王母黎卒。逮事王父者十九年，王父及见之孙八人，而爱余尤甚。三岁仲弟启勋生，四五岁就王父及母膝下授四子书、《诗经》，夜则就睡王父榻，日与言古豪杰哲人嘉言懿行⑬，而尤喜举亡宋、亡明国难之事，津津道之。六岁后，就父读，受《中国略史》、五经卒业。八岁学为文。九岁能缀千言。十二岁应试学院，补博士弟子员，日治帖括⑭，虽几心不慊之，然不知天地间于帖括外，更有所谓学也，辄埋头钻研，顾颇喜词章。王父、父母时授以唐人诗，嗜之过于八股。家贫无书可读，惟有《史记》一、《纲鉴易知录》一，王父、父日以课之，故至今《史记》之文，能成诵八九。父执⑮有爱其慧者，赠以《汉书》一、姚氏《古文辞类纂》一，则大喜，读之卒业焉。父慈而严，督课之外，使之劳作，言语举动稍不谨，辄呵斥不少假惜，常训之曰："汝自视乃如常儿乎！"至今诵此语不敢忘。十三岁始知有段、王⑯训诂之学，大好之，渐有弃帖括之志。十五岁，母赵恭人见背，以四弟之产难也，余方游学省会，而时无轮舶，奔丧归乡，已不获亲含殓，终天之恨，莫此为甚。时肄业于省会之学海堂，堂为嘉庆间前总督阮元⑰所立，以训诂词章课粤人者也。至是乃决舍帖括以从事于此，不知天地间于训诂词章之外，更有所谓学也。己丑年十七，举于乡，主考为李尚书端棻⑱，王镇江仁堪⑲。年十八计偕入京师，父以其稚也，挈与偕行，李公以其妹许字焉。下第归，道上海，从坊间购得《瀛环志略》读之，始知有五大洲各国，且见上海制造局译出西书若干种，心好之，以无力不能购也。

其年秋，始交陈通甫⑳。通甫时亦肄业学海堂，以高才生闻。既而通甫相语曰："吾闻南海康先生㉑上书请变法，不达，新从京师归，吾往谒焉，其学乃为吾与子所未梦及，吾与子今得师矣。"于是乃因通甫修弟子礼事南海先生。时余以少年科第，且于时流所推重之训诂词章学，颇有所知，辄沾沾自喜。先生乃以大海潮音，作师子吼㉒，取其所挟持之数百年无用旧学更端驳诘，悉举而摧陷廓清之。自辰入见，及戌始退，冷水浇背，当头一棒㉓，一旦尽失其故垒，惘惘然不知所从事，且惊且喜，且怨且艾，且疑且惧，与通甫联床竟夕不能寐。明日再谒，请为学方针，先生乃教以陆王心学㉔，而并及史学、西学之梗概。自是决然舍去旧学，自退出学海堂，而间日请业南海之门。生平知有学自兹始。

辛卯余年十九，南海先生始讲学于广东省城长兴里之万木草堂，徇通甫与余之请也。先生为讲中国数千年来学术源流、历史政治、沿革得失，取万国以比例推断之。余与诸同学日札记其讲义，一生学问之得力，皆在此年。先生又常为语佛学之精奥博大，余凤根浅薄，不能多所受。先生时方著《公理通》、《大同学》等书，每与通甫商榷辨析入微，余辄侍末席，有听受，无问难，盖知其美而不能通其故也。先生著《新学伪经考》，从事校勘；著《孔子改制考》，从事分纂。日课则宋元明《儒学案》、二十四史、《文献通考》等，而草堂颇有藏书，得恣涉猎，学稍进矣。其年始交康幼博㉕。十月，入京师，结婚李氏。明年壬辰，年二十，王父弃养㉖，自是学于草堂者凡三年。

甲午年二十二，客京师，于京国所谓名士者多所往还。六月，日本战事㉗起，愤愤时局，时有所吐露，人微言轻，莫之闻也。顾益读译书，治算学、地理、历史等。明年乙未，和议成，代表广东公车㉘百九十人，上书陈时局。既而南海先生联公车三千人，上书请变法，余亦从其后奔走焉。其年七月，京师强学会开，发起之者，为南海先生，赞之者为郎中陈炽㉙，郎中沈曾植㉚，编修张孝谦㉛，浙江温处道袁世凯㉜等。余被委为会中书记员。不三月，为言官㉝所劾，会封禁。而余居会所数月，会中于译出西书购置颇备，得以余日尽浏览之，而后益斐然有述作之志。其年始交谭复生㉞、杨叔峤㉟、吴季清㊱、铁樵、子发父子。

京师之开强学会也，上海亦踵起。京师会禁，上海会亦废。而黄公度㊲倡议续其余绪，开一报馆，以书见招。三月去京师，至上海，始交公度。七月《时务报》开，余专任撰述之役，报馆生涯自兹始，著《变法通议》、《西学书目表》等书。其冬，公度简出使德国大臣，奏请偕行，会公度使事辍，不果。出使美日秘大臣伍廷芳⑧，复奏派为参赞，力辞之。伍固请，许以来年往，既而终辞，专任报事。丁酉四月，直隶总督王文韶㊴、湖广总督张之洞㊵、大理寺卿盛宣怀㊶，连衔奏保，有旨交铁路大臣差遣，余不之知也。既而以札来，粘奏折上谕焉，以不愿被人差遣辞之。张之洞屡招邀，欲致之幕府，固辞。时谭复生宦隐金陵，间月至上海，相过从，连舆接席。复生著《仁学》，每成一篇，辄相商榷，相与治佛学，复生所以砥砺之者良厚。十月，湖南陈中丞宝箴㊷、江督学标㊸，聘主湖南时务学堂讲席，就之。时公度官湖南按察使，复生亦归湘助乡治，湘中同志称极盛。未几，德国割据胶州湾事起，瓜分之忧，震动全国，而湖南始创南学会，将以为地方自治之基础，余颇有所赞画。而时务学堂于精神教育，亦三致意焉。其年始交刘裴邨㊹、林暾谷㊺、唐绂丞㊻，及时务学堂诸生李虎村㊼、林述唐㊽、田均一㊾、蔡树珊㊿等。

明年戊戌，年二十六，春大病几死，出就医上海，既痊，乃入京师。南海先生方开保国会，余多所赞画奔走。四月，以徐侍郎致靖51之荐，总理衙门再荐，被召见，命办大学堂译书局事务。时朝廷锐意变法，百度更新，南海先生深受主知，言听谏行，复生、暾谷、叔峤、裴邨，以京卿参预新政，余亦从诸君子之后，黾勉52尽瘁。八月政变，六君子为国流血，南海以英人仗义出险，余遂乘日本大岛兵舰而东。去国以来，忽忽四年矣。

戊戌九月至日本，十月与横滨商界诸同志，谋设《清议报》。自此居日本东京者一年，稍能读东文，思想为之一变。己亥七月，复与滨人共设高等大同学校于东京，以为内地留学生预备科之用，即今之清华学校是也。其年美洲商界同志，始有中国维新会之设，由南海先生所鼓舞也。冬间美洲人招往游，应之。以十一月首途，道出夏威夷岛，其地华商二万余人，相执留，因暂住焉，创夏威夷维新会。适以治疫故，航路不通，遂居夏威夷半年，至庚子六月，方欲入美，而义和团变已大起，内地消息，风声鹤唳，一日百变。已而屡得内地函电，促归国，遂回马首而西，比及日本，已闻北京失守之报。七月急归沪，方思有所效，抵沪之翌日，而汉口难作，唐、林、李、蔡、黎、傅诸烈，先后就义，公私皆不获有所救。留沪十日，遂去，适香港。既而渡南洋，谒南海，遂道印度，游澳洲，应彼中维新会之招也。居澳半年，由西而东，环洲历一周而还。辛丑四月，复至日本。

尔来蛰居东国，忽又岁余矣，所志所事百不一就，惟日日为文字之奴隶。空言喋喋，无补时艰，平旦自思，只有惭悚。顾自审我之才力，及我今日之地位，舍此更无术可以尽国民责任于万一。兹事虽小，亦安得已。一年以来，颇竭棉薄③，欲草一《中国通史》以助爱国思想之发达，然荏苒日月，至今犹未能成十之二。惟于今春为《新民丛报》，冬间复创刊《新小说》，述其所学所怀抱者，以质于当世达人志士，冀以为中国国民道铎④之一助。呜呼！国家多难，岁月如流，眇眇之身，力小任重。吾友韩孔广诗云："舌下无英雄，笔底无奇士。"呜呼，笔舌生涯，已催我中年矣！此后所以报国民之恩者，未知何如？每一念及，未尝不惊心动魄，抑塞而谁语也。

孔子纪元⑤二千四百五十三年壬寅十一月，任公自述。

【注释】

①口占：谓作诗文不起草稿，随口而成。②据鞍：在马背上。③行谊：事迹，行为。④谭浏阳：谭嗣同，字复生，号壮飞，湖南浏阳人。清末维新派。戊戌政变时遇害。"戊戌六君子"之一。⑤效颦：指不善模仿、弄巧成拙。⑥赤县神州：中国的别称。⑦自沉崖山：南宋丞相陆秀夫背负

少帝赵昺于此处投海。崖山：今广东新会南崖门镇。⑧熊子：熊子山。在广东新会县。⑨大王父：祖父的长兄。⑩无告：有苦无处诉说。⑪广文：指教官。⑫太平国：太平天国。⑬嘉言懿行：美好的品德言行。⑭帖括：指科举应试文章。⑮父执：父亲的友人。⑯段、王：段玉裁、王引之，均为清代文字学家、考据学家。⑰阮元：清朝大臣，经学家。⑱李尚书端棻：清末维新派。百日维新期间，授礼部尚书。戊戌政变后，革职充军新疆。⑲王镇江仁堪：字可庄，号公定，官苏州知府。光绪三年第一名进士，善书画。⑳陈通甫：康有为的大弟子，英年早逝，曾被称为康门的"颜回"。㉑南海康先生：康有为，字广厦，号长素，又号更生。广东南海（今广州）人，近代资产阶级性质的政治改良运动的主要代表人物。变法失败后，逃亡日本。㉒师子吼：狮子吼。佛被称为"人中师子"，高僧说法为狮子吼。㉓当头一棒：犹当头棒喝。泛指使人震动和醒悟的猛烈手段。㉔陆王心学：由儒家学者南宋陆九渊与明代王守仁发展出来的心学的简称。㉕康幼博：康广仁，号幼博，清末维新派。康有为幼弟。戊戌政变时遇难，为"戊戌六君子"之一。㉖弃养：父母逝世的婉词。谓父母死亡子女不得奉养。㉗日本战事：指中日甲午战争。㉘公车：因汉代曾用公家车马接送应举的人，后泛指入京应试的举人。㉙陈炽：字次亮，晚号瑶林馆主。清末维新派，历任户部郎中等职。㉚沈曾植：字子培。近代学者。支持维新运动。㉛张孝谦。清末"清流"领袖李鸿藻的亲信。㉜浙江温处道袁世凯：时任浙江省温州、处州道台的袁世凯。㉝言官：主要负责监督与上谏。㉞谭复生：谭嗣同，字复生。㉟杨叔峤：杨锐，字叔峤，"戊戌六君子"之一。㊱吴季清：近代佛学家。㊲黄公度：黄遵宪，字公度。清末爱国诗人，维新派。著有《人境庐诗草》等。㊳伍廷芳：清末民初杰出的外交家、法学家。㊴王文韶：清末大臣。曾任直隶总督兼北洋大臣，官至政务大臣、武英殿大学士。㊵张之洞：清末大臣。曾任湖广总督，大办洋务，洋务派主要代表人物之一。㊶盛宣怀：清末官员，官办商人，洋务派代表人物，著名的政治家、企业家和慈善家，被誉"中国实业之父"和"中国商父"。㊷陈中丞宝箴：字右铭。清末维新派。曾任湖南巡抚。戊戌政变后，被革职，永不叙用。㊸江督学标：字建霞，光绪十五年进士，官翰林院编修，博学工诗文。㊹刘裴邨：刘光第，字裴邨。清末维新派著名爱国诗人，"戊戌六君子"之一。㊺林暾谷：林旭，字暾谷。清末维新派人士，"戊戌六君子"之一。㊻唐绂丞：唐才常，字绂丞。湖南浏阳人，与谭嗣同订为生死之交，时称"浏阳双杰"。变法失败后，赴日本，师从康有为，又主张与孙文合作，组织策划起义，被捕牺牲。㊼李虎村：李炳寰，字虎村。湖南慈利人。参与湘省维新事业。维新失败后赴日本游学，回国参与自立军起义，被捕牺牲，其父兄均遭株连。㊽林述唐：林圭：又名锡圭，字述唐，湖地湘阴人，崇拜康有为，变法失败后，赴日本求学，回国后自立军起事，为主要领导人之一。失败后被捕牺牲。㊾田均一：田邦璇，字伯玑，一字均一。湖南慈利人。维新失败后赴日本游学，回国参加自立军起义，被捕牺牲。㊿蔡树珊：蔡钟浩，字树珊，湖南常德人。维新失败后，赴日本游学，回国参加自立军起义，被捕牺牲。51徐侍郎致靖：徐致靖，清末维新派。百日维新期间受任为礼部右侍郎。曾保荐康有为、黄遵宪、谭嗣同、张元济、梁启超等。戊戌政变后，被革职监禁。52黾勉：努力，勉力。53棉薄：微不足道。谦词。54道铎：喻警世。55孔子纪元：清朝末年，康有为提出，要在全国兴建孔子庙，宣讲儒学，并推行以孔子诞生年为元年的纪年运动。此设想虽然没有实现，但儒学研究界一直在使用孔子纪元。

养心语录

【题解】

　　这是作者于 1899 年撰写的一篇短文，是《自由书》中的一篇。所谓"养心"，即指修养心神。人生与忧患俱来，应不惧烦恼，种种烦恼，正可以练心练胆。应不畏阻力，有如江河，曲折奔赴，千里入海，修养心神，也就是励志，烦恼与阻力，也正是励志的机会。

　　人之生也，与忧患俱来；苟不尔，则从古圣哲，可以不出世矣。种种烦恼，皆为我练心之助；种种危险，皆为我练胆之助；随处皆我之学校也。我正患无就学之地，而时时有此天造地设①之学堂以饷②之，不亦幸乎！我辈遇烦恼遇危险时，作如是观，未有不洒然③自得者。凡办事必有阻力。其事小者其阻力亦小，其事愈大其阻力亦愈大。阻力者乃由天然，非由人事也。故我辈惟当察阻力之来而排之，不可畏阻力之来而避之。譬之江河，千里入海，曲折奔赴，遇有沙石则挟之而下，遇有山陵则绕越而行，要之必以至海为究竟。办事遇阻力者，当作如是观。至诚所感，金石为开，何阻力之有焉！苟畏而避之，则终无一事可办而已。何也？天下固无无阻力之事也。

（原刊 1899 年 9 月 15 日第 27 册）

【注释】

①天造地设：天然生成。②饷：赠送。③洒然：洒脱貌。

成　败

【题解】

　　作者从1899年8月出版的由他主编的《清议报》第25期开始，以"饮冰室自由书"为题开辟栏目，刊载自己读书刊后的感受或社会关系等方面言论。由富国强兵写到对外看世界的观点。1905年，上海广智书局为其出版了单行本。此文便是该书中的一篇。作者在此文中强调，"丈夫以身任天下事"，就要"无希翼心"、"无恐怖心"、不怕失败，敢为天下先。这正是励志进取者所应具备的品格！

　　凡任天下大事者，不可不先破成败之见。然破此见，大非易事。必知天下之事，无所谓成，无所谓败，参透此理而笃信之，则庶几①矣。何言乎无所谓成？天下进化之理，无有穷也，进一级更有一级，透一层更有一层。今之所谓文明大业者，自他日观之，或笑为野蛮，不值一钱矣。然则所谓成者果何在乎？使吾之业能成于一国，而全世界应办之事复无限，其不成者正多矣；使吾之业能成于一时，而将来世界应办之事复无限，其不成者正多矣。况即以一时一国论之，欲求所谓美满圆好毫无缺憾者，终不可得；其有缺憾者，即其不成者也。盖世界之进化无穷，故事业亦因之无穷，而人生之年命境运、聪明才力则有穷。以有穷者入于无穷者，而欲云有成，万无是处。何言乎无所谓败？天下之理，不外因果。不造因则断不能结果，既造因则无有不结果，而其结果之迟速远近，则因其内力与外境而生种种差别。浅见之徒，偶然未见其结果，因谓之为败云尔，不知败于此者或成于彼，败于今者或成于后，败于我者或成于人。尽一分之心力，必有一分之补益，故惟日孜孜，但以造因为事，则他日结果之收成，必有不可量者。若怵于目前，以为败矣败矣，而不复办事。则遂无成之一日而已。故办事者立于不败之地者也，不办事者立于全败之地者也。苟通乎此二理，知无所谓成，则无希冀心；知无所谓败，则无恐怖心。无希冀心，无恐怖心，然后尽吾职分之所当为，行吾良知所不能自已，备其身以入于世界中，磊磊落落，独往独来。大丈夫之志也，大丈夫之行也。

日本维新[2]之首功，西乡乎？木户乎？大久保乎[3]？曰唯唯否否[4]。伊藤乎？大隈乎？井上乎？后藤乎？板垣乎[5]？曰唯唯否否。诸子皆以成为成者也。若以败为成者，则吉田松阴[6]其人是也。吉田诸先辈造其因，而明治诸元勋收其果。无因则无果，故松阴辈当为功首也。考松阴生平欲办之事，无一成者，初欲投西舰逃海外求学而不成，既欲纠志士入京都勤王而不成，既欲遣同志阻长藩东上而不成，事事为当道所抑压，卒坐吏议就戮，时年不过三十，其败也可谓至矣。然松阴死后，举国志士，风起水涌，卒倾幕府，成维新，长门藩士最有力焉，皆松阴之门人也。吾所谓败于今而成于后，败于己而成于人，正谓是也。丈夫以身任天下事，为天下耳，非为身也。但有益于天下，成之何必自我？必求自我成之，则是为身也，非为天下也。

吉田松阴曰："今之号称正义人，观望持重者，比比皆是，是为最大下策；何如轻快捷速，打破局面，然后徐图占地布石之为胜乎？"又曰："士不志道则已，苟志道矣，而畏祸惧罪，有所不尽于言，取容当世，贻误将来，岂君子学者之所为哉？"又曰："今日事机之会，朝去夕来，使有志之士，随变喜怒于其间，何能有为？"又曰："当今天下之事，有眼者皆见而知之。吾党为任甚重，立志宜大，不可区区而自足。"又曰："生死离合，人事倏忽，但不夺者志，不灭者业，天地间可恃者独是而已。死生原是开阖眼，祸福正如反覆手。呜呼！大丈夫之所重，在彼不在此也。"又曰："今世俗有一说曰，时尚未至，轻动取败，何如浮沉流俗，免人怪怒，乘时一起，攫取功名耶？当今所谓有志之士，皆抱持此说。抱持此说者，岂未思今上皇帝之宸忧乎？宸忧如彼，犹抱持此说，非士之有志者也。"以上各条，吾愿以书诸绅，亦愿我同志以书诸绅。

读松阴之集，然后知日本有今日之维新者，盖非偶然矣。老子曰："不为天下先。"盖为天下先者，未有不败者也。然天下人人皆畏败而惮先，天下遂以腐坏不可收拾。吉田松阴之流，先天下以自取败者也。天下之事，往往有数百年梦想不及者，忽焉一人倡之，数人和之，不数年而遍于天下焉。苟无此倡之之一人，则或沉埋隐伏更历数十年、数百年而不出现，石沉大海，云散太虚⑦而已。然后叹老氏之学之毒天下，未有艾⑧也。

【注释】

①庶几：差不多，近似。②维新：明治维新，是指 19 世纪 60 年代日本在受到西方资本主义工业文明冲击的背景下所进行的由上而下、具有资

本主义性质的全面西化与现代化改革。这次改革使日本跻身于世界强国之列，但是也使日本走上了对外侵略扩张的军国主义道路，对亚洲邻国造成了沉重灾难。③西乡、木户、大久保：即西乡隆盛、木户孝允、大久保利通。被称为"维新三杰"。④唯唯否否：是也不是。⑤伊藤、大隈、井上、后藤、坂垣：即伊藤博文、大隈重信、井上馨、后藤象二郎、坂垣退助。均为明治维新改革过程中重要人物。⑥吉田松阴：日本江户幕府末期思想家、野心家、明治维新的先驱者。他主张利用人民群众反对封建斗争，武力推翻幕府，为倒幕维新运动提供重要指导思想。另一方面，他具有强烈的民族扩张主义思想，主张侵略中国和朝鲜等。甚至梦想吞并五大洲，对日本军国主义思想的形成有较大影响。在"安政大狱"事件中被处死。⑦太虚：指天空。⑧艾：止，绝。

忧国与爱国

【题解】

这是作者于 1899 年撰写的一篇文章，是《自由书》中的一篇。作者是一位爱国者，也是一位忧国者，作者认为不能因爱国而"生保守之思"，不能因忧国而"堕颓放之志"。要因爱国而进取，因忧国而愤激，国家落后贫弱，被西方列强所瓜分，根本原因是不能自强自立。民族振兴，国家富强是励志者终生追求的梦想。

有忧国者，有爱国者。爱国者语忧国者曰：汝曷①为好言国民之所短？曰：吾惟忧之之故。忧国者语爱国者曰：汝曷为好言国民之所长？曰：吾惟爱之之故。忧国之言，使人作愤激之气，爱国之言，使人厉进取之心，此其所长也；忧国之言，使人堕颓放之志，爱国之言，使人生保守之思，此其所短也。朱子②曰："教学者如扶醉人，扶得东来西又倒。"用之不得其当，虽善言亦足以误天下。为报馆主笔③者，于此中消息，不可不留意焉。

今天下之可忧者，莫中国若；天下之可爱者，亦莫中国若。

吾愈益忧之，则愈益爱之；愈益爱之，则愈益忧之。既欲哭之，又欲歌之。吾哭矣，谁欤踊者？吾歌矣，谁欤和者？

日本青年有问任公者曰：支那④人皆视欧人如蛇蝎，虽有识之士亦不免，虽公亦不免，何也？任公曰：视欧人如蛇蝎者，惟昔为然耳。今则反是，视欧人如神明，崇之拜之，献媚之，乞怜之，若是者，比比皆然，而号称有识之士者益甚。昔惟人人以为蛇蝎，吾故不敢不言其可爱；今惟人人以为神明，吾故不敢不言其可嫉。若语其实，则欧人非神明、非蛇蝎，亦神明、亦蛇蝎，即神明、即蛇蝎。虽然，此不过就客观的言之耳。若自主观的言之，则我中国苟能自立也，神明将奈何？蛇蝎又将奈何？苟不能自立也，非神明将奈何？非蛇蝎又将奈何？

【注释】

①汝曷：你为何。②朱子：朱熹，南宋理学家。为理学之集大成者。③报馆主笔：作者自称。④支那：日本对中国的蔑称。

慧　观

【题解】

　　这是作者于 1900 年撰写的一篇文章，是《自由书》中的一篇。"慧观"一词，原为佛教语，即智慧妙观，于司空见惯的事物中，独具慧眼，别有见地，发现常人所不能发现的妙处。"慧观"亦即"善观"，作者认为"学莫要于善观"，"善观者，不以其所已知蔽其所未知，而常以其所已知推其所未知"。此种眼力，实由心力所养成。只有为理想而奋斗，专心致志，心无旁骛的人，才能有此"慧观"。

　　同一书也，考据家读之，所触者无一非考据之材料；词章①家读之，所触者无一非词章之材料；好作灯谜酒令之人读之，所触者无一非灯谜酒令之材料；经世②家读之，所触者无一非经世之材料。同一社会也（即人群），商贾家人之，所遇者无一非锱铢什一③之人；江湖名士入之，所遇者无一非咬文嚼字之人；求宦达者入之，所遇者无一非诌上凌下、衣冠优孟④之人；怀不平者入之，所遇者无一非陇畔辍耕、东门倚啸之人。各自占一世界，而各自谓世界之大，已尽于是，此外千形万态，非所见也，非所闻也。昔有白昼攫⑤金于齐市者，吏捕而诘之曰："众目共视之地，汝攫金不畏人耶？"其人曰："吾彼时只见有金，不见有人。"夫一市之人之多，非若秋毫之末之难察也，而攫金者不知之，此其故何哉？昔有佣一蠢仆执爨役⑥者，使购求食物于市，归而曰："市中无食物。"主人曰："嘻，鱼也，豕肉⑦也，芥也，姜也，何一不可食者？"于是仆适市，购辄得之。既而亘一月，朝朝夕夕所食者，皆鱼也，豕肉也，芥也，姜也。主人曰："嘻，盍⑧易他味？"仆曰："市中除鱼与豕肉与芥与姜之外，无有他物。"夫一市之物之多，非若水中微虫，必待显微镜然后能睹也，而蠢仆不知之，此其故何哉？

任公曰：吾观世人所谓智者，其所见，与彼之攫金人与此之蠢仆，相去几何矣？李白、杜甫⑨满地，而衣裋褐⑩、携锄犁者，必不知之；计然⑪、范蠡⑫满地，而摩禹行、效舜趋⑬者，必不知之；陈涉、吴广⑭满地，而飨五鼎、鸣八驺⑮者必不知之。其不知也，则直谓世界中无有此等人也，虽日日以此等人环集于其旁，而彼之视为无有固自若也。不此之笑，而惟笑彼之攫金者与此之蠢仆，何其蔽欤？

人谁不见苹果之坠地，而因以悟重力之原理者，惟有一奈端⑯；人谁不见沸水之腾气，而因以悟汽机之作用者，惟有一瓦特⑰；人谁不见海藻之漂岸，而因以觅得新大陆者，惟有一哥仑布⑱；人谁不见男女之恋爱，而因以看取人情之大动机者，惟有一瑟士丕亚⑲。无名之野花，田夫刈之，牧童蹈之，而窝儿哲窝士⑳于此中见造化之微妙焉；海滩之僵石，渔者所淘余，潮雨所狼藉，而达尔文于此中悟进化之大理焉。故学莫要于善观。善观者，观滴水而知大海，观一指而知全身，不以其所已知蔽其所未知，而常以其所已知推其所未知，是之谓慧观。

【注释】

①词章：诗文的总称。②经世：治理国事。③锱铢什一：犹斤斤计较。④衣冠优孟：指登场演戏。⑤攫：抓取。⑥执爨役：烧火做饭的劳动。⑦豕肉：猪肉。⑧盍：何不。⑨李白、杜甫：喻指诗人，文士。⑩被襁：粗布衣服。⑪计然：春秋时谋士。常游于海泽，越大夫范蠡尊之为师。⑫范蠡：春秋末越国大夫，辅佐勾践，终于灭吴，后功成身退，治产获千万。⑬摩禹行、效舜趋：指摹仿古代圣君。⑭陈胜、吴广：秦末农民起义领袖。⑮飨五鼎、鸡八驺：指豪门贵族。⑯奈端：今译为牛顿。英国伟大的物理学家、数学家、天文学家、自然哲学家。⑰瓦特：英国著名的发明家。1776年制造出第一台蒸汽机。⑱哥伦布：克里斯托弗·哥伦布，意大利航海家、殖民者。1492年发现美洲大陆。⑲瑟士丕亚：今译为莎士比亚。英国诗人和剧作家。⑳窝儿哲窝士：今译为华兹华斯，英国诗人。

说　悔

【题解】

这是作者于 1901 年撰写的一篇文章，是《自由书》中的一篇。文章的第一段落便点明，知悔悟，能悔改，是一个人"立身进德"的唯一途径。人生活在社会中，都会受到"众生恶业重习"，只有悔改，才能去"旧染之污"。所以说，悔改是"进步的原动力"，作者以古今中外成就大事业者为例，无一不是悔改自新的结果。作者还在文中辨明，悔改是前进，不是后退；是进步，不是退步。作为个人，则一身进步；作为国民，则一国进步。

语曰：君子之作事也无悔。悔也者，殆非大贤豪杰之所当有乎？虽然，佛教曰忏悔，耶①教曰悔改，孔子曰过则勿惮改，凡古今大宗教教育之主旨，无不提倡此义，以为立身进德不二法门②，则又何也？

《大易》四动，曰"吉凶悔吝"。吝者凶之原，而悔者吉之本也。悔何以为吉之本？凡人之性恶也，自无始以来，其无明之种子，久已熏习于藏识中。故当初受生之始，而无量迷妄，既伏于意根矣；及其住世间也，又受众生恶业熏习所成的社会之熏习。彼此相熏，日习日深，虽有善根，而常为恶根所胜，不克伸长，不克成熟。于是乎欲进德者不可不以战胜旧习为第一段工夫。《大学》曰："作新民。"能去其旧染之污者谓之自新，能去社会旧染之污者谓之新民③。若是者非悔未由。悔也者，进步之原动力也。

子张④，吴之驵侩也⑤；颜涿聚⑥，鲁之大盗也，而能受学孔子，为大儒，曰惟悔之故；大迦叶⑦，富楼那⑧，皆顽空⑨之外道也，而能深通佛乘⑩，列于十八大弟子之数，曰惟悔之故；保罗⑪，与耶稣为难最力者也，而能转心归依，弘通彼教，功冠宗门，曰惟悔之故。至如卫之贤大夫蘧伯玉⑫，行年五十而知四十九年之非；晋之名士周处⑬，幼年为三害之一，后乃刻厉自新，为世名儒。以子夏⑭大贤，而丧子丧明⑮，怼天痛哭，自诉无罪，及闻曾子⑯之面责，乃投杖而起曰："吾过矣，吾过矣，吾离群索居亦已久矣。"彼其心地何等磊落，其气象何等俊伟，百世之下，如见其精神焉。下至文章雕虫小技，而杨子云⑰犹称每著一书，悔其少作；曹子建⑱言好人讥弹其文，有不善者，应时改定。兹事虽小，然彼等所以能在数千年文界卓然占一席者，亦岂不以是耶！魏武帝⑲自言：曹操做事，从来不悔。曹操之所以能为英雄者以此，曹操之所以不能为君子者亦以此。悔之时义大矣哉！

悔之发生力有二途：一曰自内，二曰自外。自内发者，非有大智慧不能，否则如西语所谓"烟士披里纯"⑳，有神力以为之助也。自外生者，或读书而感动焉，或阅事而感动焉，或听哲人之说法而感动焉，或闻朋友之规谏而感动焉。要之当其悔也，恒皇然凛然有今是昨非之想，往往中夜瞿省，汗流浃背，自觉其前者所为，不可以立于天地。所谓一念之间，间不容发。非独大贤豪杰有之，即寻常人亦莫不有焉，特视其既悔后之结果何如耳。

凡言悔者，必曰悔悟，又曰悔改。盖不悟则其悔不生，不改则其悔不成。《易》曰："不远复，无祗悔，元吉。"孔子系之辞曰："颜氏之子，其殆庶几乎，有不善未尝不知，知之未尝复行也。"是故非生其悔之难，而成其悔之难。曾文正②曰："从前种种，譬犹昨日死；从后种种，譬犹今日生。"故真能得力于悔字诀者，常如以一新造之人立于世界，《大学》所谓"日日新"者耶。一人如是，则一身进步；国民如是，则一国进步。

悔改之与自信，反对之两极端也。佛法既言忏悔，又言不退转。今欲以悔义施诸教育，得无导人以退转之路耶？抑彼信道不笃，巽懦②畏事，半途弃其主义者，岂不有所藉口耶？曰是又不然。孟子曰："自反而不缩，虽褐宽博，吾不惴焉；自反而缩，虽千万人，吾往矣。"《大学》曰："所谓诚其意者，毋自欺也。如恶恶臭，如好好色，此之谓自谦。"凡人之行事善不善，合于公理不合于公理，彼各人之良心，常自告语之，非可以假借者也。是故昔不知其为善而弃之，昔不知其为恶而蹈之，或虽知之而偶不及检，遂从而弃之蹈之，及其既悟也，既悔也，则幡然自新焉，是之谓君子之悔。若乃前既已明知之矣，躬行之矣，而牵于薄俗，怵于利害，溺于私欲，忽然弃去，艾己尤人③，是之谓小人之悔。君子之悔，其既悔既改也，常泰然若释重负，神明安恬；小人之悔，其既悔既改也，常觍然若背有芒，夜夜忐忑。君子之悔，一悔而不复再悔；小人之悔，且又将有大悔之在其后也。然则真能悔者，必真能不退转者也。何也？悔也者进步之谓也，非退步之谓也。

【注释】

①耶稣：基督教徒所信奉的救世主。②不二法门：佛家用语，指平等而无差异之至道。今用以称独一无二的门径、方法。③新民："新"，动词。不断敦品励行、自我革新求进，然后推己及人，将自己的德学贡献给社会。④子张：颛孙师，字子张。春秋末陈国人。孔子得意门人。⑤驵侩：旧社会中说合牲畜交易中间人，泛指牙商。⑥颜涿聚：梁父之大盗，后为孔子的弟子。⑦大迦叶：即摩诃迦叶。"摩诃"是大的意思，故摩诃迦叶即大迦叶。佛陀十大弟子之一。⑧富楼那：全名富楼那弥多罗尼子，佛陀十大弟子之一，被誉为"说法第一"。⑨顽空：佛教语。指一种无知无觉的、无思无为的虚无境界。⑩佛乘：佛教为教导众生成佛之法。⑪保罗：《圣经》中初期教会主要领袖之一。⑫蘧伯玉：蘧瑗，字伯玉。春秋时期卫国大夫。有贤名。孔子称之为真正的君子。⑬周处：西晋官吏。字子隐。江苏宜兴人。少时横行乡里，时人将他和南山虎、长桥蛟合称"三害"，后翻然改过，励志勤学。官至建威将军。⑭子夏：卜商，字子夏，春秋末晋国人，孔子得意门人，以文学见称。⑮丧子丧明：因丧子哀恸过度而失明。⑯曾子：曾参，字子舆。春秋末鲁国人。孔子得意门人，以孝行见称。后世称为"述圣"。⑰杨子云：扬雄，一作杨雄，字子云。西汉著名辞赋家、哲学家、语言学家。⑱曹子建：曹植，字子建。三国时魏国文学家。曹操第三子。封陈王，谥思。⑲魏武帝：曹操，曹丕称帝后，追尊为魏武帝。⑳烟士披里纯：英语音译，即灵感。㉑曾文正：曾国藩。清朝大臣，湘军首领，谥文正。㉒巽懦：卑顺，怯懦。㉓艾己尤人：犹天尤人，自怨自艾。

学与术

【题解】

这是作者于 1911 年撰写的文章。所谓学与术,即科学与技术。作者的"概要"是:"学也者,观察事物而发明其真理者也;术也者,取所发明之真理而致诸用者也。"并指出"我国之敝,其一则学与术相混;其二则学与术相离。"此种现象,直至今日,依然存在。有学而无术,有术而无学;或者说理论与实践脱离,学不致用;学非所用,用非所学等,仍屡见不鲜。可见此文仍有其现实意义。"励志"者努力使自己"学"、"术"兼优,才能担当起时代赋予的使命。

吾国向以学术二字相连属为一名辞(《礼记·乡饮酒义》云:"古之学术道者。"《庄子·天下》篇云:"天下之治方术者多矣",又云:"古之所谓道术者,果恶乎在?"凡此所谓术者即学也。惟《汉书·霍光①传赞》,称光"不学无术",学与术对举始此。近世泰西学问大盛,学者始将学与术之分野,厘②然画出,各勤厥职以前民用。试语其概要,则学也者,观察事物而发明其真理者也；术也者，取所发明之真理而致诸用者也。例如以石投水则沉，投以木则浮，观察此事实，以证明水之有浮力，此物理也。应用此真理以驾驶船舶，则航海术也。研究人体之组织，辨别各器官之机能，此生理学也。应用此真理以疗治疾病，则医术也。学与术之区分及其相关系，凡百皆准此。善夫生计学大家倭儿格③之言也，曰："科学（英 Science，德 Wissenschaft）也者，以研索事物原因结果之关系为职志者也。事物之是非良否非所问，彼其所务者，则就一结果以探索其所由来，就一原因以推断其所究极而已。术（英 Art，德 Kunst）则反是，或有所欲焉者而欲致之，或有所恶焉者而欲避之，乃研究致之避之之策以何为适当，而利用科学上所发明之原理原则以施之于实际者也。由此言之，学者术之体，术者学之用，二者如辅车相依而不可离。学而不足以应用于术者，无益之学也；术而不以科学上之真理为基础者，欺世误人之术也。"

倭氏之言如此，读此而中外得失之林可以见矣。我国之敝，其一则学与术相混；其二则学与术相离。学混于术，则往往为一时私见所蔽，不能忠实以考求原理原则。术混于学，则往往因一事偶然之成败，而胶柱④以用诸他事。离术言学，故有如考据帖括之学⑤，白首矻矻⑥，而丝毫不能为世用也。离学言术，故有如今之言新政者，徒袭取他人之名称，朝颁一章程，暮设一局所，曾不知其所应用者为何原则，徒治丝而棼⑦之也。知我国之受敝在是，则所以救敝者其必有道矣。

近十余年来，不悦学之风，中于全国，并前此所谓无用之学者。今且绝响，吾无取更为纠正矣。而当世名士之好谈时务者，往往轻视学问，见人有援据学理者，动斥为书生之见，此大不可也。夫学者之职，本在发明原理原则以待人用耳，而用之与否，与夫某项原则宜适用于某时某事，此则存乎操术之人，必责治学者以兼之，甚无理也。然而操术者视学为不足轻重，则其不智亦甚矣。今世各科学中每科莫不各有其至精至确之原则若干条，而此种原则，大率皆经若干人之试验，累若干次之失败，然后有心人乃参伍错综以求其原因结果之关系苦思力索而乃得之者也。故遵之者则必安荣，犯之者则必凋悴，盖有放诸四海而皆准，俟诸百世而不惑者。试举其一二，例如言货币者，有所谓格里森原则，谓恶货币与良货币®并行，则良者必为恶者所驱逐，此一定之理。凡稍治生计学者皆能知之，而各国之规定币制者，盖莫敢犯之也。而我国当局，徒以乏此学识，乃至滥铸铜元以**痛毒**至今矣。例如银行不能发无准备金之纸币，不能发无存款之空票，放款与人，最忌以不动产为抵押，此亦稍习银行学者所能知而莫敢犯也。而我国以上下皆乏此学识，故大清银行及各私立银行纷纷不支矣。例如租税以负担公平为原则，苟税目选择不谨，或税率轻重失宜，则必涸竭全国税源。而国与民交受其敝，此亦凡稍治财政学者所能知而莫敢犯也。而我国当局徒以乏此学识，乃至杂税烦苛，民不聊生，而国库亦终不能得相当之收入矣。凡此不过略举数端，而其他措施，罔不例是。夫当局苟实心任事，则误之于始者，虽未尝不可以补救之于终，然及其经验失败而始谋补救，则中间之所损失，不已多乎。而况乎其一败涂地未从补救者，又往往而有也。又况乎其补救之策，亦未必遂得当，而或且累失败以失败也。实则此种失败之迹，他国前史，固已屡见。曾经无量数达人哲士，考求其因果关系，知现在造某因者，将来必产某果，为事万无可逃，见现在有某果，知其必为前此某因所演成，而欲补救之，则亦惟循一定之涂轨®丝毫不存假借。凡此者，在前人经几许之岁月，耗几许之精力，供几许之牺牲，乃始发明之以著为实论；后人则以极短之晷刻^⑩，读其书，受其说，而按诸本国时势，求用其所宜而避其所忌，则举而措之裕如矣。此以视冥行踯躅再劳试验再累挫败然后悟其得失者，岂止事半功倍之比例而已哉。夫空谈学理者，犹饱读兵书而不临阵，死守医书而不临症，其不足恃固也；然坐是^⑪而谓兵书医书之可废得乎，故吾甚望中年以上之士大夫现正立于社会上而担任各要职者，稍分其繁忙之晷刻，以从事乎与职务有关系之学科。吾岂欲劝人作博士哉，以为非是则体用不备，面不学无术之讥，惧终不能免耳。

【注释】

①霍光：西汉政治家，历武帝、昭帝、宣帝三朝，执掌汉室最高权力近20年。②厘：整理。③倭儿格：西方学者。④胶柱：比喻固执拘泥，不知变通。⑤帖括之学：科举考试应试者把考官常用于考试的经文编为诗赋诵习，称为帖括之学。⑥矻矻：努力、勤劳的样子。⑦治丝而棼：整理丝不找头绪，越理越乱。喻做事没有条理。⑧恶货币：指纸币。良货币：指金币。⑨涂轨：轨道。⑩晷刻：古代的计时仪器。比喻时光。⑪坐是：因是之故，因此。

学生自修之三大要义

【题解】

这是作者于1917年撰写的一篇文章。俗话说："师傅领进门，修行在个人。"然而，被师傅领进门的"个人"，还是常常苦于不知道从哪些方面进行修行。本文作者即专为学生自修指明途径。所谓"学生自修之三大要义"，即一、为人之要义；二、作事之要义；三、学问之要义。关于为人之要义，作者强调"反省克己"四个字。只有能"反省克己"，才会不为物欲所惑，才会不断前进，人格不断完善，进而成就大事业。特别是青年人，处在"人生最有希望之时期，然亦为最危险之时期"，能做到"反省克己"，尤为重要。关于作事之要义，作者强调"精力集中"四个字。至诚所感，金石为开。精力集中，便能超常发挥，甚至可以创造奇迹。关于学问之要义，作者强调勤勉，强调首先开发本能，也就是积极主动地独立思考。作者强调学以致用，将来能"致用于国家"。诲人不倦，谆谆相告，热诚感人。

鄙人[①]于两年前，尝居此月余，与诸君日夕相见，虽年来奔走四方，席不暇暖②，所经危难，不知凡几，然与诸君之感情，既深且厚，未尝一日忘。故在此百忙中，亦不能不一来与诸君相见。

相去两载，人事之迁移，有如许矣。旧日之座上诸君，当有一部分已远游外国，而今日座中诸君，想有一部分乃新来，未曾相识。唯大多数当能认此故人。今对于校长及各教员殷勤之情意，与乎诸君活泼之精神，鄙人无限愉快。聊作数言，以相切磋，题为《学生自修之三大要义》。

一，为人之要义。二，作事之要义。三，学问之要义。

第一为人之要义。古来宗教哲学等书，言之已不胜其详，唯欲作一概括之语以喻之，则反省克己四字，为最要义。反省之结果，即人与禽兽之所由分也。生理作用，人畜无异焉，如饥而思食，渴而思饮，劳而思息，倦而思眠。凡有血气，莫或不尔。唯禽兽则全为生理冲动所支配，人则于生理冲动之时，每能加以思索，是谓反省。反省而觉其不当，则收束其欲望，是谓克己。如饥火内煎，见有可食之物，陈于吾前，禽兽则不问其谁属，辄攫而食之。人则不然，物非所有，固不能夺，即所有权乃属于我，亦当思所以分惠同病之人，此道德之所由生也。《论语》所谓吾日三省吾身，又曰而内自省也，又曰内省不疚，皆申明此反省之要义。凡事思而后行，言思而后出，此立身之大本也。人之所以为万物之灵，亦因其具有此种能力。唯必思所以发达之而已。此似易而实最难。唯当慎之于始。譬如以不诚之举动欺人，以快意道他人之短长，传播以为谭柄，此人类之恶根性。自非圣哲，莫不有之。若放纵而不自克，便成习惯，循至此心不能自主，堕落乃不知所届。古来圣贤立教，不外纠正人之此种习惯。唯不自省，至此恶性已成，习惯曾不自觉，则虽有良师益友，亦莫能助也。诸君之年龄，在人生最有希望之时期，然亦为最危险之时期。大抵十五二十时，乃终身最大之关头，宜谨慎小心，以发达良心之本能，使支配耳目手足，勿为耳目手足所支配。事之来也，可行与否，宜问良心，良心之第一命令，必为真理，宜服从之。若稍迟疑，则耳目手足之欲，必各出其主意，而妄发命令，结果大错谬。譬诸受他人之所托，代保管其金钱，良心之第一命令，必曰克尽厥职，勿坠信用也。若不服从此命令，则耳目之欲，必曰吾久枯寂，盍假此以如梨园③，口腹之欲，必曰吾久干燥，盍假此以访酒家。如是则良心之本能，竟为物欲所蔽矣。小事如此，大事亦何独不然？历史上之恶人，遗臭万世，然当日其良心之第一命令，必无误也。人之主体，乃在良心，须自幼养成良心之独立，勿为四支五官之奴隶。身奴于人，尚火可救，唯自作支体只奴隶，则莫能助，唯当反省克己而已。

　　第二作事之要义。大抵各人之所受用，固自有其独到处，未必从同。若鄙人则以"精力集中"四字，为作事之秘诀，以为必如此，其力乃大，譬诸以镜取火，集径寸之日光于一点，着物即燃，此显而易见者也。凡事不为则已，为之必用全力，乃克有成。昔有一文弱孝子，力不能缚一鸡，父死未葬，比邻失慎，延及居庐。此子乃举棺而出诸火。此何故？精力集中而已。语曰：至诚所感，金石为开。又曰：思之思之，鬼神通之。李广④射石没羽，非无稽也。即以最近之事言之，蔡公松坡⑤，体质本极文弱，然去年在四川之役，尝使昼夜不得宁息，更自出其精力，以鼓舞将士之勇气，卒获大胜。非精力集中，岂能及此？盖精力与物力不同，物力有定限，而精力则无穷。譬诸五百马力之机器，五百即其定量矣，精力则不然，善用之则其力无限，此人类之所以不可思议也。《论语》所谓居处恭，执事敬，此语最为精透。据朱子⑥所解释，谓敬者主一无适之谓。主一无适，即精力集中而已。法国人尝著一书，以自箴其国人，谓英国人每作一事，必集精力而为之；法人则不如有名大学差不多都试行。我在中华教育改进社曾提出这个议案，希望国内学校仿行，但至今无人创始。清华政治学说研究会诸君倘有兴趣，不妨在本校试办一回。

二，才能。自来成就的甚么大家多靠天才，但学习可补天才的不足，天赋中平的人，倘若锻炼修养得法，可成就很好的才能。政治家有四种重要的才能应注意修养：

甲　组织

乙　执行

丙　著述

丁　讲演

中国人最缺乏组织的才能。我国留学欧美的学生，就个人而论，不见得比白种人低，但是合起来的力量却远不如外国人。所以组织的才能对于我们很重要。孙中山组织的才能实在高过一般人，他所手创的国民党，组织不能说不精密，但是他没有执行的才能，所以三民主义徒成空话。他主张知难行易[7]，绝对不可通。这就是他根本不想实行罢了。

从前的政治家，常常给皇帝上奏折，要想感动朝廷。现在的政治家，非得从事著述，不能得取民众的同情。

至于讲演，从前的说士如苏秦张仪[8]辈，游说诸侯，可以实现自己的主张，取得政权，现在民主时代，遇选举或其他重要问题发生，政治家一篇演说，可以转移人心，指导一般人，使一般人对自己表同情，使民众上政治的轨道。

这四种才能，前两种几乎不能在学校里练习得来，却也并非绝对不能练习。例如学生团体的组织和课外的种种活动。不过在社会上情形比较复杂，给吾人训练的机会比较多些，后两种才能，则在学校与入社会有相等练习的机会。

才能的训练，最好是当一位先辈的助手。春秋时代的人，往往青年时代便入了政治社会。当时诸侯的六卿九卿，都是慢慢的由低升高，跟著长辈学。到了年纪老了，自然内握得政权。例如子产蒍贾⑨年方幼小时对于国事都能发言，后来执政多年。又如现任英国外交总长张伯仑⑩，小的时候给他的父亲当秘书，直到他父亲死去。

三，德操。德操可分为德量与操守两种。政治家最主要的德量是容纳反对党的意见，不宜专断，如果稍有意见不合，不能无端诋毁他人私德，蔑视敌党人格。辩论时根据理由，既不宜完全舍己从人，也不宜绝对自是。辩论结果倘若自己失败，当服从多数。作领袖的人，常用比自己强的人，汉高祖不善将兵而善将将，他用许多人的长处，集合起来，这是他成功的秘诀。袁世凯段祺瑞等都不能说是有才，但都不能用比自己强的人，所以不能有很大的成就。要"人之有善若己有之"，这才是最好的态度。还有一层，用人要专心，要能代人受过，所谓"推赤心置人腹中"，不要疑忌。唐朝有名的宰相宋璟⑪，有一次打算用人，先去征求唐玄宗的意见，屡问屡不答，宋璟莫名其妙。后来玄宗对人说："我既然命宋璟当宰相，管理国家大事，就是因为相信他，相信他能用人得当；不然，何必要他当宰相呢？"可见唐玄宗用人的专。所以宋璟也成了一代名相。我们见了朋友的长处，要能采纳，于是朋友的长处变成了自己的长处。若对于朋友的长处加以忌妒，反失掉了一个朋友的帮助。

至于德操，政治家很难讲，却又很重要，因为政治是一个不洁的东西，各国皆然。三十年来我所见许多有志青年，多在政治大火炉中被融化了，至多不过当阔官僚滥政客而已。处在现在这个社会，打算从事政治活动，要将脚跟站稳；要预备饿饭；要知道危险而能设法避去危险，免得堕落；要有真正的觉悟。还有，政治家用手段是不可免的，但欲得政权而不择手段，是不可以的。张作霖人人可以反对，而郭松龄⑫反对却成问题。我们可以反对孙中山，陈炯明⑬不可以反对孙中山，因为他和孙中山多年同信仰，并且是孙中山一手提拔出来的。所以用手段是可以的，但无论如何有一定限度。古人说："行一不义，杀一不辜，而得天下，不为。"假使现在中国少数从事政治活动的人，留心养成这一类的节操，中此，英之所以能强也。至于中国，更何论焉。中且不有，何集之云？执业不对于职务负责任，而思及其次，此我国之国民性也。为学亦然，慧而不专，愚将胜之。学算而思及于文，文固不成，算亦无得，此一定之理也。余最有此等经验，每作一文，或演说，若吾志认为必要时，聚精神而为之，则能动人。己之精力多一分，则人之受感动亦多一分。若循例敷衍，未见其有能动人者矣。正如电力之感应，丝毫不容假借也。曾文正谓精神愈用而愈强，愿诸君今日于学业上，日操练此精神，而他日任事，自能收效矣。

第三学问之要义。勤也，勉也。此古圣贤所以劝人为学之言也。余以为学问之道，宜先在开发本能。孔子曰："人能弘道，非道弘人。"梭格拉底⑭曰："余非以学问教人，乃教人以为学。"此即所谓能与人规矩，不能使人巧，所成几许，求其在我而已。若求学而专以试验及格为宗旨，则试验之后，学问即还诸教师，于我无有也。然则若何？曰：当求在应用而已。譬诸算学，于记帐之外，当用之以细心思。譬诸几何，于绘图之外，当用之以增条理。凡百学问，莫不皆然。若以学问为学校照例之功课，谓非此不足以得毕业证书，则毕业之后，所学悉还诸教师，于己一无所得也。例如体操，学校之常课也，其用在强健身体，为他日任事之预备。若云非此不足以得文凭，吾强为之，则假期之后，其可以按日昼寝矣乎？是无益也。孔子曰："古之学者为己，今之学者为人。"学以致用，即为己也；欲得文凭，以炫耀乡人，此为人也。年来毕业学生，奚啻⑮千万；问其可以能致用于国家者，能有几人？此无他，亦曰为人太多，而自为太少耳。愿诸君为学，但求发达其本能，勿务于外，此余所以发至亲爱之精神，至热诚之希望，奉告于诸君也。

【注释】

①鄙人：对自己的谦称。②席不暇暖：连席子还没有坐热就起来了。形容东奔西走，很忙。③盍：何不。假：借。梨园：指戏院。④李广：西汉名将，以勇敢善战著称，匈奴称之为"飞将军"。相传他一次出猎，见草中石，以为是虎而射之，中石没羽。⑤蔡公松坡：蔡锷，字松坡。民国初年反对袁世凯复辟帝制的将领。⑥朱子：朱熹，南宋理学家。⑦知难行易：孙中山《民族主义》第五讲中的话。意谓懂得事情的道理难，而实行却比较容易。⑧苏秦：字季子。战国时纵横家，曾游说韩、赵、魏、齐、燕五国合纵，迫使秦国废帝请服，退还部分侵地。张仪：战国时纵横家。游说入秦，首创连横。⑨子产：公孙侨，字子产。春秋时郑国正卿。当时著名的政治家、思想家。蒍贾：字伯赢。春秋时楚国司马。⑩张伯仑：内维尔·张伯伦。英国保守党政治家，曾任英国首相。⑪宋璟：唐朝大臣，与姚崇同为开元名相，史称"姚宋"。⑫郭松龄：字茂宸。近代爱国将领。曾投奉系军阀，后与冯玉祥结成反奉三角同盟，发动讨张作霖的反奉战争。⑬陈炯明：字竟存。近代军阀。曾入同盟会投机革命。后又拥兵自重，背叛孙中山。两次袭击孙中山大元帅府和总统府。⑭梭格拉底：今译为苏格拉底。古希腊著名的思想家、哲学家、教育家，西方哲学的奠基者。⑮奚啻：何止。

敬告留学生诸君

【题解】

  这是作者于 1902 年逃亡日本期间撰写的文章。阐释留学生的使命与天职。首先强调中国学生与他国不同，处于国将不国之时，"于学之外，更有事焉"，——"旧舞台而不可用"，即应"筑造其新"，因此救国图强是第一位的。求个人有用于天下的敢于担当的道德勇气。"诸君立于世界竞争线集注之国，又处存亡绝续间不容发之时，其魄力非敢与千数百年贤哲挑战，不足以开将来；其学识非能与十数国大政治家抗衡，不足以图自立"，因此要自强不息，自立自重，自我实现，开一代之风气。以使命与天职，时时警醒自己，激励自己。不负国家与人民寄予的期望。

  某顿首上书于所最敬最爱之中国将来主人翁留学生诸君阁下：某闻人各有天职，天职不尽，则人格消亡。今日所急欲提问于诸君者，则"诸君天职何在"之一问题是也。人之天职，本平等也。然被社会之推崇愈高者，则其天职亦愈高。受国民之期望愈重者，则其天职亦愈重。是报施之道应然，不得以寻常人为比例而自诿者也。今之中国岌岌①矣。朝廷有欲维新者，则相与咨嗟焦虑，曰："噫，无人才。"民间有欲救国者，则相与咨嗟焦虑，曰："噫，无人才。"今靡论所谓维新救国者其果出于真心否，乃若无人才，则良信也。既无现在之人才，固不得不望诸将来之人才，则相与矫首企踵且祝且祷曰："庶几学生乎，庶几学生乎！"此今日举国有志之士所万口一喙②，亮③亦诸君所熟闻也。夫以前后一二年之间，而诸君之被推崇受期望也，忽达于此高度之点，是一国最高最重之天职，忽落于诸君头上之明证也。诸君中自知此天职者固多，其未知之者当亦不乏④。若其未知也，则某欲诸君自审焉，自认焉。若其已知也，则某有欲提出之第二问题，即"诸君之天职为何等之天职"是也。某窃以为我国今日之学生，其天职与他国之学生则有异矣。何也？彼他国者，沐浴先辈之泽，既已得有巩固之国势，善良之政府，为后辈者，但能尽国民分子之责任，循守先业，罔使或坠，因于时势，为天然秩序之进步，斯亦足矣。我国不然，虽有国家，而国家之性质不具，则如无国家；虽有政府，而政府之义务不完，则如无政府。故他国之学生，所求者学而已，中国则于学之外，更有事焉。不然，则学虽成，安所用之？譬之治生然，彼则借祖父之业，有土地，有会社，有资本，为子弟者，但期练习此商务才足矣。我则钱不名一⑤，地无立锥⑥，虽读尽斯密亚丹约翰弥勒⑦之书，毋亦英雄无用武地耶！谓余不信，请罄⑧其说，今诸君所学者：政治也，法律也，经济也，武备也，此其最著者也。试思生息于专制政体之下，而公等挟持所谓议会制度、责任内阁制度、地方自治制度等种种文明之政治，将焉用之？以数千年无法律之国，仅以主权者之意为法理，主权者之口为法文，权利义务，不解为何物，而公等挟持浩如烟海之民法、刑法、商法、刑事诉讼法，将焉用之？全国利权，既全归他族之手，此后益刳割馈遗而未有已，官吏猛于虎狼，工商贱于蝼蚁，而公等挟持所谓经济学经济政策，将焉用之？朝野上下，以媚外为唯一之手段，其养兵也，不过防家贼耳。居今日之中国而为军人，舍屠戮同胞外，更无他可以自效。而公等以军国民自命，挟持此等爱国敌忾之尚武精神，将焉用之？自余诸学，莫不皆然。由是观之，诸君学成之后，其果有用耶？其果无用耶？同一不龟手之药⑨，或以封⑩，或不免于洴澼絖⑪。吾见夫今日中国之社会，诸君亦洴澼絖焉耳！苟不欲尔者，则除是枉其所学以求合者也。枉其所学以求合，殆非诸君意也。于是乎不龟手之药，乃瓠落⑫而无所容。某窃尝为诸君计矣。诸君于求学之外，不可不更求可以施演所学之舞台，旧舞台而可用也，则请诸君思所以利用其旧者，旧舞台而不可用也，则请诸君思所以筑造其新者。一言蔽之，则毋曰吾积所学以求当道者之用我，而必求吾有可以自用之之道而已。此实诸君今日独一无二之天职，而欧美日本之学徒所不必有事者也。乃诸君中或有仅以闭户自精，不问时事，为学者唯一之本分，是吾所未解一也。某以为诸君之在他日，非有学校外之学问，不足以为用于中国；其在今日，非求学问之程度倍蓰于欧美日本人，不足以为用于中国。他日之事且勿论，今日之事，问果能有倍蓰⑬于人者乎？靡论倍蓰也，平等焉且无有矣，靡论平等也，半之焉且无有矣！夫诸君今日于学初发轫也，吾又安敢以他人数十年之学力，遽⑭责望于新学之青年？然立夫今日以指将来，度卒业之后，能倍蓰之乎？能平等之乎？能半之乎？是不可不自审而自策励也。仅平等之，犹不足以为用。乃诸君中或有学未半他人，而沾沾然有自满之色，是吾所未解又一也。诸君其勿妄自菲薄，猥⑮与本国内地老朽之徒校短长也。彼老朽者，靡特诸君今日之学足以傲之，虽摭拾一二报纸之牙慧，亦可以为腐鼠之吓⑬焉矣。诸君自思其受社会之推崇期望者，视彼辈何如，顾乃以仅胜于彼而自豪也，闭门以居，雄长婢仆，勇士其羞之矣！今诸君立于世界竞争线集注之国，又处存亡绝续间不容发之时，其魄力，非敢与千数百年贤哲挑战，不足以开将来；其学识，非能与十数国大政治家抗衡，不足以图自立，岂乃争甲乙于一二学究，卖名声于区区乡曲也。某闻实过于名者安，名过于实者危，成就过于希望者荣，希望过于成就者辱。此某所日夜自悚惧而深愿与诸君共之者也。诸君之被推崇受期望既已如彼矣，他日卒业归国，则我国民之秀者，其必列炬以烛之，张乐以迓之，举其生平所痛苦所愿望，而一以求解释于诸君。诸君中之真成就者，吾知其必有以应也。而不然者，虚有其表，摭拾一二口头禅语，傲内地人以所不知，内地人宁能测焉？则从而神明之。彼亦久假不归，忘其本来侈然⑭号于众曰："吾之学，自海外来也。"愈被崇拜则愈满盈，愈满盈则愈恣肆，甚者则弁髦⑮道德，立身行己，处处授人以可议之地。及数月数年以后，与彼真成就者相形见绌，破绽尽露，则后此之非笑有数倍于前此之名誉者矣。损一人之名誉，犹可言也，或者不察，乃曰："吾畴昔所崇拜所期望之留学生，乃亦如是而已。"而使一团体之声价为之顿减焉。则是障碍我国进步之前途，岂浅鲜也。某愿诸君于今日而先图所以自处也，抑犹有欲陈者，内地人之崇拜诸君期望诸君也，重个人乎？重团体耳。何以知其然也？畴昔未尝无学生，畴昔之学生未尝无英秀者，而顾不见重，则今之所以重，重此葱葱郁郁千数百人有加无已之团体明也。既以是见重，则诸君所以自重者，宜如何于此点三致意焉，殆无俟旁观之词费也。而至今未能于精神上结一完全巩固之法团，此吾所不解又一也。令形式上之团，则既有之矣。虽然，团之所恃以结集，非形式而精神也。夫人之地位各不同，人之经历各不同，人之希望各不同，以千数百之人，而欲使有同一之精神，吾固信其难也。虽然，有链而结之者一物焉，则诸君皆带有同一之天职是也。天职既同，所以求尽此天职者，其手段虽千差万别，而精神皆可以一贯。故某以为今日诸君所急者，在认定此天职，讲明此天职而已。苟不自知其天职，或知矣而甘自放弃焉，虽形式上日日结集，犹之无益也。今诸君中或主温和，或主激烈，或慕为学者而孳孳[®]伏案，或慕为政治家而汲汲[®]运动，凡此皆可以为尽我天职、达我目的之一手段、一法门也。人之性质各不同，人之境遇各不同，我之所能，他人未必能，我之所宜，他人未必宜，而凡一团体之所以有力，必恃其中种种色色之人，莫不皆有，各尽其才，各极其用，所谓同归而殊途，一致而百虑，善之大者也。但求同归，但求一致，不必以途之殊、虑之百为病也。而诸君或以手段之差别而互相非焉，此吾所不解又一也。嘻，吾知之矣！其相非者，以为必如我所持之主义，所由之手段，乃可尽其天职，而他则为天职之蟊贼也。以某计之，诸君所以尽此天职者，必非可以一途而满足，大黄芒硝，时亦疗病矣；间谍药引，时亦需人矣；竹头木屑，时且为用矣，而何必自隘以自水火[®]也。故苟以他人为未解此天职也，则苦口而强聒之，热心而发明之，诸君之责也。从而怒之，从而排之，吾未见其有利也。几欲就大业者，莫急于合群，此诸君所同认矣。然合群之道，有学识者易，无学识者难，同一职业者易，不同一职业者难，同一目的者易，不同一目的者难。诸君同在学界，同为青年，同居一地，同一天职，其学识之程度亦当不甚相远，此而不合群，则更无望他群之能合矣。外人之诮我中国也，曰"滩边乱石"，曰"一盘散沙"，某深望诸君一雪此言，组织一严格、完备、坚固之团体以为国民倡也。某闻奥大利人之能逐梅特涅也，曰"由学生"；意大利人之能退法军也，曰"由学生"；俄罗斯人之能组织民党也，曰"由学生"。今日全地球千五百兆人中，其个人之权力最大者，宜莫如俄皇矣。俄皇他无所畏，而惟畏学生。畏者何？畏其团体也。故虽谓学生团体，为世界无上之威权，可也。诸君之天职不可不尽也既若彼，其势力之可以利用也又若此，而自放弃焉，以伍于寻常人，某不得不为诸君惜也！抑某闻之："天下惟尽义务者为能享权利"。诸君毋曰："吾党千数百人中，其能提挈是而扩张是者，不知几何。吾一人无足重轻焉。"群者，众人之积也。一人放弃其义务，则群之力量减其一，十人放弃其义务，则群之力减其十，如是则其群终为人弱而已。某见夫内地志士，畴昔属望于学生团体最殷者，今则渐呈失望之色有焉矣。某敢信诸君必非辜天下之望者，然其望之也愈益切，则其责之也愈益严；责之也愈益严，则其失望也愈益易：某愿诸君日采舆论为监史，而因以自课也。某所欲为诸君忠告者，殆尽于此矣。虽然，犹有重要之一言。某以为中国今日不徒无才智之为患，而无道德之为患。朝廷所以日言维新而不能新者，曰"惟无道德故"，民间所以日言救国而不能救者，曰"惟无道德故"。今日诸君之天职，不徒在立国家政治之基础而已，而又当立社会道德之基础。诸君此之不任，而更望诸谁人也？任之之道奈何？曰：其在他日立法设教，著书演说，种种手段，吾且不必豫言；其在今日，则先求诸君之行谊品格，可以为国民道德之标准，使内地人闻之，以为真挚、勇敢、厚重、慈爱者，海外之学风也，从而效之。毋以为轻佻、凉薄、骄慢、放浪者，海外之学风也，从而效之。由前之说，则海外学风将为一世功，由后之说，则海外学风将为一世罪。呜呼！三十年前之海外学风，其毒中国也至矣！彼辈已一误，某祝诸君毋再误也。若夫有借留学为终南捷径^㉒，语言文字，一八股也；讲堂功课，一苞苴^㉓也；卒业证书，一保举单也，若是者非徒污辱学生之资格而已，且污辱国民之资格，莫此为甚也。亡中国之罪魁，舍彼辈莫属矣。某祝诸君中无此等人。苟其有之，则某之言非为彼辈言也。凡兹所陈，谅诸君所熟知，顾不避骈枝而缕缕有所云者。昔吴王常使人呼其侧曰："夫差^㉔，而忘越人之杀而父乎?!"则应曰："不敢忘。"南泉大师^㉕常使人呼其侧曰："主人翁常惺惺否?"则应曰："常惺惺。"盖晨钟道铎，固有发人深省者焉。窃附斯义，聒诸君之侧而进一言，倘愿闻之，某顿首。

【注释】

①岌岌：危险。②万口一喙：比喻意见一致。③亮：通"谅"，料想。④不乏：不缺少，很多。⑤钱不名一：一文不名，一个钱都没有，形容非常贫困。⑥地无立锥：无立锥之地，形容贫困。⑦斯密亚丹：英国人，《原富》一书的作者。约翰弥勒：著有《政治经济学原理》。⑧罄其说：详尽地说出我的道理。⑨不龟手之药：防止皮肤冻裂的药。⑩或以封：有的用于水战而获胜裂土封疆。⑪或不免于拼游纰：有的用以在水中漂洗棉絮为业而免于伤手。⑫瓠落：大貌，空廓貌。⑬蓰：倍数。⑭遽：急，仓猝。⑮狃：苟，随便。⑯腐鼠之吓：用《庄子·秋水》中的典故。意为庸人俗辈把卑鄙、轻贱的物品看作珍品，害怕他人凌犯争夺。⑰侈然：夸大。⑱弁髦：蔑视，抛弃。⑲孳孳：同孜孜不倦。⑳汲汲：形容心情急切，努力追求。㉑水火：彼此对立。㉒终南捷径：比喻达到目的的便捷途径。㉓苞苴：馈赠的礼物。㉔夫差：春秋末吴国国君。㉕南泉大师：即远尘法师，唐朝高僧。

理想与气力

【题解】

这是作者于 1899 年撰写的一篇短文。是《自由书》中的一篇。拯救国家危亡，要有无数英雄人物，带领民众，奋斗抗争。前仆后继，流血牺牲，才能使民族独立，国家强盛。此种英雄，既要有理想，又要有气力。有理想才能目光远大；有气力，才能勇往直前。作者满怀忧国忧民之情，呼唤有理想有气力的英雄人物出现。

普相上达因①曰："无哲学的理想者，不足以为英雄；无必行敢为之气力者，亦不足以为英雄。"日本渡边国武②述此语而引申其义曰："今人之弊，有理想者无气力，立于人后以冷笑一世；有气力者无理想，排他人以盲进于政界。"饮冰主人曰：理想与气力兼备者英雄也；有理想而无气力，犹不失为一学者；有气力而无理想，犹不失为一冒险家。我中国四万万人，有理想者几何人？有气力者几何人？理想气力兼备者几何人？嗟乎！国于天地，必有与立。一念及此，可为寒心。

【注释】

①上达因：今译为施泰因，原名海因里希·弗里德里希·卡尔·冯·施泰因，普鲁士政治家。和卡尔·奥古斯特·冯·哈登贝格先后进行了改革，挽救了即将灭亡的普鲁士王国。②渡边国武：日本政治家。1892年至1896年第二次伊藤内阁。

希望与失望

【题解】

这是作者于 1903 年撰写的一篇短文，是《自由书》中的一篇。江河日下，国事日非。"戊戌变法"失败，看不到希望，看不到光明，看不到前途，看不到未来，失望的情绪在国人的心中弥漫开来。身在日本逃亡的作者，对此更有着切肤之痛。因此，开篇处作者便指出"希望"的重要性，结尾则指出"失望"的恶果。仍在激励人们，要有希望，不能失望。"希望者灵魂之粮"、"失望者希望之魔"！

希望者灵魂之粮也，而希望常与失望相乘；失望者希望之魔也。

今日我国民全陷落于失望时代。希望政府，政府失望；希望疆吏①，疆吏失望；希望民党，民党失望：希望渐进，渐进失望；希望暴动，暴动失望；希望自力，自力失望；希望他力，他力失望。忧国之士，溢②其热血，绞其脑浆，于彼乎，于此乎，皇皇求索者有年；而无一路之可通，而心血为之倒行，而脑筋为之瞀乱③。今日青年界中多少连犿㑆诡④之现象，其起因殆皆在失望。

　　失望之恶果有二：其希望而不甚诚者，及其失望也，则退转；其希望而甚诚者，及其失望也，则发狂。今之志士，由前之说者十而七，由后之说者十而三。

【注释】

　　①疆吏：即封疆大吏。掌管一省或数省军政大事的官员。②溢：水往上涌。③瞀乱：精神昏乱。④连犿：相从貌。㑆诡：奇异貌。

湖南时务学堂学约

【题解】

此文是作者于1897年11月赴湖南时务学堂任主讲席后，以康有为在万木草堂的教学原则为蓝本制定的"学约"。学堂开设经学、子学、史学、西学等课程，是从旧式书院到新式学堂的过渡形式，是作为科举、八股的对立物而产生。"学约"中强调学生以天下为己任，立志、养心、读书、穷理，学以致用。实为青年学子励志、修养之精要。

一曰立志。《记》曰："凡学士先志。"孟子曰："士何事，曰尚志。"朱子①曰："书不熟，熟读可记，义不精，细思可精。惟志不立，天下无可为之事。"又曰："学者志不立，则一齐放倒了。"今二三子②俨然服儒者之服，诵先王之言，当思国何以蹙？种何以弱？教何以微？谁之咎欤？四万万人，莫或自任，是以及此，我徒责人之不任。我则盍任之矣，己欲立而立人，己欲达而达人，天下有道，丘不与易，孔子之志也。思天下之民，匹夫匹妇，不被其泽，若己推而纳之沟中，伊尹③之志也。如欲平治天下，当今之世，舍我其谁？孟子之志也。做秀才时，便以天下为己任，范文正④之志也。天下兴亡，匹夫之贱，与有责焉，顾亭林⑤之志也。学者苟无此志，则虽束身寡过，不过乡党自好之小儒。虽读书万卷，只成碎义逃难之华士，此必非良有司与乡先生之所望于二三子也。朱子又曰："立志如下种子，未有播莨稗之种，而能获来牟之实者。"科第⑥衣食，最易累人，学者若志在科第，则请从学究以游，若志在衣食，则请由市侩之道，有一于此，不可教诲，愿共戒之。先立乎其大者，则其小者不能夺也。此为大人而已矣，立志之功课，有数端，必须广其识见，所见日大，则所志亦日大，陆子⑦所谓今人如何便解有志，须先有智识始得，此一端也。志即立，必养之使勿少衰，如吴王将复仇，使人日聒其侧，曰而忘越人之杀而父乎。学者立志，亦当如此。其下手处，在时时提醒，念兹在兹，此又一端也。志即定之后，必求学问以敷之。否则皆成虚语，久之亦必堕落也。此又一端也。

二曰养心。孔子言仁者不忧，智者不惑，勇者不惧。而孟子一生得力，在不动心，此从古圣贤所最兢兢也。学者即有志于道，且以一身任天下之重，而目前之富贵利达，耳目声色，游玩嗜好，随在皆足以夺志，八十老翁过危桥，稍不自立，一落千丈矣。他日任事，则利害毁誉，苦乐生死，樊然淆乱，其所以相撼者，多至不可纪极。非有坚定之力，则一经挫折，心灰意冷，或临事失措，身败名裂，此古今能成大事之人所以希也。曾文正⑧在戎马之间，读书谈学如平时，用能百折不回，卒定大难。大儒之学，固异于流俗哉，今世变益亟，乱机益剧。他日二三子所任之事，所历之境，其艰巨危苦，视文正时，又将过之，非有入地狱手段，非有治国若烹小鲜⑨气象，未见其能济也。故养心者，治事之大原也。自破碎之学盛行，鄙夷心宗谓为逃禅⑩，因佛之言心从而避之，乃并我之心，亦不敢自有，何其颠也，率吾不忍人之心，以忧天下救众生。悍然独往，浩然独来，先破苦乐，次破生死，次破毁誉。《记》曰：国有道不变塞焉，强哉矫，国无道，至死不变，强哉矫。《孟子》曰："富贵不能淫，贫贱不能移，威武不能屈。"此之谓大丈夫，反此即妾妇之道。养心之功课有二：一静坐之养心，二阅历之养心。学者在学堂中，无所谓阅历，当先行静坐之养心。程子以半日静坐，半日读书，今功课繁迫，未能如此。每日亦当以一小时，或两刻之功夫，为静坐时。所课亦分两种，一敛其心，收视返听，万念不起，使清明在躬，志气如神。一纵其心，遍观天地之大，万物之理，或虚构一他日办事艰难险阻，万死一生之境，日日思之，操之极熟，亦可助阅历之事。此是学者他日受用处，勿以其迂阔而置之也。

三曰治身。颜子^①请事之语，曰："非礼勿视，非礼勿听，非礼勿言，非礼勿动"。曾子^②将卒之言曰："定容貌，正颜色，出辞气。"孔子言"忠信笃敬，蛮貊可行。"斯盖不得以小节目之也。他日任天下事，更当先立于无过之地，与西人酬酢，威仪言论，最易见轻，尤当谨焉。扫除习气，专务笃实，乃成大器。名士狂态，洋务膻习，不愿诸生效也。治身之功课，当每日于就寝时，用曾子三省之法，默思一日之言论行事，失检者几何？而自记之，始而觉其少，苦子不自知也。即而觉其多，不可自欺，亦不必自馁，一月以后，自日少矣。

四曰读书。今之服方领习矩步者，畴不曰读书，然而通古今，达中外能为世益者，盖鲜焉。于是儒者遂以无用闻于天下。今时局变异，外侮交迫，非读万国之书，则不能通一国之书。然西人声、光、化、电、格、算之述作，农、矿、工、商、史、律之纪载，岁出以千万种计，日新月异，应接不暇。惟其然也，则吾愈不能不于数十寒暑之中，划出期限，必能以数年之力，使学者于中国经史大义，悉已通彻，根柢即植，然后以其余日肆力于西籍，夫如是而乃可谓之学，今夫中国之书，他勿具论。即如注疏、两经解、全史、九通、及国朝掌故、官书数种，正经正史，当王之制，承学之士，所宜人人共读者也。然而中寿之齿，犹惧不克卒业，风雨如晦，人寿几何、若从而拨弃之，则所以求先圣之道，观后王之迹者，皆将无所依藉，若率天下人而从事于此，靡论难其人也。即有一二劬学⑬之士，断断然讲之，而此诸书者，又不过披沙拣金，往往见宝，其中精要之处，不过十之一二，其支离芜衍，或时过境迁，不切于今日之用者，殆十八九焉。而其所谓精要之一二者，又必学者于上下千古，纵横中外之学，深造有得，旁通发挥，然后开卷之顷，钩元提要，始有所获。苟学识不及，虽三复若无睹也，自余群书，数倍此数。而其不能不读，与其难读之情形，亦称是焉。是以近世学者，虽或浏览极博，研究极勤，亦不过扬子云⑭所谓绣其帨磐，刘彦和⑮所谓拾其芳草，于大道无所闻，于当世无所救也。夫书之繁博而难读也，既如彼，其读之而无用也又如此，苟无人董治而修明之，吾恐十年之后，诵经读史之人，殆将绝也。今与诸君子共发大愿，将取中国应读之书，第其诵课之先后，或读全书，或书择其篇焉。或读全篇，或篇择其句焉。专求其有关于圣教，有切于时局者，而杂引外事，旁搜新义以发明之。量中材所能肄习者，定为课分，每日一课，经学、子学、史学，与译出西书，四者间日为课焉。度数年之力，中国要籍一切大义，皆可了达，而旁证远引于西方诸学，亦可以知崖略矣。夫如是则读书者，无望洋之叹，无歧路之迷，而中学或可以不绝，今与二三子从事焉，若可行也，则将演为学校报以质诸天下。读书之功课，凡学者每人设札记一册，分专精、涉猎两门，每日必就所读之书，登新义数则，其有疑义，则书而纳之待问匦以待条答焉。其详细功课，别著之学校报中。

五曰穷理。瓦特因沸水而悟汽机之理，奈端[⑯]因苹果落地而悟巨体吸力之理，侯失勒约翰因树叶而悟物体分合之理，亚基米德之创论水学也，因人浴盘而得之。葛立理尤[⑰]之制远镜也，因童子取二镜片相戏而得之。西人一切格致制造之学，衣被五洲，震轹万国，及推原其起点，大率由目前至粗极浅之理。偶然触悟，遂出新机，神州人士之聪明，非弱于彼也，而未闻有所创获者，用与不用之异也。朱子言大学始教，必使学者，即凡天下之物，莫不因其已知之理。而益穷之。以求至乎其极，近世汉学家笑之，谓初学之人、岂能穷凡物之理，不知智慧日浚则日出，脑筋日运则日灵，此正始教所当有事也，特惜宋儒之所谓理者，去实用尚隔一层耳。今格致之书，略有译本，我辈所已知之理，视前人盖有加焉。因而益穷之，大之极恒星诸天之国土，小之及微尘血轮之世界，深之若精气游魂之物变，浅之若日用饮食之习睹，随时触悟，见浅见深，用之既熟，他日创新法制新器辟新学，皆基于是，高材者勉之。穷理之功课，每刚日诸生在堂上读书，功课毕，由教习随举目前事理，或西书格致浅理数条以问之，使精思以对，对既遍，教习乃将所以然之理揭示之。

六曰学文。《传》曰："言之无文，行而不远。"学者以觉天下为任，则文未能舍弃也。传世之文，或务渊懿古茂，或务沉博绝丽，或务瑰奇奥诡，无之不可，觉世之文，则辞达而已矣。当以条理细备，词笔锐达为上，不必求工也。温公[⑱]曰："一自命为文人，无足观矣。"苟学无心得而欲以文传，亦足羞也。学文之功课，每月应课卷一次。

七曰乐群。荀子[⑲]曰："人之所以异于禽兽者，以其能群也。"

易曰："君子以朋友讲习。"曾子曰："君子以文会友，以友辅仁。"直谅多闻。善相劝，过相规，友朋之益，视师长有加焉。他日合天下而讲之，是谓大群。今日合一堂而讲之，是谓小群。杜工部^⑳曰："小心事友生。"但相爱，毋相妒。但相敬，毋相慢，集众思，广众益。学有缉熙于光明。乐群之功课，俟数月以后，每月以数日为同学会讲之期，诸生各出其札记册，在堂互观，或有所问，而互相批答，上下议论，各出心得，其益无穷，凡会讲以教习监之。

八曰摄生。《记》曰："张而不弛，文武不能也。一张一弛，文武之道也。"故君子之子学也，藏焉修焉，息焉游焉，西人学堂，咸有安息日。得其意矣，七日来复，先王以至日闭关，商旅不行，此古义之见于经者，殆中西同俗也。今用之，起居饮食，皆有定时，勿使过劳，体操之学，采习一二。摄生之功课，别具堂规中。（以上八条，堂中每日功课所当有事，以下二条学成以后所当有事，而其基础，皆立自平时，故并著之。）

九曰经世。庄生^㉑曰："《春秋》经世。"先王之志，凡学焉而不足为经世之用者，皆谓之俗学可也。居今日而言经世，与唐宋以来之言经世者又稍异，必深通六经制作之精意，证以周秦诸子及西人公理公法之书以为之经。以求治天下之理。必博观历朝掌故沿革得失，证以泰西、希腊、罗马诸古史以为之纬，以求古人治天下之法，必细察今日天下郡国利病。知其积弱之由，及其可以图强之道，证以西国近史宪法章程之书，及各国报章以为之用，以求治今日之天下所当有事。夫然后可以言经世，而游历讲论二者，又其管钥也。今中国所患者，无政才也。《记》曰："授之以政，不达，虽多亦奚以为？"今中学以经义掌故为主，西学以宪法官制为归。远法安定经义治事之规，近采西人政治学院之意，与二三子共勉之。经世之功课，每柔日堂上读书功课毕，由教习随举各报所记近事一二，条问诸生以办法，使各抒所见，对既遍，然后教习以办法揭示之。（凡在堂问答皆以笔谈）十曰传教。微夫悲哉，吾圣人之教之在今日也。号称受教者四万万，而妇女去其半焉，不识字者，又去其半之半焉，市侩胥吏②又去其半之六七焉，帖括㉓贱儒，又去其半之八九焉。此诚庄生所谓举鲁国皆儒服，而真儒几无一人也，加以异说流行，所至强聒，挟以势力，奇悍无伦。呜呼！及今不思自保，则吾教亡无日矣。今设学之意，以宗法孔子为主义。子贡曰："不得其门而入，不见宗庙之美，百官之富。"彼西人之所以菲薄吾教，与陋儒之所以自蔑其教者，由不知孔子之所以为圣也。今宜取六经义理、制度、微言大义。一一证以近事新理以发明之。然后孔子垂法万世，范围六合之真乃见，《论语》记子欲居九夷，又曰："乘桴浮于海。"盖孔子之教，非徒治一国，乃以治天下。故曰：洋溢中国，施及蛮貊，凡有血气，莫不尊亲。他日诸生学成，尚当共矢宏愿，传孔子太平、大同之教于万国，斯则学之究竟也。传教之功课，在学成以后，然堂中所课，一切皆以昌明圣教为主义。则皆传教之功课也。

【注释】

①朱子：即朱熹。南宋理学家。字元晦，一字仲晦，号晦庵，江西婺源人。其学说，被视为理学正宗，对后世影响极大。学术著作很多，后人辑有《朱子大全》、《朱子语类》等。②二三子：犹言诸位，几个人。③伊尹：商汤辅佐。佐商灭夏，综理国事。被称为"阿衡"。④范文正：范仲淹，北宋大臣，文学家。字希文，江苏苏州人。死后谥文正。因主张改革朝政而被贬官。以"先天下之忧而忧，后天下之乐而乐"之句表达其心

志。有《范文正公集》。⑤顾亭林：顾炎武，清初思想家、学者。初名绛，字忠清，自署蒋山佣。明亡改名炎武，字宁人，号亭林。江苏昆山人。重视实践的作用，提倡经世致用。著有《日知录》、《亭林诗文集》等。⑥科第：指科举考试。⑦陆子：陆九渊，南宋哲学家。字子静，自号存斋象山翁，学者称"象山先生"。江西金溪人，在道德修养上，提出"存心"、"去欲"的说法。其著作后人编有《象山先生全集》。⑧曾文正：曾国藩，清朝大臣，湘军首领。初名子城，字伯涵，号涤生。湖南湘乡人，创建湘军，镇压太平天国运动。死后谥文正。著有《曾文正公全集》。⑨小鲜：小鱼。"治大国若烹小鲜"，语出《老子》。⑩逃禅：逃出禅戒。⑪颜子：颜回，春秋末鲁国人。字子渊，一作颜渊，为孔子得意门人，以德行见称。他贫而好学，笃于存仁。年三十二死，后人称为"复圣"。⑫曾子：曾参，春秋末鲁国人，字子舆，曾点之子。孔子得意门人。以孝行见称。他严于律己，注重内省修养，后世称为"述圣"。⑬劬学：勤奋学习。⑭杨子云：杨雄，西汉辞赋家、哲学家、语言学家。字子云，四川成都人。作《甘泉》、《长杨》等赋。仿《论语》作《法言》，仿《易经》作《太玄》。另有《方言》等著作。⑮刘彦和：刘勰，南朝梁文学批评家。字彦和，山东莒县人，所撰《文心雕龙》五十篇，为我国第一部系统的文学批评著作。⑯奈端：今译为牛顿，英国科学家，1643年1月4日生于林肯郡。因苹果落地而发现万有引力。⑰葛立理尤：今译为伽利略。意大利文艺复兴后期天文学家、力学家、哲学家、物理学家、数学家。⑱温公：司马光，北宋大臣、史学家。字君实，山西夏县人。世称司马温公。反对王安石变法，执政期间，排斥变法派。主编《资治通鉴》。诗文有《司马文公集》。⑲荀子：荀况，战国后期思想家。又称荀卿。著《孙卿子》三十二篇。⑳杜工部：杜甫，唐朝大诗人。字子美。因曾入西川节度使严武幕，并被荐为检校工部员外郎，故后人又称杜工部。㉑庄生：庄周，战国时思想家。著有《庄子》五十二篇，现存三十三篇。㉒胥吏：官府中的小吏。㉓帖括：泛指科举考试的文章。

少年中国说

【题解】

　　这是作者于 1900 年撰写的一篇文章，此文开篇便指出，封建统治下的中国是"老大帝国"，热切希望出现"少年中国"，以实现民族独立、人民幸福、国家强盛的梦想。并将这一希望寄托在少年人的身上，极力歌颂少年的朝气蓬勃的进取精神，指出"今日之责任，不在他人，而全在我少年。少年智则国智，少年富则国富，少年强则国强，少年独立则国独立，少年自由则国自由，少年进步则国进步，少年胜于欧洲，则国胜于欧洲，少年雄于地球，则国雄于地球。"对少年与"少年中国"的热爱与期望，感人至深。

　　日本人之称我中国也，一则曰老大帝国，再则曰老大帝国。是语也，盖袭译欧西人之言也。呜呼！我中国其果老大矣乎？梁启超曰：恶是何言，是何言，吾心目中有一少年中国在！

　　欲言国之老少，请先言人之老少。老年人常思既往，少年人常思将来。惟思既往也，故生留恋心，惟思将来也，故生希望心。惟留恋也，故保守；惟希望也，故进取。惟保守也，故永旧；惟进取也，故日新。惟思既往也，事事皆其所已经者，故惟知照例：惟思将来也，事事皆其所未经者，故常敢破格。老年人常多忧虑；少年人常好行乐。惟多忧也，故灰心；惟行乐也，故盛气。惟灰心也，故怯懦；惟盛气也，故豪壮。惟怯懦也，故苟且；惟豪壮也，故冒险。惟苟且也，故能灭世界；惟冒险也，故能造世界。老年人常厌事；少年人常喜事。惟厌事也，故常觉一切事无可为者；惟好事也，故常觉一切事无不可为者。老年人如夕照，少年人如朝阳；老年人如瘠牛，少年人如乳虎；老年人如僧，少年人如侠；老年人如字典，少年人如戏文；老年人如鸦片烟，少年人如泼兰地酒；老年人如别行星之陨石，少年人如大洋海之珊瑚岛；老年人如埃及沙漠之金字塔，少年人如西伯利亚之铁路；老年人如秋后之柳，少年人如春前之草；老年人如死海之潴为泽，少年人如长江之初发源。此老年与少年性格不同之大略也。梁启超曰：人固有之，国亦宜然。

梁启超曰：伤哉老大也。浔阳江头琵琶妇①，当明月绕船，枫叶瑟瑟，衾寒于铁，似梦非梦之时，追想洛阳尘中春花秋月之佳趣。西宫南内②，白发宫娥，一灯如穗，三五对坐，谈开元、天宝③间遗事，谱霓裳羽衣曲④。青门种瓜人⑤，左对孺人，顾弄孺子，忆侯门似海珠履杂遝之盛事。拿破仑之流于厄蔑，阿剌飞之幽于锡兰，与三两监守吏或过访之好事者，道当年短刀匹马，驰骋中原，席卷欧洲，血战海楼，一声叱咤，万国震恐之丰功伟烈，初而拍案，继而抚髀⑥，终而揽镜。呜呼！面皱齿尽，白发盈把，颓然老矣。若是者，舍幽郁之外无心事，舍悲惨之外无天地，舍颓唐之外无日月，舍叹息之外无音声，舍待死之外无事业。美人豪杰且然，而况于寻常碌碌者耶！生平亲友，皆在墟墓，起居饮食，待命于人，今日且过，遑知他日，今年且过，遑恤明年。普天下灰心短气之事，未有甚于老大者。于此人也，而欲望以拿云之手段，回天之事功，挟山超海之意气，能乎不能？

呜呼，我中国其果老大矣乎？立乎今日，以指畴昔，唐虞三代⑦，若何之郅治⑧；秦皇汉武，若何之雄杰；汉唐来之文学，若何之隆盛；康乾⑨间之武功，若何之烜赫！历史家所铺叙，词章家所讴歌，何一非我国民少年时代良辰美景、赏心乐事之陈迹哉！而今颓然老矣，昨日割五城，明日割十城；处处雀鼠尽，夜夜鸡犬惊；十八省⑩之土地财产，已为人怀中之肉；四百兆之父兄子弟，已为人注籍之奴。岂所谓老大嫁作商人妇者耶？呜呼！凭君莫话当年事，憔悴韶光不忍看。楚囚相对，岌岌顾影；人命危浅，朝不虑夕。国为待死之国，一国之民为待死之民，万事付之奈何，一切凭人作弄，亦何足怪！

梁启超曰：我中国其果老大矣乎？是今日全地球之一大问题也。如其老大也，则是中国为过去之国，即地球上昔本有此国，而今渐渐灭，他日之命运殆将尽也。如其非老大也，则是中国为未来之国，即地球上昔未现此国，而今渐发达，他日之前程且方长也。欲断今日之中国为老大耶？为少年耶？则不可不先明"国"字之意义。夫国也者，何物也？有土地，有人民，以居于其土地之人民，而治其所居之土地之事，自制法律而自守之；有主权，有服从，人人皆主权者，人人皆服从者。夫如是，斯谓之完全成立之国。地球上之有完全成立之国也，自百年以来也，完全成立者，壮年之事也；未能完全成立而渐进于完全成立者，少年之事也。故吾得一言以断之曰：欧洲列邦在今日为壮年国，而我中国在今日为少年国。

夫古昔之中国者，虽有国之名，而未成国之形也，或为家族之国，或为酋长之国，或为诸侯封建之国，或为一王专制之国。虽种类不一，要之其于国家之体质也，有其一部而缺其一部，正如婴儿自胚胎以迄成童，其身体之一二官支，先行长成，此外则全体虽粗具，然未能得其用也。故唐虞以前为胚胎时代，殷周之际为乳哺时代，由孔子而来至于今为童子时代，逐渐发达，而今乃始将入成童以上少年之界焉。其长成所以若是之迟者，则历代之民贼有窒其生机者也。譬犹童年多病，转类老态，或且疑其死期之将至焉，而不知皆由未完全、未成立也，非过去之谓，而未来之谓也。

且我中国畴昔，岂尝有国家哉？不过有朝廷耳。我黄帝子孙，聚族而居，立于此地球之上者既数千年，而问其国之为何名，则无有也。夫所谓唐、虞、夏、商、周、秦、汉、魏、晋、宋、齐、梁、陈、隋、唐、宋、元、明、清者，则皆朝名耳。朝也者，一家之私产也；国也者，人民之公产也。朝有朝之老少，国有国之老少，朝与国既异物，则不能以朝之老少而指为国之老少明矣。文、武、成、康⑪，周朝之少年时代也；幽、厉、桓、赧⑫，则其老年时代也。高、文、景、武⑬，汉朝之少年时代也；元、平、桓、灵⑭，则其老年时代也。自余历朝，莫不有之。凡此者谓为一朝廷之老也则可，谓为一国之老也则不可。一朝廷之老且死，犹一人之老且死也，于吾所谓中国者何与焉？然则吾中国者，前此尚未出现于世界，而今乃始萌芽云尔。天地大矣，前途辽矣，美哉我少年中国乎！

玛志尼⑮者，意大利三杰之魁也，以国事被罪，逃窜异邦，乃创立一会，名曰"少年意大利"。举国志士，云涌雾集以应之，卒乃光复旧物，使意大利为欧洲之一雄邦。夫意大利者，欧洲第一之老大国也，自罗马亡后，土地隶于教皇，政权归于奥国，殆所谓老而濒于死者矣。而得一玛志尼，且能举全国而少年之况，我中国之实为少年时代者耶？堂堂四百余州之国土，凛凛四百余兆之国民，岂遂无一玛志尼其人者？

龚自珍[⑩]氏之集有诗一章，题曰《能令公少年行》。吾尝爱读之，而有味乎其用意之所存。我国民而自谓其国之老大也，斯果老大矣；我国民而自知其国之少年也，斯乃少年矣。西谚有之曰：有三岁之翁，有百岁之童。然则国之老少，又无定形，而实随国民之心力以为消长者也。吾见乎玛志尼之能令国少年也，吾又见乎我国之官吏士民能令国老大也，吾为此惧。夫以如此壮丽浓郁、翩翩绝世之少年中国，而使欧西日本人谓我为老大者何也？则以握国权者皆老朽之人也。非哦几十年八股，非写几十年白折，非当几十年差，非捱几十年俸，非递几十年手本，非唱几十年诺，非磕几十年头，非请几十年安，则必不能得一官，进一职。其内任卿贰以上、外任监司以上者，百人之中，其五官不备者，殆九十六七人也，非眼盲，则耳聋，非手颤，则足跛，否则半身不遂也。彼其一身饮食、步履、视听、言语，尚且不能自了，须三四人在左右扶之捉之，乃能度日，于此而乃欲责之以国事，是何异立无数木偶而使之治天下也。且彼辈者，自其少壮之时，既已不知亚细、欧罗为何处地方，汉祖、唐宗是那朝皇帝，犹嫌其顽钝腐败之未臻其极，又必搓磨之、陶冶之，待其脑髓已涸，血管已塞，气息奄奄与鬼为邻之时，然后将我二万里山河，四万万人命，一举而畀于其手。呜呼！老大帝国，诚哉其老大也！而彼辈者，积其数十年之八股、白折、当差、捱俸、手本、唱诺、磕头、请安，千辛万苦，千苦万辛，乃始得此红顶花翎[⑪]之服色，中堂大人[⑫]之名号，乃出其全副精神，竭其中毕生力量，以保持之。如彼乞儿，拾金钱锭，虽轰雷盘旋其顶上，而两手犹紧抱其荷包⑲，他事非所顾也，非所知也，非所闻也。于此而告之以亡国也，瓜分也，彼乌从而听之？乌从而信之？即使果亡矣，果分矣，而吾今年既七十矣八十矣，但求其一两年内，洋人不来，强盗不起，我已快活过了一世矣。若不得已，则割三头两省之土地奉申贺敬，以换我几个衙门，卖三几百万之人民作仆为奴，以赎我一条老命，有何不可？有何难办？呜呼，今之所谓老后、老臣、老将、老吏者，其修身齐家治国平天下之手段，皆具于是矣。西风一夜催人老，调尽朱颜白尽头。使走无常⑳当医生，携催命符㉑以祝寿。嗟乎痛哉！以此为国，是安得不老且死，且吾恐其未及岁而殇也。

梁启超曰：造成今日之老大中国者，则中国老朽之冤业也；制出将来之少年中国者，则中国少年之责任也。彼老朽者何足道，彼与此世界作别之日不远矣，而我少年乃新来而与世界为缘。如僦屋㉒者然，彼明日将迁居他方，而我今日始人此室处，将迁居者，不爱护其窗棂，不洁治其庭庑，俗人恒情，亦何足怪。若我少年者前程浩浩，后顾茫茫，中国而为牛、为马、为奴、为隶，则烹脔鞭棰之惨酷，惟我少年当之。中国如称霸宇内、主盟地球，则指挥顾盼之尊荣，惟我少年享之。于彼气息奄奄、与鬼为邻者何与焉？彼而漠然置之，犹可言也；我而漠然置之，不可言也。使举国之少年而果为少年也，则吾中国为未来之国，其进步未可量也，使举国之少年而亦为老大也，则吾中国为过去之国，其澌亡可翘足而待也。故今日之责任，不在他人，而全在我少年。少年智则国智，少年富则国富，少年强则国强，少年独立则国独立，少年自由则国自由，少年进步则国进步，少年胜于欧洲，则国胜于欧洲，少年雄于地球，则国雄于地球。红日初升，其道大光；河出伏流，一泻汪洋；潜龙腾渊，鳞爪飞扬；

乳虎啸谷，百兽震惶；鹰隼试翼，风尘吸张；奇花初胎，矞矞皇皇⑳；于将发硎，有作其芒；天戴其苍，地履其黄；纵有千古，横有八荒；前途似海，来日方长。美哉我少年中国，与天不老！壮哉我中国少年，与国无疆！

（"三十功名尘与土，八千里路云和月。莫等闲白了少年头，空悲切！"此岳武穆㉑《满江红》词句也，作者自六岁时即口受记忆，至今喜诵之不衰。自今以往，弃"哀时客"之名，更自名曰"少年中国之少年"。作者附识。）

【注释】

①浔阳江头琵琶妇：浔阳江即江西九江。唐朝诗人白居易，被贬为九江司马时，于浔阳江头送客，遇邻船一琵琶女，原为长安乐妓，年长色衰，委身为商人妇。"同是天涯沦落人"，有感于此，作长诗《琵琶行》。②西宫南内：皇宫之内称为大内。西宫即西内太极宫。南内为兴庆宫。③开元、天宝：唐玄宗时年号。④霓裳羽衣曲：唐代著名的法曲。传说为开元年间唐玄宗李隆基所作。⑤青门种瓜人：汉初，故秦东陵侯召平种瓜于长安城东青门。又称青门故侯，谓前朝遗民。⑥抚髀：以手拍股，以示感叹。⑦唐虞三代：唐虞为唐尧与虞舜的并称，古人以其时为太平盛世。三代：指夏、商、周三个朝代。⑧郅治：即大治。指完美的社会制度。⑨康乾：清朝初期与中期两位皇帝康熙与乾隆年号简称。其时被誉为康乾盛世。⑩十八省：指清朝将原来的明朝统治区的十五个承宣布政使司中的湖广分为湖南、湖北，南直隶分为安徽、江苏，从陕西中分出甘肃，所设置的十八省份。⑪文、武、成、康：文王、武王、成王、康王，周朝初年的几位帝王。⑫幽、厉、桓、赧：幽王、厉王、桓王、赧王，周朝中后期的几位帝王。⑬高、文、景、武：高祖、文帝、景帝、武帝，汉朝初年的几位帝王。⑭元、平、桓、灵：元帝、平帝、桓帝、灵帝，汉朝中后期的几位帝王。⑮玛志尼：意大利爱国者。罗马帝国灭亡后，意大利受奥地利

帝国奴役，玛志尼创立"少年意大利党"，创办《少年意大利报》，发动和组织资产阶级革命，完成意大利的独立统一事业。他与同时的加里波的、喀富尔并称"意大利三杰"。⑯龚自珍：清朝思想家、文学家。字璱人，号定庵，后更名易简，字伯定，又更名巩祚。著有《定庵文集》、《己亥杂诗》等。⑰红顶花翎：红顶是指红色顶戴，属于清代比较高的官阶，花翎：清官员、贵州冠饰。⑱中堂大人：因宰相在中书省内办公，故称宰相为中堂大人。⑲荷包：中国传统服饰中，人们所随身佩带的一种装零星物品的小包。⑳走无常：一种迷信活动。相传为冥间利用活人的生魂来为冥间做事。㉑催命符：迷信谓催人早死的符箓。㉒僦屋：租赁房屋。㉓翕翕皇皇：休美貌。㉔岳武穆：岳飞，南宋抗金名将，字鹏举，河南汤阴人。大败金兵，正待渡河之际，被高宗、秦桧以十二道金牌急令班师，以"莫须有"罪名被杀。宁宗时追封鄂王，谥武穆。

自信与虚心

【题解】

　　此文是作者于 1901 年 6 月 16 日至 7 月 6 日撰写的《十种德性相反相成义》之三。作者对自信力重要性有极高的评价，认为是"成就大业之原"。特别是当国家多难，民族危亡之时，这种自信力尤为重要。"我国民而自以国权不能保，斯不能保矣；若人人以自信力奠定国权，强邻就得而侮之！"所谓自信力，并非盲目自大，高谈阔论，目空一切。自信与虚心，两者相辅相成。"自信与骄傲异，自信者常沉着，而骄傲者常浮扬。"作者所肯定的是"虚心之自信"。

　　自信力者，成就大业之原也。西哲①有言曰："凡人皆立于所欲立之地，是故欲为豪杰则豪杰矣，欲为奴隶则奴隶矣。"孟子曰："自谓不能者，自贼②者也"；又曰："自暴者不可与有言也，自弃者不可与有为也。"天下人固有识想与议论过绝寻常，而所行事不能有益于大局者，必其自信力不足者也。有初时持一宗旨，任一事业，及为外界毁誉之所刺激，或半途变更废止，不能达其目的地者，必其自信力不足者也。居今日之中国，上之不可不冲破二千年顽谬之学理，内之不可不鏖战四百兆③群盲之习俗，外之不可不对抗五洲万国④猛烈侵略、温柔笼络之方策，非有绝大之气魄，绝大之胆量，岂能于此四面楚歌⑤中，打开一条血路，以导我国民于新世界者乎！伊尹⑥曰："余天民之先觉者也，余将以斯道觉斯民也，非余觉之而谁也。"孟子曰："夫天未欲平治天下也，如欲平治天下，当今之世，舍我其谁也？"抑何其言之大而夸欤，自信则然耳！故我国民而自以为国权不能保，斯不能保矣；若人人以自信力奠定国权，强邻孰得而侮之！国民而自以为民权不能兴，斯不能兴矣；若人人以自信力奋争民权，民贼⑦孰得而压之！而欲求国民全体之自信力，必先自志士仁人之自信力始。

或问曰：吾见有顽固之辈，抱持中国一二经典古义，谓可以攘斥外国陵铄⑧全球者，若是者非其自信力乎？吾见有少年学子，撦拾一二新理新说，遂自以为足，废学高谈，目空一切者，若是者非其自信力乎？由前之说，则中国人中富于自信力者，莫如端王⑨、刚毅⑩；由后之说，则如格兰斯顿⑪之耄而向学⑫，奈端之自视欿然⑬，非其自信力之有不足乎？曰：恶⑭，是何言欤！自信与虚心，相反而相成者也。人之能有自信力者，必其气象阔大，其胆识雄远，既注定一目的地，则必求贯达之而后已。而当其始之求此目的地也，必校群长以择之；其继之行此目的地也，必集群力以图之。故愈自重者愈不敢轻薄天下人，愈坚忍者愈不敢易视天下事。海纳百川，任重致远，殆其势所必然也。彼故见自封一得自喜者，是表明其器小易盈之迹于天下，如河伯之见海若⑮，终必望洋而气沮，如辽豕之到河东⑯，卒乃怀惭而不前，未见其自信力之能全始全终者也。故自信与骄傲异：自信者常沈着，而骄傲者常浮扬；自信者在主权，而骄傲者常客气。故豪杰之士，其取于人者，常以三人行必有我师为心；其立于己者，常以百世俟圣而不惑为鹄⑰。夫是之谓虚心之自信。

【注释】

①西哲：西方哲学的简称。②自贼：自己伤害自己，自杀。③兆：百万。④五洲万国：指西方列强。⑤四面楚歌：比喻陷入四面受敌、孤立无援之地。⑥伊尹：商汤辅佐。佐商灭夏，综理国事，被称为"阿衡"。⑦民贼：残害人民的人。⑧陵铄：欺压。⑨端王：清朝宗室。义和团事变祸首之一。⑩刚毅：清末大臣。与端王力主招抚义和团，企图利用义和团运动达到维持清朝统治的目的。⑪格兰斯顿：英国首相。⑫耄尔向学：年老还努力学习。⑬奈端：今译为牛顿。欿然：不自满足。⑭恶：叹词。⑮河伯：河神。海若：海神。⑯辽豕之到河东：借以讥讽见识短浅。⑰鹄：目的。

利己与爱他

【题解】

此文是作者于 1901 年 6 月 16 日至 7 月 6 日撰写的《十种德性相反相成义》之四。作者对利己与爱他,予以辨证的阐释,认为二者异名同源,"一而非二也"。利己是"本来之爱民心",爱他是"变相之爱己心"。"故真能爱己者,不得不推此心以爱家、爱国"。将"利己与爱他",提升至爱国与救国的高度。以爱国与救国为每一个国民的责任。因此,"励志"者,应由此"利己与爱他"之心,认识到"天下兴亡,匹夫有责"的道理,担当起民族振兴的重任。

为我也,利己也,私也,中国古义以为恶德者也。是果恶德乎?曰:恶①,是何言!天下之道德法律,未有不自利己而立者也。对于禽兽而倡自贵知类之义,则利己而已,而人类之所以能主宰世界者赖是焉;对于他族而倡爱国保种之义,则利己而已,而国民之所以能进步繁荣者赖是焉。故人而无利己之思想者,则必放弃其权利,弛掷其责任,而终至于无以自立。彼芸芸②万类,平等竞存于天演界③中，其能利己者必优而胜，其不能利己者必劣而败，此实有生之公例矣。西语④曰："天助自助者"。故生人之大患，莫甚于不自助而望人之助我，不自利而欲人之利我。夫既谓之人矣，则安有肯助我而利我者乎？又安有能助我而利我者乎？国不自强而望列国之为我保全，民不自治而望君相之为我兴革，若是者，皆缺利己之德而已。昔中国杨朱⑤以为我立教，曰："人人不拔一毫，人人不利天下，天下治矣"。吾昔甚疑其言，甚恶其言，及观英，德诸国哲学大家之书，其所标名义与杨朱吻合者，不一而足，而其理论之完备，实有足以助人群之发达，进国民之文明者。盖西国⑥政治之基础在于民权，而民权之巩固由于国民竞争权利寸步不肯稍让，即以人人不拔一毫之心，以自利者利天下。观于此，然后知中国人号称利己心重者，实则非真利己也。苟其真利己，何以他人剥夺己之权利，握制己之生命，而恬然安之，恬然让之，曾不以为意也。故今日不独发明墨翟⑦之学足以救中国，即发明杨朱之学亦足以救中国。

问者曰：然则爱他之义可以吐弃乎？曰：是不然，利己心与爱他心，一而非二者也。近世哲学家谓人类皆有两种爱己心：一本来之爱己心，二变相之爱己心。变相之爱己心者，即爱他心是也。凡人不能以一身而独立于世界也，于是乎有群；其处于一群之中，而与侪侣共营生存也，势不能独享利益，而不顾侪侣之有害与否，苟或尔尔，则己之利未见而害先睹矣。故善能利己者，必先利其群，而后己之利亦从而进焉。以一家论，则我之家兴我必蒙其福，我之家替⑧我必受其祸；以一国论，则国之强也，生长于其国者罔不强，国之亡也生长于其国者罔不亡。故真能爱己者，不得不推此心以爱家、爱国，不得不推此心以爱家人、爱国人，于是乎爱他之义生焉。凡所以爱他者，亦为我而已。故苟深明二者之异名同源，固不必侈^⑨谈兼爱以为名高，亦不必讳言为我以自欺蔽。但使举利己之实，自然成为爱他之行；充爱他之量，自然能收利己之效。

【注释】

①恶：叹词。②芸芸：形容众多。③天演界：自然演进的环境。④西语：西方人的话。⑤杨朱：字子居，战国时期魏国人，杨朱学派创始人，主张贵生，重己。⑥西国：西方国家。⑦墨翟：战国时期思想家，主张非攻、兼爱。⑧替：衰废。⑨侈：夸大。

过渡时代之人物与其必要之德性

【题解】

此文是作者于 1901 年撰写的《过渡时代论》一文的第六部分。文章认为中国处于过渡时代，危机与机遇同在，困难与希望并存。既有对祖国危亡局势的担忧，又有对祖国美好前途的憧憬。呼唤过渡时代英雄的出现，为创造新中国而努力。所谓过渡时代的英雄，不是"一二之代表人"，不是"轰轰独秀之英雄"，而是"多数之国民"、"芸芸平等之英雄"。此种英雄，应具有"冒险性"、"忍耐性"和"别择性"。这也正是励志者所应具有的品格。

时势造英雄耶？英雄造时势耶？时势英雄，递相为因，递相为果耶？吾辈虽非英雄，而日日思英雄，梦英雄，祷祀求英雄。英雄之种类不一，而惟以适于时代之用为贵。故吾不欲论旧世界之英雄，亦未敢语新世界之英雄，而惟望有崛起于新旧两界线之中心的过渡时代之英雄。窃以为此种英雄，所不可缺之德性。有三端焉：

其一冒险性。是过渡时代之初期所不可缺者也。过渡者，改进之意义也。凡革新者不能保持其旧形，犹进步者必当掷弃其故步。欲上高楼，先离平地；欲适异国，先去①故乡：此事势之最易明者也。虽然，保守恋旧者，人之恒性也。《传》曰："凡民可以乐成，难与图始。"故欲开一堂堂过渡之局面，其事正自不易。盖凡过渡之利益，为将来耳。然当过去已去、将来未来之际，最为人生狼狈不堪之境遇。譬有千年老屋，非更新之，不可复居；然欲更新之，不可不先权弃其旧者。当旧者已破、新者未成之顷，往往瓦砾狼藉，器物播散，其现象之苍凉，有十倍于从前焉。寻常之人，观目前之小害，不察后此之大利，或出死力以尼②其进行；即一二稍有识者，或胆力不足，长虑却顾，而不敢轻于一发：此前古各国，所以进步少而退步多也。故必有大刀阔斧之力，乃能收筚路蓝缕③之功；必有雷霆万钧之能，乃能造鸿鹄千里之势。若是者，舍冒险末由。

其二忍耐性。是过渡时代之中期所不可缺者也。过渡者，可进而不可退者也，又难进而易退者也。摩西之率犹太人出埃及④以迁于迦南⑤也，飘流踯躅于沙漠间者四十年，与天气战，与猛兽战，与土蛮战，停辛仁苦，未尝宁居，同行俦类，睊睊⑥怨谗，大业未成，鬓发已白。此寻常豪杰之士，所最扼腕⑦而短气者也。且夫所志愈大者，则其成就愈难；所行愈远者，则其归宿愈迟：事物之公例也。故倡率国民以经此过渡时代者，其间恒遇内界外界、无量无数之阻力，一挫再挫三挫，经数十年、百年，而及身不克见其成者，比比然也。非惟不见其成，或乃受唾受骂，虽有口舌，而无以自解。故非有过人之忍耐性者，鲜有不半路而退转者也。语曰："行百里者半九十。"掘井九仞，犹为弃井；山亏一篑，遂无成功。惟危惟微，间不容发⑧。故忍耐性者，所以贯彻过渡之目的者也。

其三别择性。是过渡时代之末期所不可缺者也。凡国民所贵乎过渡者，不徒⑨在能去所厌离之旧界而已，而更在能达所希望之新界焉。故冒万险忍万辱而不辞，为其将来所得之幸福，足以相偿而有余也。故倡率国民以就此途者，苟不为之择一最良合宜之归宿地，则其负国民也实甚。世界之政体有多途，国民之所宜亦有多途。天下事固有于理论上不可不行，而事实上万不可行者；亦有在他时他地可得极良之结果，而在此时此地反招不良之结果者。作始也简，将毕也巨。故坐于广厦细旃⑩以谈名理，与身入于惊涛骇浪以应事变，其道不得不绝异。故过渡时代之人物，当以军人之魄，佐以政治家之魂。政治家之魂者何？别择性是已。

凡此三种德性，能以一人而具有之者上也；一群中人，各备一德，组成团体，互相补助，抑其次也。

嗟乎！英雄造时势耶？时势造英雄耶？时势时势，宁非今耶？英雄英雄，在何所耶？抑⑪又闻之，凡一国之进步也，其主动者在多数之国民，而驱役一二之代表人以为助动者，则其事罔不成；其主动者在一二之代表人，而强求多数之国民以为助动者，则其事鲜⑫不败。故吾所思所梦所祷祀者，不在轰轰独秀之英雄，而在芸芸平等之英雄。

【注释】

①去：离去。②尼：阻止，阻拦。③筚路蓝缕：意谓坐着柴车，穿着破衣服去开辟山林。形容创业艰辛。④摩西之率犹太人出埃及：此故事出自《圣经·出埃及记》。⑤迦南：即希腊人所称的"腓尼基"。作为地区名，主要指今天的巴勒斯坦、叙利亚和黎巴嫩。⑥睊睊：侧目相视貌。

⑦扼腕：用一只手用力握住另一只手腕，表示激愤、惋惜等情绪。⑧间不容发：空隙中容不下一根头发。比喻与灾祸相距极近或情势危急到极点。⑨不徒：不独，不但。⑩广厦细旃：高大的房屋，精致的毡毯。指居住条件优越。⑪抑：或是。⑫鲜：稀少。

论公德

【题解】

　　此文是作者于 1902—1906 年发表在《新民丛报》的二十篇政论文《新民说》的第五篇。作者开篇便指出"我国民所最缺者，公德其一端也。公德者何？人群之所以为群，国家之所以为国，赖此德以成立者也。"公德是一种纽带，可以把散乱的个体联系成强大的整体组织。所以，为人民大众谋权益就是公德。公德是与私德相对而提出的，私德是修己之德，公德是利群之德，独善其身谓之私德，相善其群谓之公德。公德主要调整人与国家、社会的关系，推动社会国家的文明进步。这种利群之德，与"为人民服务"的宗旨相近，是"励志"者应首先树立的人生观。

　　我国民所最缺者，公德其一端也。公德者何？人群之所以为群，国家之所以为国，赖此德焉以成立者也。人也者，善群之动物也（此西儒亚里士多德①之言）。人而不群，禽兽奚择②？而非徒空言高论曰群之群之，而遂能有功者也，必有一物焉贯注而联络之，然后群之实乃举。若此者谓之公德。

　　道德之本体一而已，但其发表于外，则公私之名立焉。人人独善其身者谓之私德，人人相善其群者谓之公德，二者皆人生所不可缺之具也。无私德则不能立，合无量数卑污虚伪残忍愚懦之人，无以为国也；无公德则不能团，虽有无量数束身自好、廉谨良愿之人，仍无以为国也。吾中国道德之发达，不可谓不早。虽然，偏于私德，而公德殆阙如。试观《论语》、《孟子》诸书，吾国民之木铎③，而道德所从出者也。其中所教，私德居十之九，而公德不及其一焉。如《皋陶谟》之九德，《洪范》之三德，《论语》所谓"温良恭俭让"，所谓"克己复礼"，所谓"忠信笃敬"，所谓"寡尤寡悔"，所谓"刚毅木讷"，所谓"知命知言"，《大学》所谓"知止、慎独"，"戒欺、求慊"，《中庸》所谓"好学、力行、知耻"，所谓"戒慎恐惧"，所谓"致曲"，《孟子》所谓"存心养性"，所谓"反身强恕"，凡此之类。关于私德者，发挥几无余蕴④，于养成私人（私人者对于公人言，谓一个人不与他人交涉之时也。）之资格，庶乎⑤备矣。虽然，仅有私人之资格，遂足为完全人格乎？是固不能。今试以中国旧伦理与泰西新伦理相比较：旧伦理之分类，曰君臣，曰父子，曰兄弟，曰夫妇，曰朋友；新伦理之分类，曰家族伦理，曰社会（即人群）伦理，曰国家伦理。旧伦理所重者，则一私人对于一私人之事也。（一私人之独善其身，固属于私德之范围：即一私人与他私人交涉之道义，仍属于私德之范围也。此可以法律上公法、私法之范围证明之。）新伦理所重者，则一私人对于一团体之事也。（以新伦理之分类，归纳旧伦理，则关于家族伦理者三：父子也，兄弟也，夫妇也；关于社会伦理者一：朋友也；关于国家伦理者一：君臣也。然朋友一伦，决不足以尽社会伦理；君臣一伦，尤不足以尽国家伦理。何也？凡人对于社会之义务，决不徒在相知之朋友而已，即绝迹不与人交者，仍于社会上有不可不尽之责任。至国家者，尤非君臣所能专有，若仅言君臣之义，则使以礼，事以忠，全属两个私人感恩效力之事耳，于大体无关也，将所谓逸民不事王侯者，岂不在此伦范围之外乎？夫人必备此三伦理之义务，然后人格乃成。若中国之五伦⑥，则惟于家族伦理稍为完整，至社会、国家伦理，不备滋多。此缺憾之必当补者也，皆由重私德轻公德所生之结果也。）夫一私人之所以自处，与一私人之对于他私人，其间必贵有道德者存，此奚待言！虽然，此道德之一部分，而非其全体也。全体者，合公私而兼善之者也。

　　私德公德，本并行不悖者也。然提倡之者既有所偏，其末流或遂至相妨。若微生亩讥孔子以为佞⑦，公孙丑⑧疑孟子以好辨，此外道浅学之徒，其不知公德，不待言矣；而大圣达哲，亦往往不免。吾今固不欲撷拾古人片言只语有为而发者，挞之以相诟病。要之，吾中国数千年来，束身寡过主义，实为德育之中心点。范围既日缩日小，其间有言论行事，出此范围外，欲为本群本国之公利公益有所尽力者，彼曲士⑨贱儒，动辄援"不在其位，不谋其政"等偏义，以非笑之挤排之。谬种流传，习非胜是，而国民益不复知公德为何物。今夫人之生息于一群也，安享其本群之权利，即有当尽于其本群之义务；苟不尔者，则直为群之蠹而已。彼持束身寡过主义者，以为吾虽无益于群，亦无害于群，庸讵知无益之即为害乎！何则？群有以益我，而我无以益群，是我逋群之负而不偿也。夫一私人与他私人交涉，而逋其所应偿之负，子私德必为罪矣，谓其害之将及于他人也。而逋群负者，乃反得冒善人之名，何也？使一群之人，皆相率而逋焉，彼一群之血本，能有几何？而此无穷之债客，日夜蠹蚀之而瓜分之，有消耗，无增补，何可长也？然则其群必为逋负者所拽倒，与私人之受累者同一结果，此理势之所必然矣。今吾中国所以日即衰落者，岂有他哉？束身寡过之善士太多，享权利而不尽义务，人人视其所负于群者如无有焉。人虽多，曾不能为群之利，而反为群之累，夫安得不日蹙⑩也？

父母之于子也，生之育之，保之教之，故为子者有报父母恩之义务。人人尽此义务，则子愈多者，父母愈顺，家族愈昌；反是则为家之索矣。故子而逋父母之负者，谓之不孝，此私德上第一大义，尽人能知者也。群之于人也，国家之于国民也，其恩与父母同。盖无群无国，则吾性命财产无所托，智慧能力无所附，而此身将不可以一日立于天地。故报群报国之义务，有血气者所同具也。苟放弃此责任者，无论其私德上为善人为恶人，而皆为群与国之蟊贼。譬诸家有十子，或披剃⑪出家，或博弈饮酒，虽一则求道，一则无赖，其善恶之性质迥殊，要之不顾父母之养，为名教罪人则一也。明乎此义，则凡独善其身以自足者，实与不孝同科。案公德以审判之，虽谓其对于本群而犯大逆不道之罪，亦不为过。

某说部⑫寓言，有官吏死而冥王⑬案治其罪者，其魂曰："吾无罪，吾作官甚廉。"冥王曰："立木偶于庭，并水不饮，不更胜君乎！于廉之外一无所闻，是即君之罪也。"遂炮烙⑭之。欲以束身寡过为独一无二之善德者，不自知其已陷于此律而不容赦也。近世官箴⑮，最脍炙人口者三字，曰清、慎、勤。夫清、慎、勤岂非私德之高尚者耶？虽然，彼官吏者受一群之委托而治事者也，既有本身对于群之义务，复有对于委托者之义务，曾是清、慎、勤三字，遂足以塞此两重责任乎？此皆由知有私德，不知有公德。故政治之不进，国华之日替⑯，皆此之由。彼官吏之立于公人地位者且然，而民间一私人更无论也。我国民中无一人视国事如己事者，皆公德之大义未有发明故也。

且论者亦知道德所由起乎？道德之立，所以利群也。故因其群文野之差等，而其所适宜之道德亦往往不同，而要之以能固其群、善其群、进其群者为归。夫英国宪法，以侵犯君主者为大逆不道（各君主国皆然）；法国宪法，以谋立君主者为大逆不道；美国宪法，乃至以妄立贵爵名号者为大逆不道（凡违宪者皆大逆不道也）。其道德之外形相反如此，至其精神则一也。一者何？曰为一群之公益而已。乃至古代野蛮之人，或以妇女公有为道德，（一群中之妇女为一群中之男子所公有物，无婚姻之制也。古代斯巴达尚不脱此风。）或以奴隶非人为道德，（视奴隶不以人类，古贤柏拉图[17]、阿里士多德[18]皆不以为非；南北美战争以前，欧美人尚不以此事为恶德也。）而今世哲学家，犹不能谓其非道德。盖以彼当时之情状，所以利群者，惟此为宜也。然则道德之精神，未有不自一群之利益而生者；苟反于此精神，虽至善者，时或变为至恶矣。（如自由之制，在今日为至美，然移之于野蛮未开之群，则为至恶，专制之治，在古代为至美，然移之于文明开化之群，则为至恶；是其例证也。）是故公德者，诸德之源也，有益于群者为善，无益于群者为恶，（无益而有害，为大恶，无害亦无益者为小恶。）此理放诸四海而准，俟诸百世而不惑者也。至其道德之外形，则随其群之进步以为比例差，群之文野不同，则其所以为利益者不同，而其所以为道德者亦自不同。德也者，非一成而不变者也，（吾此言颇骇俗，但所言者德之条理，非德之本原，其本原固亘万古而无变者也。读者幸勿误会。本原惟何？亦曰利群而已。）非数千年前之古人所能立一定格式以范围天下万世者也。（私德之条目，变迁较少；公德之条目，变迁尤多。）然则吾辈生于此群，生于此群之今日，宜纵观宇内之大势，静察吾族之所宜，而发明一种新道德，以求所以固吾群、善吾群、进吾群之道；未可以前王先哲所罕言者，遂以自画⑩而不敢进也。知有公德，而新道德出焉矣，而新民出焉矣。（今世士夫谈维新者，诸事皆敢言新，惟不敢言新道德，此由学界之奴性未去，爱群、爱国、爱真理之心未诚也。盖以为道德者，日月经天，江河行地，自无始以来，不增不减，先圣昔贤，尽揭其奥，以诏后人，安有所谓新焉旧焉者？殊不知道德之为物，由于天然者半，由于人事者亦半，有发达有进步，一循天演之大例。前哲不生于今日，安能制定悉合今日之道德？使孔孟复起，其不能不有所损益也亦明矣。今日正当过渡时代，青黄不接。前哲深微之义，或湮没而未彰，而流俗相传简单之道德，势不足以范围今后之人心，且将有厌其陈腐而一切吐弃之者。吐弃陈腐，犹可言也；若并道德而吐弃，则横流之祸，曷其有极！今此祸已见端矣。老师宿儒或忧之，劬劬焉⑳欲持宋元之余论㉑，以遏其流，岂知优胜劣败，固无可逃，捧抔土以塞孟津㉒，沃杯水以救薪火，虽竭吾才，岂有当焉！苟不及争急急斟酌古今中外，发明一种新道德者而提倡之，吾恐今后智育愈盛，则德育愈衰，泰西物质文明尽输入中国，而四万万人且相率而为禽兽也。呜呼！道德革命之论，吾知必为举国之所诟病。顾吾特恨吾才之不逮耳；若夫与一世之流俗人挑战决斗，吾所不惧，吾所不辞。世有以热诚之心爱群、爱国、爱真理者乎？吾愿为之执鞭，以研究此问题也。）公德之大目的，既在利群，而万千条理即由是生焉。本论以后各子目，殆皆可以"利群"二字为纲，以一贯之者也。故本节但论公德之急务，而实行此公德之方法，则别著于下方。

【注释】

①亚里士多德：古希腊伟大的哲学家、科学家和教育家。②奚择：有何区别。③木铎：以木为舌的大铃，铜质。古代宣布政教法令时，巡行振鸣以引起众人注意。④余蕴：蕴藏于中而未全部显现。⑤庶乎：差不多。⑥五伦：古人所谓君臣、父子、兄弟、夫妇、朋友五种人伦关系。⑦微生亩：姓微生，名亩，春秋时鲁国的隐士。佞：有口才。⑧公孙丑：战国时期齐国人，孟子的弟子。⑨曲士：乡曲之士。比喻孤陋寡闻之人。⑩蹙：紧迫。⑪披剃：削发出家。⑫说部：旧指小说及关于逸闻、琐事之类的著作。⑬冥王：阎罗的俗称。迷信谓阴间的主宰。⑭炮烙：古代一种烧烫的酷刑。⑮箴：箴言。告诫。⑯国华：国家的杰出人才。替：衰败。⑰柏拉图：古希腊著名的哲学家。⑱阿里士多德：今译为亚里士多德。古希腊著名哲学家，柏拉图的学生。⑲自画：自己限制自己。⑳劬劬焉：劳苦貌。㉑宋元之余论：指宋元理学。㉒孟津：黄河渡口。在今河南。以周武王会八百诸侯于孟津渡而得名。

论自尊

【题解】

此文是作者于 1902—1906 年发表的《新民说》的第十二篇，是《新民说》的重要内容之一，是"新民"所应具有的优秀品质。"自尊"是一个国民的人格，一个国家的国格。是"立身"、"立国"之根本。"自尊"的具体内涵是：自爱，有高尚的节操，磊落的精神；自治，与法律相浃，成为固结之团体；自立，不消极依赖，而是自养、自济；自牧，加强自我修养，"自尊为能尊人"；自任，肯于负责，勇于担当。五者缺一不可。

日本大教育家福泽谕吉①之训学者也，标提"独立自尊"一语，以为德育最大纲领。夫自尊何以谓之德？自也者国民之一分子也，自尊所以尊国民故。自也者人道之一阿屯②也，自尊所以尊人道故。

西哲有言，"人各立于自所欲立之地"，吉田松阴③曰，"士生今日，欲为蒲柳④，斯蒲柳矣，欲为松柏，斯松柏矣。"吾以为欲为松柏者果能为松柏与否？吾不敢言。若夫欲为蒲柳者而能进于松柏，吾未之闻也。"孟子曰："有是四端，而自谓不能者，自贼⑤者也。"又曰："自暴者不可与有言也，自弃者不可以有为也。"夫自贼自暴自弃之反面，则自尊是也。是以君子贵自尊。

悲哉：吾中国人无自尊性质也。簪缨⑥何物？以一钩金塞其帽顶，则脚靴手版，磕头请安，戢戢然⑦矣。阿堵何物⑧？以一贯铜晃其腰缠，则色肆指动，围绕奔走，喁喁然⑨矣。夫沐冠⑩而喜者，戏猴之态也。投骨而啮者，畜犬之情也。人之所以为人者，其资格安在耶？顾乃自侪⑪于猴犬而恬不为怪也。故夫自尊与不自尊，实天民⑫奴隶之绝大关头也。

且吾见夫今世所谓识时俊杰者矣，天下之危急，彼非无所闻也。国民之义务，彼非无所知也。顾口中有万言之沸腾，肩上无半铢⑬之负荷，叩其故，则曰："天下大矣，贤智多矣，某自顾何人，其敢语于此？"推彼辈之意，以为一国四百兆人，其三百九十九兆九亿九万九千九百九十九人中，其德慧术知，无一不优于我，其聪明才力，无一不强于我，我之一人，岂足轻重云耳？率斯道也以往，其必四百兆人，人人皆除出自己，而以国事望诸其馀之三百九十九兆九亿九万九千九百九十九人，统计而互消之，则是四百兆人卒至实无一人也。夫一二人之自贼、自暴、自弃向不自尊，宜若于天下大局无与焉矣。然穷其弊乃至若此。

不宁惟是⑭，为国民者而不自尊其一人之资格，则断未有能自尊其一国之资格焉者也。一国不自尊，而国未有能立焉者也。吾闻英国人自尊之言曰："太阳曾无不照我英国国旗之时。"英人属地遍于五大洲，此地日方没，彼地日已出，故曰太阳常照英国旗也。曰："无论何地，凡我英人有一人足迹踏于其土者，则其土必为吾英之势力范围也。"吾闻俄国人自尊之言曰："俄罗斯者，东罗马⑮之相续人也。"相续者继袭之义曰："我俄人必成先帝彼得⑮之志，为东方之主人翁也。"吾闻法国人自尊之言曰：
"法兰西者，欧洲文明之中心点也，全世界进步之原动力也。"吾
闻德国人自尊之言曰："自由主义者，日耳曼森林中之产物也，
日耳曼人者，条顿⑯民族之宗子，欧洲中原之主帅也。"吾闻美国
人自尊之言曰："旧世界者，腐败陈积之世界也，其有清新和淑
之气者，惟我新世界。旧世界指东半球，新世界指西半球。今日
之天下，由政治界之争竞，而移于生计界之竞争，他日战胜于生
计界者，舍我美人莫属也。"吾闻日本人自尊之言曰："日本者东
方之英国也，万世一系天下无双也，亚洲之先进国也，东西两文
明之总汇流也。"自余各国，苟其能保一国之名誉于世界上者，
则皆莫不各有其所以自尊之具。若不尔者，则其国必萎缩而无以
自存也。其远焉者吾不能遍举，请征诸其近者。吾尝见印度人，
辄曰："英国之政治，高美完满，盛德巍巍，胜于吾印往昔远
甚。"乃至英人之一颦一笑一饮一啄，皆视为加己数十等也。吾
尝见朝鲜人，辄曰："吾韩今日更无可望，惟望日本及世界文明
各大国，扶而掖之也。"浅见者徒见夫英、俄、德、法、美、日
之强盛也如彼，而以为其所以敢于自尊者有由，徒见夫印度、朝
鲜之积弱也如此，而以为其所以自贬者出于不得已。此误果为因
误因为果之言也，而乌知夫自尊者即彼六国致强之原，而自贬者
乃此二国取灭之道也。呜呼！吾观于此而不能不重为中国恫矣，
畴昔尚有一二侈然自大之客气，乃挫败不数度，至今日而消磨尽
矣。闻他人之议瓜分我也，则嗷然⑰以啼。闻他人之议保全我也，
则辗然⑱以笑，君相官吏，伺外国人之颜色。先意承志，如孝子
之事父母，士农工商，仰外围人之鼻息，趋承奔走，如游妓之媚
情人。政府之意曰：中国不足恃矣，吾但求结纳一大邦之奥援⑲，
为附庸下邑之陪臣，以保富贵终余年焉。民间之意曰：中国无可

为矣，吾但求托庇一强国之宇下，为食毛践土^②之蚁民，以逃丧乱长子孙焉。即号称有志之士者，亦曰今日之中国非可以自力自救，庶几有仁义和亲之国，恤我怜我扶助我乎？嗟乎恫^②哉，我国家今日之资格，其如斯而已乎？我国家将来之前途，竟如斯而已乎？嗟乎恫哉！畴昔侈然自大之客气，自居上国而藐人为夷狄者，先觉之士，窃窃然忧之，以为排外之谬想，不徒伤外交而更阻文明输入之途云耳。夫孰知夫数十年来得延一线之残喘者，尚赖有此若明若昧，无规则无意义之排外自尊思想以维持之，并此而斫丧^③焉。而立国之具，乃直绝矣。夫孰知夫以真守旧误国，而国尚有可为，以伪维新误国，而国乃无可救也。孟子曰："未闻以千里畏人者也。"谁为为之，而至于此。

夫国家本非有体也，藉人民以成体，故欲求国之自尊，必先自国民人人自尊始。伊尹^②曰："予天民之先觉者也，予将以斯道觉斯民也。非予觉之而谁也？"颜渊^⑤曰："舜何人也？予何人也？有为者亦若是。"孟子曰："夫天未欲平治天下也，如欲平治天下。当今之世，舍我其谁也？"若此者，就寻常庸子视之，不以为狂，必以为泰矣。而圣贤之所以为圣贤者乃在于此。英将乌尔夫之将征加拿大也，于前一夜拔剑击案，阔步室内，自夸其大业之必成。宰相鳌特见之。语人曰："余深庆此行为国家得人。"奥相加富匿，掌奥国政权者五十年，尝喟然长叹曰："天为国家生非常之才，虽然其孕育之也百年，其休息之也，又百年。吾每念及我百岁之后，不禁为奥帝国之前途危傈也。"鳌特当一千七百五十七年，语侯爵某曰："君侯君侯予确信惟予能救此国，而舍予之外无一人能当其任也。"加里波的^⑥曰"余誓复我意大利，还我古罗马"。加富尔失意躬耕之时，其友赠书吊之，乃戏答曰："事未可知，天若假公以年，仁看他日加富尔^⑦为全意大利宰相之时矣。"彼数子者，其所以高自位置，与夫世俗之多大言少成事者，皮相®焉殆无以异，而不知其后此之建丰功扬伟烈，能留最高之名誉于历史上，皆此不肯自贼、自暴、自弃之一念，驱遣而成就之也。嗟夫！国于天地，必有与立，历览古今中外之历史，其所以能维系国家于不败之地者，何一非由人民之自尊而来，何一非由人民中之尤秀拔者，以自尊之大义倡率一世而来哉。

吾欲明自尊之义，请先言自尊之道。

凡自尊者必自爱，"在山泉水清，出山泉水浊。侍婢卖珠回，牵萝补茅屋。摘花不插鬓，采柏动盈掬。天寒翠袖薄，日暮倚修竹。"此杜老®绝代佳人之诗也，不如此而谬托于绝代佳人，未有能称者也。孔明之表®后主也，一则曰："臣本布衣，躬耕南阳，苟全性命于乱世，不求闻达于诸侯。"再则曰："臣于成都负郭，有桑八百株，没后子孙，无忧饥寒。"夫孔明非必如硁硁®自守之匹夫，故为狷介®以鸣高也。彼其所以自处者，固别有所以特拔于流俗，而以淡泊为明志之媒介，以宁静为致远之表记也。故夫浮华轻薄之士，谬托旷达，而以不矜细行为通才，牺牲名誉，而以枉尺直寻®为手段者，其去豪杰远矣。何也？先自菲薄，而所谓自尊者更持何道也。故真能自尊者，有皑皑冰雪之志节，然后能显其落落云鹤之精神，有谡谡®松风之德操，然后能载其岳岳®千仞之气概。自尊者，实使人进其品格之法门也。

凡自尊者必自治，人何以尊于禽兽？人有法律，而禽兽无之也。文明人何以尊于野蛮？文明人能与法律相浃，而野蛮不能也。十人能自治，则此十人者在其乡市为一最固结之之团体，而可以尊于一乡市；百人能自治，则此百人者在其省郡为一最固结之团体，而可以尊于一省郡，千人万人能自治，则此千人万人者在其国中为一最固结之团体，而可以尊于一国，数十百千万人能自治，则此数十百千万人者在世界中为一最固结之团体，而可以尊于全世界。其在古代，斯巴达以不满万人之国，而独尊于希腊。其在现世，英国人口不过中国十五分之一，而尊于五洲。何也？皆由其自治之力强，法律之观念重耳。盖人也者，必非能以一人而自尊者也，故必其群尊，然后群内之人与之俱尊。而彼此自治力不足，则群且不成，尊于何有？我中国人格所以日趋于卑贱，其病源皆坐于是。

凡自尊者必自立，庄子曰："有人者累，见有于人者忧。"故夫大同太平之极，必无一人焉能有人。亦无一人焉见有于人。泰西之治，今犹未至也，而中国则更甚焉。其人非有人者，则见有于人者，故君有民，民见有于君，父有子，子见有于父，夫有妇，妇见有于夫。一室之中，主有仆，仆见有于主。一铺店之中，股东有伴佣，伴佣见有于股东。一党派之中，党魁有徒众，徒众见有于党魁。通四百兆人而计之，大率有人者百之一，见有于人者百之九十九。而此所谓有人者，时又更有他人焉从而有之。如妇见有于夫，其夫或见有于其夫之父，其夫之父或又见有于其所属之铺店之主人、衙署之长官。而彼等又见有于一二民贼之类，若是者其级数无量不可思义，虽恒河沙世界中一一莲花，一一花中一一佛，一一佛身一一口，一一口中一一舌，说之犹不能尽。若是乎，吾国中虽有四百兆人，而其见有于人者，直三百九十九兆强也。凡见有于人者，则丧其人格。泰西惯例妇人大率无选举权，以其见有于男子也。余仿此。若是乎，则此四百兆人中能保存人格者，复几何哉？是安得不瞿然®惊也？夫吾之为此言，非谓欲使人尽去其所尊所亲者，而倔强跋扈以为高也，乃正所以为合群计也。凡一群之中，必其人皆有可以自立之道，然后以爱情自贯联之，以法律自部勒®之，斯其群乃强有力。不然，则群虽众而所倚赖者不过一二人，则仍只能谓之一二人，不能谓之群也。有两家于此，甲家则父母妻子兄弟，皆能有所业以食力，余粟余布，各尽其材，乙家则仰事俯畜⑧，皆责望于一人。则其家之孰荣孰悴，岂待问也？有两军于此，甲军则卒伍皆知兵，不待指挥，而各人之意见，既与主帅相针射⑨，号令一下，则人人如其心中所欲发；乙军则惟恃一二勇悍之首领，而他如木鸡然。则其军之孰赢孰负，岂待问也？夫家庭与军伍，其制裁之当严整，殆视他种社会为尤要矣。而其自立力之万不可缺也，犹如此。故凡有自尊思想，不欲玷辱彼苍⑩所以予我之人格者，必以先求自立为第一要义。自立之具不一端，其最显要者，则生计上之自劳自活，与学问上之自修自进也。力能养人者上也，即不能而不可不求足以自养；学能济人者上也，即不能而不可不求足以自济。苟不尔者，欲不倚赖人，乌可得也？专倚赖人，而欲不见有于人，乌可得也？夫倚赖人非必志士之所讳也。然我有所倚赖于他，他亦有所倚赖于我，互相倚而群之形乃固焉。若一则专为倚赖者，一则专为被倚赖者，其群未有能立，即立，未有能久者也。英人常自夸曰："他国之学校，可以教成许多博士学士，我英之学校则只能教成'人'而已。"人者何？人格之谓也。而求英人教育之特色，所以能养成此人格者，则惟受之实业而使之可以自活，受之常识而使之可以自谋，而盎格鲁撒逊人⑪种，所人高掌远蹠⑫于全世界。能有人而不见有于人者，皆恃此焉矣。

凡自尊者必自牧⑬。《易》曰：谦谦君子，卑以自牧。自牧与自尊，宁非反对之两极端耶。虽然，有说焉。自尊云者，非尊其区区七尺也，尊其为国民之一分子，人类之一阿屯也。故凡为国民一分子人类一阿屯者，皆必如其所尊以尊之。故惟自尊者为能尊人。临深以为高，加少以为多，其为高与多也亦仅矣。杀人以自生亡人以自存，其为生与存也亦殆矣。故夫沾沾一得趾高气扬者，其必器小易盈之细人也。甚或人之有技娼嫉以恶者，其必浊卑下流之鄙夫也。细人鄙夫，其去自尊之道，不亦远乎？吾观夫西人之所谓 Gentleman（此字中国语无确译，俾斯麦尝谓此英语中最有意味之字也，若强译之则君子，二字庶乎近焉。）者，其接人也，皆有特别一种温良恭俭让之德，虽对婢仆，其礼逾恭，有所命令必曰 Please（含恳请之意）有所取求，必曰 Thank you（谢也）盖重人者人恒重之，侮人者人恒侮之，势必然矣！况夫人也者参天两地，列为三才④，吾之能保存其高尚之资格也。不过适完其分际上应尽之义务，而何足以自炫耀也。是故欲立立人，先圣所以垂训，贡高我慢⑤，世尊所以设戒。

凡自尊者必自任，一群之人芸芸也，而于其中独为群内之所崇拜者，此必非可以力争而术取也，必其所负于本群之责独重，而其任之也独劳，则众人之所以酬之者，自不期然而然。莫之致而至。其自任也，非欲人之尊我而以此为钓也。彼实自认其天职之不可以不尽，苟不尔者，则为自贬，为自污，为自弃，为道义上之自鬻，为精神上之自戕。是故逾自尊者逾自任，逾自任者逾自尊，自尊之极，乃有如伊尹所谓天民先觉，如孟子所谓舍我其谁，如佛所谓普度众生为一大事出世，岂抹煞众人以为莫己若哉？盖见夫己之责任则己如是，而他人之能如是与否，且勿暇计也。抑吾尝见夫老朽名士与轻薄少年之自尊矣，撷拾区区口耳四寸⑯之学问，吐出訑訑⑪气焰万丈之言词，目无余子，而我躬亦不知何存？口有千秋，而双肩则不能容物，吾昔曾为呵旁观者文，内一条写其形状曰：

四曰笑骂派，（中略）既骂维新，亦骂守旧，既骂小人，亦骂君子，对老辈则骂其暮气已深，对青年则骂其躁进喜事。事之成也，则曰，竖子^⑧成名。事之败也，则曰，吾早料及。彼辈常自立于无可指摘之地。何也？不办事故无可指摘，旁观故无可指摘，己不办事，而立于办事者之后，引绳批根^⑨以嘲讽掊击，此最巧黠之术。而使勇者所以短气，怯者所以灰心也，（中略）譬之孤舟遇风于大洋，彼辈骂风骂波骂孤舟，乃至遍骂同舟之人，若问此船当以何术可达彼岸乎，彼等瞠然无对也。何也？彼辈藉旁观以行笑骂，失旁观之地位，则无笑骂也。

嗟夫！自尊者本人道最不可缺之德，而在今日之中国，此二字几成诟病之名词者，皆此等伪自尊者之为累也。谚曰："济人利物非吾事，自有周公孔圣人。"夫周公何人也？孔圣人何人也？颅同此员，趾同此方，官^⑩同此五，支同此四，而必曰此也者。彼之责任，非吾之责任也。天下之不自爱，孰有过是也！而若之何彼伪自尊者，竟奉此语为不二法门也。

朱子曰："教学者如扶醉人，扶得东来西又倒。"吾今者为我国民陈自尊之义，吾安保无误读之以长其暴慢鄙倍之气，增其骄盈予智之心，以为公德累为合群蠹者。虽然，吾既略陈其界说，为自尊二字下一定义。吾敢申言之曰："凡不自爱不自治不自立不自牧不自任者，决非能自尊之人也。"五者缺一，而犹施施然自尊者，则自尊主义之罪人也。嗟乎！因噎固不可以废食，惩羹固不可以吹齑，吾深忧夫人人自尊之有流弊，吾尤忧乎人人不自尊。而此四百兆人者，且自以奴隶牛马为受生于天之分内事。而此种自屈辱以倚赖他人之劣根性，今日施诸甲，明日即可以施诸乙，今日施诸室内，明日即可以施诸路人，施诸仇敌。呜呼！吾每接见夫客之自燕来者，问以吾国民近日对外之情状，未尝不泪涔涔下也。呜呼！吾又安能已于言哉。

【注释】

①福泽谕吉：日本近代著名的启蒙思想家、明治时期杰出的教育家。②阿屯："原子"的旧译。③吉田松阴：日本江户幕府末期思想家、教育家，明治维新的先驱者。④蒲柳：水杨，秋天凋谢早。⑤自贼：自己伤害自己。⑥簪缨：古代达官贵人的冠饰。代指高官显宦。⑦戢戢然：顺从貌。⑧阿堵何物：阿堵物，指钱。⑨喁喁然：形容低声。⑩沐冠：沐猴而冠。沐猴：猕猴。猴子穿衣戴帽，究竟不是真人。比喻虚有其表。⑪侪：同类，同辈。⑫天民：贤者。亦泛指人民。⑬半铢：喻极微小的数量。⑭不宁惟是：不只是这样。⑮东罗马：拜占庭帝国，即东罗马帝国。位于欧洲东部。⑯先帝彼得：彼得大帝，俄国历史上一位非凡的君王。⑰条顿：条顿人，古代日耳曼人中的一个分支。⑱嗷嗷然：号呼。⑲赧然：笑貌。⑳奥援：内援。指在内部暗中支持帮助的力量。㉑食毛践土：吃的食物和居住的土地都是国君所有。封建官吏用以表示感戴君主的恩德。㉒恫：哀痛。㉓斫丧：摧残、伤害。㉔伊尹：商汤辅佐。㉕颜渊：颜回，字子渊。孔子最得意的学生。㉖加里波的：今译为加里波第。意大利爱国志士及军人，献身于意大利统一运动。㉗加富尔：意大利王国第一任首任。㉘皮相：表面，外表。㉙杜老：杜甫，唐朝大诗人。㉚孔明之表：诸葛亮《出师表》。㉛硁硁：浅薄固执的样子。㉜狷介：孤僻高傲。㉝枉尺直寻：屈折的只有一尺，伸直的却有一寻。比喻在小处委屈一些，以求得较大的好处。㉞谡谡：劲挺有力的样子。㉟岳岳：耸立貌。㊱瞿然：畅厉貌，惊视貌。㊲部勒：约束。㊳仰事俯畜：上要侍奉父母，下要养活妻儿。泛指维持一家生活。㊴针射：一致，符合。㊵彼苍：天的代称。㊶盎格鲁撒逊人：指公元五世纪初生活在大不列颠岛东部和南部地区的文化习俗上相近的一些民族。㊷高掌远跖：比喻规模巨大，气魄雄伟。亦喻开拓，开辟。㊸自牧：自我修养。㊹三才：天、地、人。㊺贡高我慢：对于比自己强的和比自己差的都看不起。㊻口耳四寸：指口耳之间。口耳之学：指一些皮毛之见，没有真正的学识。㊼沲沲：洋洋自得貌，沾沾自喜貌。㊽竖子：小子，对人的蔑称。㊾引绳批根：指勾结起来排斥异己。

论毅力

【题解】

　　此文是作者于 1902—1906 年发表的《新民说》的第十五篇。"戊戌变法"失败后，维新派或被杀，或流亡，或隐退。作者逃亡日本，"每一念及，不能不为我国前途疑且惧也"，于是撰写此文，激励当时维新改良的仁人志士，不要因一时挫折而灰心丧气，不要被失败所吓倒，不要被逆境所困扰，要坚持不懈，继续前进，争取最终的成功。这就需要坚强的毅力！作者写道："养其希望勿使失者，厥惟毅力，故志不足恃，气不足恃，才不足恃，唯毅力者足恃"，"有毅力者成，反是者败"！作者采用鲜明对比、层层递进，形象比喻等表现手法，旁征博引，列举古今中外大量的典型事例，论证有毅力者事竟成的道理。也表现了为天下事死而后已的决心。令人感佩，令人震憾。"励志"者会从中汲取强大的精神力量！

　　曾子^①曰："士不可以不弘毅^②，任重而道远。仁以为己任，不亦重乎？死而后已，不亦远乎？"圣哉斯言！圣哉斯言！欲学为'人'者，苟非於此义笃信死守，身体而力行之。虽有高志，虽有奇气，虽有异才，终无所成。

人治者，常与天行相搏，为不断之竞争者也。天行之为物，往往与人类所期望相背。故其反抗力至大且剧，而人类向上进步之美性，又必非可以现在之地位而自安也，於是乎人之一生，如以数十年行舟於逆水中，无一日而可以息，又不徒一人为然也。大而至於一民族，更大而至於全世界。皆循兹轨道而日孜孜③者也。其希望愈远，其志事愈大者，其所遭拂戾④之境遇必愈众。譬犹泛涧沚者与行江河者与航洋海者之比例，其艰难之程度，恒与其所历境界之广狭相应、事理固然，无足怪者。

天下古今成败之林⑤，若是其莽然不一途也，要其何以成何以败？曰：有毅力者成，反是者败。盖人生历程，大抵逆境居十六七，顺境亦居十三四，而顺逆两境，又常相间以迭乘，无论事之大小，而必有数次乃至十数次之阻力。其阻力虽或大或小，而要之必无可逃避者也，其在志力薄弱之士，始固曰吾欲云云，吾欲云云，其意以为天下事固易易也。及骤尝焉，而阻力猝来，颓然丧矣；其次弱者，乘一时之客气⑥，透过此第一关，遇再挫而退，稍强者遇三四挫而退，更稍强者遇五六挫而退。其事愈大者，其遇挫愈多，其不退也愈难。非至强之人，未有能善於其终者也。夫苟其挫而不退矣，则小逆之后必有小顺，大逆之后必有大顺，盘根错节之既破，而遂有应刃而解之一日。旁观者徒艳羡其功之成，以为是殆幸运儿，而天有以宠彼也；又以为我蹇⑦於遭逢，故所就不彼若也。庸讵知所谓蹇焉幸焉者，彼皆与我之所同，而其能征服此蹇焉利用此幸焉与否，即彼成我败所由判也。更譬诸操舟，如以兼旬之期行千里之地者，其间风潮之或顺或逆，常相参伍，彼以坚苦忍耐之力，冒其逆而突过之而后得从容以容度其顺。我则或一日而返焉，或二三日而返焉，或五六日而返焉，故彼岸终不可得达也。孔子曰："譬如为山，未成一篑⑧，此吾止也。譬如平地，虽覆一篑，进吾往也。"孟子曰："有为者譬若掘井，掘井九仞而不及泉，犹为弃井也。"成败之数，视此而已。

　　人不可无希望，然希望常与失望相倚，至於失望，而心盖死矣。养其希望勿使失者，厥惟毅力，故志不足恃，气不足恃，才不足恃，惟毅力者足恃。昔摩西⑨古代之第一伟人也，彼悯犹太人受轭於埃及也，是其志之过人也。然其携之以出埃及也，始焉犹太人不欲，经十余年乃能动焉。既动矣，而埃及人尼之截之，经十余战乃能出焉，既出矣，而所欲至之目的不得达，彷徨沙漠中者又四十年焉。使摩西毅力稍不足，或於其初也，见犹太人之顽固难动，而灰其心焉。於其中也，见埃及人之强悍难敌而灰其心焉。於其终也，见迦南⑩乐土之艰险不易达，而灰其心焉。苟有一者，则摩西必为失败之人，无可疑也。昔哥仑布⑪，新世界之开辟者也，彼信海西之必有大陆，是其识之过人也。然其早年，丧其爱妻，丧其爱子，丧其资财，穷饿无聊，行乞於市。既而游说於豪贵，豪贵笑之，建白於葡萄牙政府，政府斥之，及其承西班牙王之命初航海也，舟西指，六十余日不见寸土，同行之人，失望思归，从而尼之挠之者不下十数次，乃至共谋杀其身饮其血。使哥仑布毅力稍不足，则初焉以穷困而沮，继焉以不遇知己而沮，继焉以艰难而沮，终焉以险祸而沮，苟有一者，则哥仑布必为失败之人无可疑也。昔巴律西⑫，法兰西著名之美术家也，尝悯法国磁器之粗拙，欲改良之，筑灶以试验者数年，家资尽罄，再筑灶而益以薪，又复失败，已无复三度筑灶之资，犹复集土器三百余，附窑以试验之。历一日夜不交睫，曾无尺寸功，如是者殆十年。卒为第四度最后之大试验，乃作灶於家，砖石筑造皆躬自任，阅七八月，灶始成，乃抟土制器，涂药入灶，火热一昼夜间，坐其旁以待旦，其妻持朝食供之，终不忍离。至第二日，质终未融，日沈西，又不去，待之，於是蓬首垢面，憔悴无人形。如是者越三日、四日、五日、六日，相续至七日，未一假寐，而功遂不就。自兹以往，调新质而拷炼之，坐守十余日二十日以为常，最后一度，质既备，火既焚，热既炽，功将成矣。薪忽告竭，而火又不能减也。巴律西爽然自失，伤其功之将堕，乃拔园篱之本以代之，犹不足，碎其桌及椅投诸火，犹不足，碎其架，犹不足，碎其榻，犹不足，碎其门，妻子以为狂，号於室而奔告其邻，未几所烧之质遂融，色光泽，俨然良器矣。於是巴律西送其至困极苦之生涯於此器者，已十八年。使巴律西毅力稍不足者，则必为失败之人，无可疑也。昔维尔德，创设海底电线之人也，彼其拥巨万之资，倾心以创此业，欲自美至英，超海以通电信。请助於英政府，几经哀求，始见许。而美国议院为激烈之反对，其赞助仅以一票之之多数得通过。亦既困难极矣，及其始敷设也，第一次至五百里而失败，第二次至二百里，以电流不通而失败。第三次将告成矣，而所乘之军舰，又以倾射不能转运，线亦中断。第四次以两军舰，一向爱尔兰，一向尼科德兰，相距三里，线仍断。第五次再试，则两舰距离八十里，电流始通，又突失败。监督诸员皆绝望，资本家亦有悔志。第六次至海上七百里地名利鞠者，电信始通，谓已成矣。既而电流忽突然停止，又复失败。第七次更别购良线，建设至距尼科兰六百里处，将近结果，线又断。此大业遂阅一年有奇，而维尔德之家资已耗尽矣。犹复晓音瘏口，劳魂瘁形，游说英美之有力者。别设一新公司而功乃始就，至今全地球食其利。使维尔德毅力稍不足者，则虽历一次二次乃至三、四、五、六、七、八次，其终为失败之人无可疑也。此其最著者也，乃若的士黎礼，四度争议员选举不第，而卒为英名相。加里波的[13]，五度起革命军不成，而卒建新意大利。士提反孙之作行动机器也，十五年始成。瓦德[14]之作蒸气机器也，三十年始成。孟德斯鸠[15]之《万法精理》，二十五年始成。斯密亚丹[16]之《原富》，十年始成。达尔文[17]之《种源论》，十六年成。吉朋[18]之《罗马衰亡史》二十年始成。倭斯达之《大辞典》，三十六年始成。马达加斯加之传教师，十年始得一信徒。吉德林之传教於缅甸，拿利林之传教於中国，一则五年，一则七年，乃得一信徒。由此观之，世无论古今，业无论大小，其卓然能成就以显於世而传於后者，岂有一不自坚忍、沈毅而来哉。又不徒西国为然也，请征诸我先民，勾践[19]之在会稽也，田单[20]之在即墨也，汉高[21]之荥阳成皋也，皆其败也。即其所以成也，使三子者毅力稍不足，则为失败之人也。张骞[22]之使西域也，濒于死者屡，往往不食数日及至十余日，前后历十三年，而卒宣汉威于域外，张骞毅力稍不足，则为失败之人也。刘备初用徐州而蹶，次用豫州而又蹶，次用荆州而又蹶，年将垂暮，始得益州[23]以定大业，使备毅力稍不足，则为失败之人也。玄奘[24]以唐国师之尊，横葱岭，适印度，猛兽困之，瘴疠困之，饥渴困之，语言不通困之，卒经十七年，尽学其正法外道，归而弘布於祖国。使玄奘毅力稍不足，则为失败之人也。且勿征诸远，即最近数十年来，威德巍巍照耀寰宇，若曾文正[25]其人者，其初起时之困心衡虑，宁复可思议，饷需则罗掘不足。

与李小泉书云："仆在衡[26]极力劝捐总无起色，所入皆钱尚不满万，各邑绅士来衡殷殷相助，奈乡间自乏此物，莫可如何。欲放手一办，辄复以此阻败，只恼人耳。"又复骆中丞书云："捐输一事，所讬之友所发之书，盖已不少，据称待至岁暮某处一千，某处五百，俱可按藉而索，事虽同乎水中之月，犹冀得乎，十分之五，一经摇动，则全局皆空"云云。盖当时以乡绅办团②，只恃捐输不仰帑藏故也。

兵勇则调和两难，文正在衡初办团时，标兵疾之至，闯入公所与之为难，文正仅以身免，其文集中书札卷二与王璞山书、上吴甄甫制军书，各篇苦情如诉，词多不录。将裨则驾驭匪易，覆骆中丞书云："王璞山本侍所器倚之人，今年於各处表暴其贤，盖亦口疲於赞扬手倦於书写，而璞山不谅我心，颇生猜嫌。侍所与之札，饬言撤勇事者，概不回答，既无公牍，又无私书，曾未同涉风波之险，已有不受节制之意，同舟而树敌国，肝胆而变楚越③"云云，当时用人之难可见一斑矣。类此者犹多。衡州水师经营积年，甫出即败於靖港②，愤欲自沈，覆思乃止。直至咸丰十年，任江督③，驻祁门③，而苏常②新陷，徽州③继之，环左右八百里皆贼地，或劝移营江西以保饷源，或劝迁麾江干以通粮路，文正乃曰："吾去此寸步无死所"。及同治元年，合围金陵之际，疾疫忽行，上自芜湖，下迄上海，无营不病。杨岳斌、曾国荃、鲍超诸统将，皆呻吟床蓐。堞③无守望之兵，厨无炊烟⑤之卒，而苦守力战，阅四十六日，乃得拔。事后自言此数月中，心胆俱碎，观其与《邵位西书》云："军事非权不威，非势不行，弟处无权无势之位，常冒争权争势之嫌，年年依人，顽钝寡效。"与《刘霞仙书》云："虹贯荆卿⑥之心，而见者以为淫氛，碧化苌宏⑦之血，而览者以为顽石，古今同慨，我岂伊殊，屈累⑧所以一沈而万世不复者，良有以也。"又复郭筠仙书云："国藩昔在湖南、江西，几於通国不能相容，六七年间，浩然不欲复闻世事，然造端过大，以不顾生死自命。宁当更问毁誉，以拙进而以巧退。以忠义劝人，而以苟且自全，即魂魄犹有余羞。"盖当时所处之困难，如此其甚也，功成业定之后，论者以为乘时际会，天独厚之，而岂知其停辛伫苦铢积寸累百折不回而始有今日也。使曾文正毅力稍不足者，则其为失败之人，无可疑也。呜呼！综观此中西十数君子，则我辈所以求自立於天地间者，可以思矣，可以兴矣。拿破仑曰："兵家胜败，在最后之十五分钟而已，盖我困之时，人亦困之时也。我疲之时，人亦疲之时也，际人之困疲，而我一鼓勇气以继之，则胜利固不得不在我。"此言乎成功之术之非难也。古语曰："行百里者半九十"此言乎成功之道非易也，难耶易耶，惟志自择之。

抑成败云者，又非可以庸耳俗目而论定者也。凡人所志所事愈大，则其结果愈大。而成就亦愈迟。如彼志救一国者，而一国之进步，往往数十百年乃始得达。志救天下者，而天下之进步，往往数百千年乃始得达。而此眇眇七尺之躯壳，虽豪杰，虽圣贤，曾不能保留使逾数十寒暑以外。然则事事而欲亲睹其成，宁复有大事之可任耶？是故当知马丁路得®固成也，而拉的马，列多黎，格兰玛，三人皆为宗教革命而死者，格兰玛缚於柱而焚杀。亦不可谓不成。哥仑布固成也，而伋顿曲（伋顿曲在夏威夷为土人所杀）亦不可谓不成。狄渥固成也，而噶苏士亦不可谓不成。加富尔固成也，而玛志尼亦不可谓不成。大久保木户固成也，而吉田松阴藤田东湖亦不可谓不成。曾国藩固成也，而江忠源、罗择南、李续宾亦不可谓不成。成败云者，惟其精神，不惟其形式也。不然，若孔子干七十二君无所用，伐檀削迹®，老於道路。若耶稣受砾十字架，其亦可谓之败耶？其亦可谓之败耶？故真有毅力者，惟怀久远之希望，而不计目前之成败，非不求成，知其成非在旦夕，故不求也。成且不求，而宁复有可败之道乎？浅见者流，睹其躯壳之或窜或锢或杀，而妄拟议之曰，是实败焉。而岂知天下事固往往败於今而成於后，败於我而成於人。有既造之因，必有终结之果。天下惟不办事者，立於全败之地，而真办事者固必立於不败之地也。故吾尝谓毅力有二种，一曰兢惕⑥於成败，而竭全力以赴之，鼓余勇以继之者，刚毅之谓也。二曰解脱於成败，而尽天职以任之，献生命以殉之者，沈毅之谓也。

若是者，岂惟一私人为然耳，即一民族亦有然。伟大之民族，其举动常有一远大之目的，汲汲焉向之以进行，历数十年数百年如一日。不观英国乎，自克林威尔⑦以来，以通商殖民为国是，尔后数百年不一退转，驯至世界大地图中，五大洋深绿色里，斑斑作砾点者，皆北端眇眇三岛之附从奴仆也。十字角之旗，翩翩五大陆万岛屿之上，乃至不与日同出人，而至今犹歉然若不足，殖民大臣漫游全世界，汲汲更讲涨进之法。不见俄国乎，自彼得大帝⑧以来，以东向侵略为国是，尔后数百年不一退转，其於近东也，欧亚诸国合力沮之，其於远东也，乃至欧亚美诸国全力沮之，而锐气不稍挫。近日确然益树实力於满洲，而达达尼尔事件，此最近之国际问题，俄国蔑视柏林条约，以兵船渡土耳其之达达尼尔海峡，以出黑海也。又见告矣，计全球数十国中，其有朝气方鼎盛者，不过十数，揆⑨厥所由，未有不自彼国民之有毅力来者也，岂无一二仗客气趁风潮，随雄国以学邯郸步⑩者。然昙花一瞥，颓落依然，今南美洲诸国是其前车也。孟子曰："祸福无不自己求之者。"天之降鉴⑪下民，岂有所私耶？呜呼！国民国民可以鉴矣。

吾观我祖国民性之缺点，不下十百。其最可痛者，则未有若无毅力焉者也，其老辈者，有权力者，众目之曰守旧。夫守旧则何害；英国保守党之名誉历史，岂不赫赫在人耳目耶。现内阁亦保守党然守则守矣，既守之则当以身殉之，顾何以戊戌新政一颁，而举国无守旧党者竟三阅月也。义和团之起也，吾党虽怜其愚，而犹惊其勇，以为排外义愤，有足多焉。而何以数月之力，不能下一区区使馆也？而何以联军㉖一至，其在下者，惟有顺民旗，不复有一义和团？其在上者惟有二毛子㉘，不复有一义和团也？各省闹教之案，固野蛮之行也。虽然，吾闻日本三十年前，固常有民间暴动滥戕外人之事。及交涉起，其首事者则自戕於外国官吏之前，不以义愤贻君父忧，而吾国民之为此者，何以呼而蜂蚁集，一哄而鸟兽散。不顾大局，而徒以累国家也。若夫所谓新进者，稍知外事者，翘然揭橥㊾一维新之徽章於额角，夫维新则岂非善事，然既新矣，则亦当以身殉之。顾何以见声色而新者去其十之三四，语金钱而新者去其十之五六。睹宦达而新者且去其十之八九也。或曰，此盖其心术败坏使然，彼其在初固未尝确有见於旧之宜守，确有见於新之不可以已也。不过伺朝廷之眼波以为显官计，博时髦之虚名以为噉饭地㉚耳。吾谓此等人固自不少，而吾终不敢以此阴险黠诈之恶名，尽概天下士也。要之其志力薄弱，知及而仁不能守，有初而鲜克有终㉛者，比比然尔。彼守旧者不足道矣，至如号称维新者流，论者或谓但有此辈，亦慰情胜无。呜呼！吾窃以为误矣，天下事不知焉者尚有可望，知而不行者则无可望，知而不行尚有可望，行而不能力不能终者，最无可望。故得聪明而软弱者亿万，不如得朴诚而沈毅者一二，今天下志士亦纷纷矣。其大多数者，果属於此，抑属於彼，吾每一念及，不能不为我国前途疑且惧也。嗟乎！一国中朝野上下、人人皆有假日娱乐之心，有遑恤我后㉜之想。翩翩年少，弱不禁风，皤皤㉝老成，尸居余气㉞。无三年能持续之国的，无百人能固结之法团。呜呼！有国如此，不亡何待哉，不亡何待哉！

守旧者吾无责焉，伪维新者吾无责焉，吾请正告吾党之真有志於天下事者曰：公等勿恃客气也，勿徒悚动於一时之高论，以为吾知此吾言此而吾事毕也。西哲有恒言："知责任者大丈夫之始，行责任者大丈夫之终。"吾侪不认此责任则已耳，苟既认之，则当如妇人之於所夫，终身不二。矢死靡他，吾侪初知责任之日，即此身初嫁与国民之日也。自顶至踵，夫岂复我所得私？於此欲不蹙蹙⑤焉，夫亦安得避也。然天下事顺逆之常相倚也又如彼，吾党乎吾党乎，当知古今天下无有无阻力之事，苟其畏阻力也，则勿如勿办。竟放弃其责任以与齐民伍，而不然者，则种种烦恼，皆为我练心之助。种种危险，皆为我练胆之助。种种艰大，皆为我练智练力之助。随处皆我之学校也，我何畏焉，我何怨焉，我何馁焉。我愿无尽，我学无尽，我知无尽，我行无尽。孔子曰："望其圹㊶，睪如㊲也，皋如㊳也，君子息焉，小人休焉。"毅之至也，圣之至也。

【注释】

①曾子：曾参，孔子得意门人，以孝行见称。他严于律己，注重内省修养。②弘毅：谓抱负远大，意志坚强。③孜孜：勤勉不懈貌。④拂戾：违逆。⑤林：形容众多。⑥客气：一时的意气，偏激。⑦蹇：不顺利。⑧簣：古代盛土的筐。⑨摩西：《圣经》中所记载的犹太人的民族领袖。⑩迦南：位于约旦河和地中海之间的一个古代地区。⑪哥仑布：意大利航海家、殖民者。⑫巴律西：法国陶工。⑬加里波的：今译为加里波第。意大利爱国志士及军人，是意大利建国三杰之一。⑭瓦德：今译为瓦特。英国著名的发明家，1776年制造出第一台蒸汽机。⑮孟德斯鸠：法国启蒙时期思想家、法学家、社会学家。⑯斯密亚丹：英国人。⑰达尔文：英国生物学家，进化论的奠基人。⑱吉朋：英国历史学家。⑲勾践：春秋末越国

国君。曾被吴战败于夫椒，退保会稽山。后卧薪尝胆，终于灭吴。⑳田单：战国时齐国将领。燕将乐毅伐齐时，他率领家人走保即墨，终反败为胜。㉑汉高：汉高祖刘邦。楚汉战争时曾在荥阳，成皋被项羽战败，后转败为胜。㉒张骞：西汉外交家，奉命出使西域，与中亚各国通好。㉓益州：今四川成都。三国时蜀国都城。㉔玄奘：三藏法师，俗称唐僧。唐朝高僧。曾去印度取经。㉕曾文正：曾国藩，清朝大臣，湘军首领。谥文正。㉖衡：今湖南衡阳。㉗办团：指筹办湘军。㉘肝胆而变楚越：喻指邻近的肝胆却像楚越两国那样相去甚远。㉙靖港：在今湖南长沙望城县西北。㉚任江督：指任两江总督。㉛祁门：在今安徽黄山西麓，是安徽的南大门。㉜苏常：江苏之苏州、常州。㉝徽州：今安徽南部。㉞堞：城墙上向外一侧所设墙垛。㉟炊爨：烧火做饭。㊱荆卿：荆轲。奉燕太子丹之命入秦刺秦王，未遂被杀。㊲苌弘：周朝时期，刘文公的大夫苌弘，一生忠于朝廷，后蒙冤为人所杀，传说其血化为碧玉。㊳屈累：指屈原。战国时楚国大臣。遭谗毁，被流放，忧伤国事，投江自沉。㊴马丁路得：今译为马丁·路德。德国宗教领袖。16世纪欧洲宗教改革倡导者，基督教新教路德宗创始人。㊵代檀削迹：比喻正人君子不为世所容。㊶兢惕：小心谨慎的样子。㊷克林威尔：英国政治家、军事家、宗教领袖。1649年成立共和国。㊸彼得大帝：俄罗斯最杰出的皇帝，制定西方化政策，使俄罗斯变为强国。㊹揆：揣测。㊺学邯郸步：比喻一味模仿别人，不仅学不到本事，反而把原来的本事丢掉了。㊻降鉴：犹俯察。㊼联军：指八国联军侵华战争。㊽二毛子：指清末称信天主教或为洋人办事的中国人。㊾揭橥：揭示，显示。㊿嗷饭地：指就职谋事而得以维持生活的处所。51鲜克有终：很少有能坚持到最后的。52遑恤我后：哪里顾得上我的身后事。53皤皤：形容白发。54尸居余气：比喻人暮气沉沉，无所作为。55亹亹：形容孜孜不倦。56圹：墓穴。57罦如：如山顶。58皋如：如高地。

论义务思想

【题解】

此文是作者于1902—1906年发表的《新民说》的第十六篇。作者在文章中以大量的事例，反复论证权利与义务的关系，其结论是"无无权利之义务"，"无无义务之权利"。义务与权利是相互对应，相等的，作为一国民，都应有其"义务思想"。作为群体之一员，应为群体尽义务；作为国家之国民，应为国家尽义务。所谓义务，就是责任；所谓义务思想，就是责任心。勇于担当天下兴亡的责任，就应从尽义务开始，尽义务本身，就是修养思想，磨励意志。

义务与权利对待者也。人人生而有应得之权利，即人人生而有应尽之义务。二者其量适相均，其在野蛮之世，彼有权利无义务有义务无权利之人，盖有焉矣。然此其不正者也。不正者固不可以久。苟世界渐趋于文明，则断无无权利之义务，亦断无无义务之权利。惟无无权利之义务也，故尽瘁焉者不必有所惧，惟无无义务之权利也，故自逸焉者不必有所歆①。

夫不正之权利义务而不可以久者何也？物竞天择②之公理，不许尔尔③也，权利何自起？起于胜而被择，胜何自起。起于竞而获优。优者何？亦其所尽义务之分量，有以轶于④常人耳。难⑤者曰，天演力之行，匪独今也。彼前此所谓有权利无义务有义务无权利者，亦不可谓非优劣之结果也。彼其未尝为人群尽丝毫义务，而靦然⑥拥其优胜之资格，以睥睨⑦一切者，方充塞于历史，而子乃以义务为优胜之因，不亦迂乎？应之曰，不然。凡天下无论正、不正之权利，当其初得之之始，必其曾尽特别之义务，而乃以相偿者也。即如世袭之君权，至不正者也。然其始乌乎得之？民初为群，散漫柔弱，于是时也，有能富于臂力⑧，为众人捍禽兽之患，挫外敌之暴者，乃从而君之。又或纪纲⑨混乱，无所统一，于是时也，有能运其心思才力，为众人制法立度，嗣和其争者，乃从而君之。又或前朝不纲，海宇鼎沸，于是时也，有能以双手削平大难，使民安其业者，乃从而君之。若是夫彼所尽于一群之义务。固有以异于常人也，故推原其朔，不得谓之不正。不正者，在后此之袭而受之者云尔。篡弑⑩得国者，虽易姓，而其威权实凭藉於前代，故可视之与世袭者同例，至外族夺国之事下文论之。彼凭藉此既得之权利而滥用之，因以反抗天演大例，使竞争力不能遵常轨，然后一切权利义务，乃不相应，故专制政体之国，必束缚其民之心思才力於无可争之地。若中国之以科举取士，以资格任官皆是也，非此则其不正之权利无由保也。虽然，天演固非可久抗者，譬诸水然，为堤以障之，固未尝不可使之改其常度，移时则或溢而出焉，或决而溃焉，而水之性，终必复旧。故夫权利义务，两端平等而相应者，其本性也。故近今欧美诸国所谓不正之权利义务，殆既绝迹。而此后之中国，亦岂能久抗焉？岂能久障焉？新民子⑪曰：自今以往，苟尽义务者其勿患无权利焉尔。苟不尽义务者其勿妄希冀权利焉尔。

（附记）或难吾权利初起皆得自义务之说，谓即以君权论，若彼外族之夺我国土，而久享此无义务之权利者，其谓之何？应之曰：此有两说，（其一）仍由於承袭者，盖承数千年不正之君权积威约之渐，苟篡得此位，即承袭其余荫也。（其二）则国民义务思想太浅薄，故人得乘虚而入也。夫朝纲紊乱，从而正之者，国民之义务也。国中有乱，从而戡之者，国民之义务也。而皆不能焉，是举国中皆放弃其义务矣。既放弃其义务，自不能复有其权利，正天演之公例也。而彼外族者反入而代我，还安定集之，彼虽非为我尽义务，然与我比较。其所尽抑犹优於我矣。彼外族入主中夏⑫而能卜世稍久者，皆此之由也。彼虽不正，然我只当自怨，宁能怨人。

恫⑬哉吾国民义务思想之薄弱也，吾昔著论权利思想之切要，吾知闻者必将喜焉。则嚣嚣然起曰：我其争权利，我其争权利。虽然，吾所谓权利思想者，盖深恨吾国数千年来有人焉长拥此无义务之权利，而谋所以抗之也。而误听吾言者，乃或欲自求彼无义务之权利，且率一国人而胥求无义务之权利。是何异磨砖以求镜，炊沙以求饭也。吾请申言权利与义务相待之义，父母之於子也。早年有养子之义务，故晚年有受养於子之权利。夫之于妻也，有保护之之义务，故有使妻从我之权利。佣之于主也，有尽瘁执事之义务，故有要求薪俸之权利。此其最浅者也。为子者必能自尽其为人之义务，而无藉父母之代劳。然后得要求父母许以自由之权利，亦其义也。然此不过就一私人与一私人之交涉言耳。若夫相聚而成一群，所以乐有群者，为群既立，而我可藉群之力，以得种种之权利也。然群非漫然而能立者也。必循生计学上分劳任功之大例。一群之人，咸各叠叠⑭焉，群之匮乏，我既补之，群之急难，我既赴之，则群之安富尊荣。我固得自享之，是谓无无权利之义务。使群中之人，有一焉游手而无业者，则其群之实力少一分，使群中之人而皆尔焉。则是群之自杀也。故群中之有业者，虽取彼无业者饮食之权利而并夺之，亦不得谓之非理，何也？是债主对于负债者所得行之手段也。食群之毛，践群之土⑮，乃逋⑯群负而不偿，则群中之权利，岂复彼所得过问也。是谓无无义务之权利。

　　吾言中国人无义务思想，吾请举其例。政治学者言国民义务有两要件，曰纳租税也，曰服兵役也。夫国也非能自有恒产也，民不纳租税，则政费何所出。划而命之曰一国，是必有他国与之对待也。民不服兵役，则国防何由立。而吾国民最畏此二事。若以得免之为大幸者，此最志行薄弱之征也。昔之颂君德者，皆以免减赋为第一仁政，若宋之改征兵为佣兵，本朝康熙间下永不加赋之谕，皆民间所最讴歌而最感戴者也。而岂知兵由于佣者，则爱国心必不可得发现，而永不加赋者，苟欲为民事新有所兴作，费无所出，而善举亦不得不废也。泰西诸国则异是，凡成年者皆须服二三年之兵役，而民莫或避，租税名目如鲫⑰，其岁纳之额，四五倍于我国，而民莫或怨，彼宁不自宝其血肉，自惜其脂膏也。顾若此者，彼自认此义务，而知有与义务相对待之权利以为之偿也。匈加利之被压制于奥政府也，卒以奥法交战，奥人不得不藉匈兵力而遂以恢复自治宪法。（千八百六十年事）西人有一恒言曰："不出代议士，不纳租税。"英之"大宪章"权利法典，皆挟租税以为要求者也，法之大革命，亦以反此公例而酿成者也。故欧西人民对国家之义务，不辞其重，而必要索相当之权利以为之偿。中国人民对国家之权利不患其轻，而惟欲逃应尽之义务以求自逸，是何异顽劣之童，不服庭训⑱，乃曰吾不求父母之养我，而但求父母之勿劳我也。夫无父母之养则不能自存，而既养则不能勿劳，此不可避之数也。惟养且劳，然后吾与父母之关系日益切密，而相爱之心乃起。故权利义务两思想，实爱国心所由生也。人虽至愚，未有不愿受父母之养者，顽童之所以宁弃此权利者，不过其畏劳之一念使然耳。今之论者，每以中国人无权利思想为病，顾吾以为无权利思想者，乃其恶果，而无义务思想者，实其恶因也。我国民与国家之关系日浅薄，驯至国之兴废存亡，若与己漠不相属者，皆此之由。

今吾不急养义务思想，则虽日言权利思想，亦为不完全之权利思想而已。是犹顽童欲勿劳而又贪父母之养也，是犹惰佣不力作而欲受给于主人也。吾见今之言权利者，颇有类于是焉矣。日歆羡他人之自由民权，而不考其所以得此之由，他人求之而获之，而我则望其自来，他人以血以泪购之，而我欲以口以舌为易，他人一国中无大、无小、无贵、无贱、无富、无贫，而皆各自认其相当之义务。返之吾国，若者为官吏之义务，若者为士君子之义务，若者为农工商之义务，若者为军人之义务，若者为保守党之义务，若者为维新党之义务，若者为温和派之义务，若者为急激派之义务，若者为青年之义务，若者为少年之义务，若者为妇女之义务，问有一人焉，审诸自己之地位，按诸自己之才力，而敢自信为己尽之而无所欠缺者乎？无有也，虽谓之无子焉可也，虽有七子之母，而无一人顾其养焉，虽谓之无子焉可也。虽有四万万人之国，而无一人以国家之义务为义务，虽谓之无民焉可也。无民之国，何以能国。

抑吾中国先哲之教，西人所指为义务教育者也，孝也、悌⑩也、忠也、节也，岂有一焉非以义务相责备者，然则以比较的言之，中国人义务思想之发达，宜若视权利思想为远优焉。虽然，此又不完全之义务思想也；无权利之义务，犹无报偿之劳作也，其不完全一也。有私人对私人之义务，无个人对团体之义务，其不完全二也。吾今将论公义务。

【注释】

①歆：喜爱、羡慕。②物竞天择：生存竞争与自然选择。原指生物进化的一般规律，后也用于人类社会的发展。③尔尔：不过如此。④轶于：超过于。⑤难：问难。⑥腼然：厚颜。⑦睥睨：看不起。⑧膂力：体力。⑨纪纲：纲领，法度。⑩篡弑：弑君篡位。⑪新民子：作者自称。《新民说》发表时以"中国之新民"为笔名。⑫中夏：中原华夏，指中国。⑬恫：悲痛，伤心。⑭亹亹：形容孜孜不倦。⑮食群之毛，践群之土：食毛践土。居其地而食其土之所产。⑯逋：逃亡，拖延。⑰如鲫：形容数量之多。⑱庭训：指父教，家教。⑲悌：旧伦理中兄弟关系。

论教育当定宗旨

【题解】

这是作者于 1902 年撰写的一篇文章。在作者的文集中，有关教育方面的文章达数十篇之多，其内容涵盖教育领域的方方面面，可称得上是多层面、多角度、全方位。此文是有关教育宗旨的专论。所谓教育宗旨，也就是教育的目的，即为什么要办教育。可见这是有关教育问题的第一要义。教育应立足于现在，放眼于将来，要有战略眼光，不能急功近利。作者强调"宗旨生于希望，希望生于未来"，"教育者，其收效纯在于将来"。因此"要使全国之民皆受教育"，以开民智，"亡而存之，废而举之，愚而智之，弱而强之，皆归本于学校"。教育的宗旨，归根到底是培养什么人的问题。不是"汉奸"，不是"奴隶"，而是"在养成一种特色之国民，使结团体，以自立竞存于列国之间"，这就将教育宗旨，提升至教育救国的高度，"养成一种特色之国民"，也正是"励志者"奋斗之目标。

人之所异于群物者安在乎？凡物之动力，皆无意识，人之动力，则有意识。无意识者何？不知其然而然者是也，亦谓之不能自主；有意识者何？有所为而为之者是也，亦谓之能自主。夫植物之生也，其根有胃，吸受膏液；其叶有肺，吐纳空气；其所以自荣卫者，不一端焉。虽然，不过生理上自然之数而已。彼植物非能自知其必当如此、不当如彼，而立一目的以求之也。其稍进者为动物，饥则求食，饱则游焉、息焉；求而难得者则相争，其意识稍发达，略知所谓当如此、不当如彼者。然必如何然后能如此，如何然后不如彼，非动物所能知也。最下等之野蛮人，其情状殆亦尔尔①。要而论之，则植物之动，全恃内界自然之消息者也。动物及下等野蛮之动，则内界之消息，与外界之刺激，稍相和合者也，皆不知其然而然者也。若人则于此二界之外，别有思想，别有能力，能自主以求达其所向之鹄②，若是者谓之宗旨。

宗旨之或有或无，或定或不足，或大或小，或强或弱，恒为其人文野之比例差。夫野蛮人之筑室也，左投一瓦焉，右堆一石焉；今日支一木焉，明日畚③一土焉；及其形祖具，曰："是苟完矣。"因而居之。若文明人则必先出其意匠，画其图形，豫算其材器；未鸠工④之始，而室之规模，先具于胸中矣。野蛮人之治国也，因仍习惯，不经思索，遇一新现象出，则旁皇无措，过一时算一时，了一事算一事。若文明人则必先定国体焉，定宪法焉，或采专制之政，或采共治之政，皆立一标准，而一切举措，皆向此标准而行，若是者所谓宗旨也。未有无宗旨而能成完全之事业者也。故夫负祓褛⑤栉风雨于畦陇者，何为乎？谋食之宗旨使然也。涸口沫、糜脑力于窗下者，何为乎？求学之宗旨使然也。挥黑铁⑥、流赤血于疆场者，何为乎？争权利之宗旨使然也。然则无宗旨则无所用其耕，无宗旨则无所用其学，无宗旨则无所用其战，百事莫不皆然，而教育其一端也！

文明人何以有宗旨？宗旨生于希望，希望生于将来。必其人先自忖自语曰："吾将来欲如是如是。"此宗旨之所由起也。曰："吾将来必如何然后可以如是如是，"此宗旨所由立也。愈文明则将来之希望愈盛，教育制度所以必起于文明之国，而野蛮半开者无之。何欤？教育者，其收效纯在于将来，而现在必不可得见者也。然则他事无宗旨，犹可以苟且迁就，教育无宗旨，则寸毫不能有成。何也？宗旨者，为将来之核者也。今日不播其核，而欲他日之有根有芽有茎有干有叶有果，必不可期之数也。

一国之教育，与一人之教育，其理相同。父兄之教子弟也，将来欲使之为士，欲使之为农为工为商，必定其所向焉，然后授之，未有欲为箕者而使之学冶，欲为矢者而使之学函⑦也。惟国亦然。一国之有公教育也，所以养成一种特色之国民，使之结为团体，以自立竞存于优胜劣败之场也。然欲达此目的，决非可以东涂西抹，今日学一种语言，明日设一门学科，苟且敷衍，乱杂无章，而遂可以收其功也。故有志于教育之业者，先不可不认清教育二字之界说，知其为制造国民之具；次不可不具经世之炯眼，抱如伤⑧之热肠，洞察五洲各国之趋势，熟考我国民族之特性，然后以全力鼓铸⑨之。由前之说，则教育宗旨所由起也；由后之说，则教育宗旨所由立也。

吾国自经甲午之难⑩，教育之论，始萌蘖焉；庚子再创⑪，一年以来，而教育之声，遂遍满于朝野上下。此实渐进文明之一征也。虽然，向彼之倡此论任此责者，果能解教育之定义乎？何所为而为之乎？果实有见于教育所得将来之结果乎？由何道以致之乎？叩⑫其故，则曰外国皆有教育，吾不可以独无之云尔。至外国何以有，吾国何以无；外国何以为之而能有功，吾国何以为之而久无效，此问题非彼等所能及也。英有英之教育，法有法之教育，德有德之教育，日有日之教育，则吾国亦应有吾国之教育，此问题更非彼等所能及也。其下焉者，见朝廷锐意教育，我亦趁风潮，附炎热，思博万一之宠荣；其上焉者，亦不过撷拾外论，瞥见欧美日本学制之一斑，震惊之，艳羡之，而思仿摹之耳。审如是也，是何异鹦鹉闻人笑语而亦学语，孩童见人饮食而亦思食也；审如是也，则今之所谓教育论者，全属无意识之动，未尝有自主之思想，自主之能力，定其所向之鹄而求达之。与动物及下等野蛮之仅藉外界刺激之力，以食焉、息焉、游焉、争焉者，曾无以异。以是而欲成就文明人所专有之教育事业，岂可得耶？岂可得耶？

虽然，吾骤责彼等以无宗旨，彼必不服。何也？彼固曰："吾将以培人才也，吾将以开民智也，若是者安得谓非宗旨？"然则吾于其宗旨之果能成为宗旨与否？其宗旨之有用与否？无弊与否？其宗旨能合于今世文明国民所同向之宗旨与否？不可不置辩。夫培汉奸之才，亦何尝非人才？开奴隶之智，亦何尝非民智？以此为宗旨，谁能谓其无宗旨者耶？彼等之宗旨，虽未必若是，然五十步与百步之间，非吾所敢言也。试一翻前者创办京师同文馆、上海广方言馆之档案，观其奏折中、公牍中、章程中所陈说者何如，此犹曰在内地者。试一游日本东京中国公使馆中附立之学堂，有前使臣李经方①所题一联云：斯堂培翻译根基，请自我始；尔辈受朝廷教养，先比人优。此二语实代表吾中国数十年来之教育精神者也。舍翻译之外无学问，舍升官发财之外无思想。若此者吾亦岂能谓其非宗旨耶？以此之宗旨，生此之结果，吾中国有学堂三十余年，而不免今日之腐败，所谓种瓜得瓜，种豆得豆，丝毫不容假借者也。今之教育者必曰："吾之新教育不如是，吾将教之以格致物理，吾将教之以地理历史，吾将教之以政治理财。"若是者，谓为学科之进步也可，至其宗旨之进步与否，非吾所敢言也。夫使一国增若干之学问知识，随即增若干有学问有知识之汉奸奴隶；则有之不如其无也。今试问以培人才开民智为宗旨者，其所见果有以优于李经方联语云云者几何也？吾敢武断之曰："此等宗旨，不成为宗旨。"何也，教育之意义，在养成一种特色之国民，使结团体，以自立竞存于列国之间，不徒为一人之才与智云也。深明此义者，可与语教育焉耳。吾欲为吾国民定一教育宗旨，请先胪列⑭他国之成案，以待吾人参考而自择焉。凡代表古代者三，曰雅典，曰斯巴达，曰耶苏教；代表现世者三，曰英吉利，曰德意志，曰日本。

第一雅典　雅典者，古希腊市府之国，而民政之鼻祖也。其市民皆有参预政事之权，故其教育之宗旨，务养成可以为市民之资格：奖励其自由之性，训练其断事之识。又雅典人所自负者，欲全希腊文化之中心点集于其国也；故务使国民有高尚之理想，有厚重之品格，有该博之科学。一切教育条理，皆由此两大宗旨而生。故其国多私立学校，授种种群学哲学等。其人重名誉，轻金钱。有以学问为谋生之具者，则共鄙弃之，不与齿。其结果也，立法行政之制度，在上古号称最完善，至今为各国所仿效。而大儒梭格拉底⑮、柏拉图、阿里士多德皆生于其间。

第二斯巴达　斯巴达者，亦希腊一国，与雅典对峙，而贵族专制政体之名邦也。其教育制度，由彼中大立法家来喀格士所定，其宗旨在使斯巴达为全希腊最强之国。故先使全国人为军国民，一国之子弟，一国所公有也，父母不得而私之。童子年七岁即入公立学校，养之教之，皆政府责任。惟其以专制为政体也，故务束缚之，养其服从长上之性，非至四十以上不能自由。惟其以尚武为精神也，故专务操练躯体，使之强壮，每使之历人生不能堪之苦工；有过失者，鞭鞑楚毒于长老之前，纪律极严。一国如一军，常以爱国大义，讨实而训警之。故敌忾之心，无时或忘。斯巴达之教育，即由此专制、尚武两大宗旨而生者也。其结果也，使其国狎主夏盟[16]，雄长诸侯。

第三耶稣教会　耶稣教之教育，非国民教育也。虽然，其宗旨之坚忍而伟大，有深足法者。且中古一线之文明，赖之以延；近世无量之文明，因之以发，故不可不论及之。耶稣教无固有之教育法，无固有之学制，无固有之教授材料。语其特色，则以耶稣为教育之理想，以耶稣为教育家之模范也。其宗旨在严守律法，而各自尊其自由权，且互尊他人之自由权。以至诚起信为体，以杀身成仁、忍辱耐苦为用。当中世之初，教会本无学校，而此宗旨所磅礴郁积，愈光愈大，及今日而耶稣教之学堂，遂遍于大地。其结果也，能合无量数异国异种之人，结为一千古未有之大团体。其权力常与国家相颉颃[17]，时或驾而上之。

第四英吉利　盎格鲁撒逊[18]种者，今日地球上最荣誉之民族也。其教育之宗旨，在养成活泼进步之国民，故贵自由，重独立，薰陶高尚之德性，锻炼强武之体魄。盖兼雅典、斯巴达之长而有之焉。英国之学校，特注重于德育体育，而智育居其末。若以学科之繁、程度之高论之，则英国之视诸国，瞠乎后也。而绝大之学者，绝大之政治家，绝大之国民出焉。何也？其教育之优点，不在形质而在精神。其父母之视子女也，不视为己之附庸而视为国民之分子。其在家庭，其在学校，皆常有以启发其权利义务之观念，而使知自贵自重。其所教者常务实业，使其成年之后，可以自立，而断绝其倚赖他人之心。自其幼时，常使执事，使其有自治之力。虽离父兄、去师长，而不至为恶风潮之所漂荡。故英之国民，皆各有常识，各有实力，非徒恃一二英雄豪杰以支拄国家者也。以故六洲五洋中，大而大陆，小而孤岛，无不有盎格鲁撒逊人种之足迹，而所至皆能自治独立，战胜他族。盖皆其教育宗旨所陶铸，非偶然耳。

第五德意志　德国新造之雄国也。其教育宗旨，可分两大段：一曰前宰相俾士麦[19]所倡者，二曰今皇维廉第二[20]所倡者。前者，民族主义之宗旨也；后者，民族帝国主义之宗旨也。当十九世纪之前半，日耳曼民族封建并立，无所统一。大政家士达因、大文家盎特等倡之，俾士麦承之，专发挥祖国之义，唤起蓬腾涣漫之人心，使为一体。其时普国学制之善甲欧陆。大将毛奇[21]尝指小学校生徒而言曰："师丹之役，非我等能胜法人，而此辈之能胜法人也。"可谓至言。而小学校生徒何以有如许势力？非徒以其功课之完密而已，实其爱祖国、爱同胞之精神为之也。及今皇即位，常勃勃欲龙跳虎掷于大地，而首注意于教育宗旨，彼尝自撰敕语数千言，论改革学风之事，曰："我普通学校，我大学校，有共当努力者一事，曰教养一国之少年，使其资格可以辅朕为全世界之主人翁是也。"此其气象何等雄伟！其眼光何等远大！而今日德意志民族所以骎骎然[22]几与盎格鲁撒逊代兴者，则皆此二大宗旨之成绩也。

第六日本　日本自距今三十年前，为封建之国者殆八百年，故有一种所谓武士道[23]者，日人自称之为太和魂[24]，即尚武之精神是也。又日本帝统，自开国以来，一线相承，未尝易姓，故其人以尊王爱国合为一事。尚武、尊王二者，实日本教育宗旨之大原也。故国家思想，发达甚骤，自主独立之气，磅礴于国中，能吸取欧西文明，食而化之，而不至为文明之奴隶。智育、体育，皆日进步。其结果也，能战胜四百兆民族之中国，三岛屹立东海，为亚洲文明之魁。

由此观之，安有无宗旨而可以成完备之教育者耶？安有无完备之教育，而可以结完备之团体，造完备之国民者耶？夫无团体无国民，则将不可一日立于大地，有志教育者，可无儆[⑮]欤？可无勖[⑯]欤？

以上六种，举其宗旨之长者，以示标准。请更论次其短者：其在雅典，偏于哲理，溺于文学，强武之气稍缺；其所养成者，只能为市府的民族，不能为国家的民族，故雅典亡而其文学亦与之俱亡，是可为人民恃国家而存立之明证也。其在斯巴达，专制暴威太甚，侵个人之自由权，其民不能离政府之外，而自成一活泼强立之国民；故其末路，诸市叛之，失盟主之地位，而遂不能复兴。其在法兰西，自拿破仑称帝以来，中央政府之权力过大，其所设学校，皆务养成官吏，以供己之指挥，迄今垂百年，虽政体屡更，而此风迄不能改；故法国学校之学生，惟以试验及第为第一要件，其国民以得一官一职为第一宠荣，虚文盛而实业微，形质多而精神少，故法人与英人德人相驰逐于世界，而决不足以相及。其在奥大利，前宰相梅特涅[⑰]，以十九世纪第一奸雄，把持其政局者四十年；其宗旨务在压制民权，柔和民气，教以极陈腐之耶稣圣诗，极烦缛之罗马文学，卒亦枉作小人，民权之气，终不可遏；而奥国国民，受毒既久，元气难复，至今犹不能与列强并也。其在俄罗斯，为今世专制第一雄国，其教育事务，受监督于宗教大臣之下，所谓希腊正教总监者也；俄以专制政治立国，自不得不行专制教育；然以一政府抗世界之大逆流，恐不免举鼎绝膑[⑱]之惨；近者学生骚动之风潮，日盛一日，去春之事，俄皇固不能不让步焉矣。其在日本，自三十年来，震于欧西文明，专求新知识之输入，而于德育未尝留意；既已举千年来所受儒教之精神，破坏一空，而西人伦理道德之精华，亦不能有所得；青黄不接，故风俗日坏，德心日衰，至今朝野上下，咸孜孜研究德育问题，而大势滔滔，竟如抱束薪以塞瓠子②，毫无所济，有心者咸忧之焉。以上数端，亦近世教育界得失之林也。

朱子③曰："教学者如扶醉人，扶得东来西又倒。"教一人如是，教一国殆更甚焉。宗旨一偏，其流弊中于人心，往往有数十年数百年而不能拯其失者。观于法兰西、奥大利、日本之前事，可为长太息焉矣！夫偏犹不可，何况于误！误犹不可，何况于无？试问吾中国今日所谓教育家者，为有宗旨乎？为无宗旨乎？曰：无也！谓彼以教汉奸育奴隶为宗旨，其论未免太苛，吾信衮衮诸公④之必不然也！然舍此以外，竟未闻有一人提出一宗旨，以表示于国民者。何也？闻甲之言曰：英文要也，则教英文；乙之言曰：日本文要也，则教日本文；丙之言曰：历史、地理要也，则教历史、地理；丁之言曰：师范要也，则教师范；戊之言曰：体操要也，则教体操；己之言曰：小学校最急也，则称道小学校；庚之言曰：教科书最先也，则争编教科书。如蝇之钻纸，任意触撞；如猴之跳戏，随人低昂；如航海而无罗针，如抚琴而无腔调。虽欲以成一小小结构，犹且不可，况乃为四万万庞大国民之向导者耶？且前者人人心目中，无所谓教育者，则亦已耳。今既有之，则发轫之始，实为南辕北辙所关。播核之初②，永定苦李、甘瓜之种。庄子所谓其作始也简，其将毕也必巨。今乃以乱弹之曲，鱼目之珠，盲人瞎马，夜半临池，天下可悲可惧之事，安有过此者耶？安有过此者耶？

然则为今之计奈何？曰：第一当知宗旨。使欲造成文学优美品格高尚之国民也，则宜法雅典；使欲造成服从纪律、强悍耐苦之国民也，则宜法斯巴达；使欲造成至诚博爱、迷信奉法之国民也，则宜法耶稣教会；使欲造成自由独立、活泼进取之国民也，则宜法英吉利；使欲造成团结强立、自负不凡之国民也，则宜法德意志；使欲造成君国一体、同仇敌忾之国民也，则宜法日本。苟不能者，则虽学法国之拿破仑可也，学奥国之梅特涅可也，学俄国之皮里加辣陀（现任宗教大臣。）可也；彼其宗旨虽谬，然彼固有所为而为之，犹胜于无意识之动力，仅感受外界之刺激，突奔乱撞，与动物野蛮无别也。故必先知宗旨之不可以已，然后吾敢以更端进也。

第二当择宗旨。今欲为我四万万同胞国民求一适当至善之教育宗旨，果何所适从乎？雅典、斯巴达，前劫之骨董也，其精神可采，其形质万不可师。耶稣教于欧洲文明，甚有关系焉，然今亦已成退院之僧，于国家主义时代，颇不适用；且其经累次枝节，与吾民族几冰炭不相容，其不可行，无待言也。或曰：俄罗斯与中国政体相近，宜学之；然俄人于内治，方且不能抗大势而思变计，吾何为蹈其覆辙焉？或曰：法兰西久为欧洲文明之中心点，又为十九世纪全球之原动力，盍试效之？然法民好动，吾民好静，其性之相反太甚；且按之历史地理之位置，无一彷佛者，乌从而追之？近年以来，吾国民崇拜日本之心极盛，事无大细，动辄曰法日本。虽然，日本非吾之所宜学也；彼岛国，吾大陆，一也；彼数千年一姓相承，我数千年禅篡征夺，二也；彼久为封建，民习强悍，我久成一统，民溺懦柔，三也。无已则惟最雄伟之英吉利与德意志两民族乎？英人性喜保守，而改革以渐，此我所能学者也；德人昔本散涣，而今乃团结，此我所宜学者也。虽然，彼英民德族者，亦皆各有其固有之特性，积之千余岁，养之百十年，乃始有今日，又非我空言疾呼曰：学之学之，而遂能几者也。

第三当定宗旨。然则我国国民教育之宗旨，究何在乎？曰：

今日之世界，民族主义之世界也。凡一国之能立于天地，必有其固有之特性。感之于地理，受之于历史，胎之[①]于思想，播之于风俗。此等特性，有良者焉，有否者焉。良者务保存之，不徒保存之而已，而必采他人之可以补助我者，吸为已有而增殖之；否者务刮去之，不徒刮去之而已，而必求他人之可以匡救我者，勇猛自克而代易之。以故今日各国之教育宗旨，无或有学人者，亦无或有不学人者。不学人然后国乃立，学人然后国乃强。要之，使其民备有人格（谓成为人之资格也。品行、知识、体力皆包于是。），享有人权；能自动而非木偶，能自主而非傀儡，能自治而非土蛮，能自立而非附庸。为本国之民，而非他国之民；为现今之民，而非陈古之民；为世界之民，而非陬谷[②]之民。此则普天下文明国教育宗旨之所同，而吾国亦无以易之者也。试问今日所谓教育家者，曾有见于此焉否也？试问彼辈所用之教育方法，其结果能致此焉否也？

两宗旨或数宗旨对抗并行可乎？曰可。世界之进化也，恒由保守、进取两大势力冲突调和而后成。有冲突必有调和，或先冲突后调和，或即冲突即调和。譬若甲之见以为专制政体适于中国者，则用全力以造专制之国民可也；乙之见以为立宪政体，丙之见以为共和政体适于中国者，则用全力以造立宪共和之国民可也。但使其出于公心，出于热诚，不背乎前所谓普天下文明国共通之宗旨，则虽为斯巴达可也，虽为俄罗斯可也，虽为美利坚、法兰西可也。而必须有贯彻数十年之眼力，擎举全国民之气概，而不可如动物野蛮之受外界刺激，而为无意识之动。教育云，教育云，如是如是。

或曰：如子所云，不可不待诸政府当道之有大力者。曰：是不然。吾非不以望诸政府，然不能专诿诸政府。勿论远者，请言日本。日本之福泽谕吉⑤，非穷乡一布衣乎？终身未尝受爵于朝，然语日本教育界之主动者，千口一舌，千手一指，曰福翁福翁。何以故？有宗旨故。耗矣哀哉，吾中国至今无一，福泽谕吉其人也！

【注释】

①尔尔：不过如此。②鹄：指目的、目标。③畚：撮土器具。④鸠工：聚集工匠。⑤袯襫：蓑衣之类的防雨衣。⑥黑铁：指兵器。⑦为箕者而使之学冶，为矢者而使之学函：皆为学非所用之意，函：意为铠甲，亦指造甲之人。⑧如伤：视民如伤，看待人民如看待伤痛的人那样予以热心关怀。⑨鼓铸：陶冶、锻炼，代指治理改造。⑩甲午之难：甲午中日战争。⑪庚子再创：义和团运动中，大清帝国与列强开战，八国联军占领北京后中国和11个国家达成的屈辱协定《辛丑条约》，即庚子赔款。⑫叩：叩问。⑬李经方：字伯行，号端甫。李鸿章六弟李昭庆之子，过继给李鸿章。历任出使日本大臣、出使英国大臣、邮传部左侍郎。⑭胪列：罗列，列举。⑮梭格拉底：今译为苏格拉底。古希腊思想家、哲学家、教育家。他和他的学生柏拉图，以及柏拉图的学生亚里士多德，被称为"古希腊三贤"，为西方哲学的奠基者。⑯夏盟：中原的盟会。⑰颉颃：相抗衡，不相上下。⑱盎格鲁撒逊：指公元五世纪生活在大不列颠东部和南部地区的文化习俗上相近的一些民族。⑲俾士麦：今译为俾斯麦，德意志帝国首任宰相。人称"铁血宰相"。⑳维廉第二：今译为威廉二世，是德意志第二帝国末代皇帝和普鲁士国王以及霍亨索伦家族首领。㉑毛奇：德国最著名的参谋长，军事战略家。普奥战争、普法战争中打败奥军和法军的实际组织指挥者。㉒骎骎然：比喻事业进展得很快。㉓武士道：是日本封建社会中武士阶层的道德规范及哲学。㉔太和魂：即大和魂，即所谓日本精神。㉕儆：儆戒。㉖勖:勖勉。㉗梅特涅：十九世纪奥地利政治家、外交家。㉘举鼎绝膑：双手举鼎，折断胫骨。比喻能力小，不能负担重任。㉙抱束

薪以塞瓠子：抱一束柴草堵塞决口的河堤。瓠子：古堤名，旧址在河南濮阳境。㉚朱子：朱熹，南宋理学家。㉛衮衮诸公：旧指身居高位而无所作为的官僚们。㉜播核之轫：指播种之初。㉝胎之：犹孕育。㉞陬谷：指偏远之地。㉟福泽谕吉：日本近代著名启蒙思想家，明治时期杰出的教育家。

论中国国民之品格

【题解】

这是作者于 1903 年针对国民性所撰写的一篇文章。所谓"国民性",即国民的负面品格,或者说是国民的劣根性。作者写道:"我国民之品格,其缺点多矣。"作者曾多次在文章及演讲中以沉痛的心情指出这种弱点与缺陷,如奴性、卑屈、依赖、推诿、怯懦、为我、好伪、涣散、旁观、保守、嫉妒、无国家思想、无公共观念、权利和义务观念缺乏等等。此文更为集中地予以剖析,概括为四个方面:一爱国心之薄弱;二独立性之柔脆;三公共心之缺乏;四自治力之欠阙。作者的目的是使中国人明确自新重塑的方向,以期"剪劣下之根性,涵远大之思想,自克自修,以蕲合于人格"。"人格"与"国格"密不可分,国家被瓜分,被轻侮,国民必无人格可言。因此,"强国"与"新民"二者缺一不可。结尾处,作者以强烈的爱国之心,预见民族的复兴:"有四万万之伟大民族,又乌见今日之轻侮我者,不反而尊敬我畏慑我耶?"这确是百年来仁人志士的梦想!

　　品格者人之所以为人，藉以自立于一群之内者也。人必保持其高尚之品格，以受他人之尊敬，然后足以自存。否则人格不具，将为世所不齿。个人之人格然，国家之人格亦何莫不然？

　　国有三等，一曰受人尊敬之国。其教化政治卓然冠绝于环球，其声明文物，烂然震眩于耳目，一切举动，悉循公理，不必夸耀威力，而邻国莫不爱之重之。次曰受人畏慑之国。教化政治非必其卓绝也，声明文物非必其震眩也，然挟莫强之兵力，虽行以无道，犹足以鞭笞群雄，而横绝地球。若是者邻国虽疾视不平，亦且侧目重足，动色而群相震慑。至其下者，则薾然①不足以自立，坐听他人之蹂躏操纵，有他动而无自动，其在世界，若存若亡矣。若是者曰受人轻侮之国。

　　第一种国，以文明表著如美者也。第二种国，以武力雄视如俄者也。第三种国，文明武力皆无足道，如埃及印度越南朝鲜者也。国于天地者殆以百数，然第②其国势，不出三者。我中国固国于大地之一国也，三者其何以自处？中国者文明之鼻祖也，其开化远在希腊罗马之先。二千年来，制度文物，灿然照耀于大地。微特东洋诸国之浴我文化而已，欧洲近世物质进化，所谓罗盘针火药印刷之三大发明，亦莫非传自支那③，丏东来之余沥④。中国文明之早，固世界所公认矣。至于武功之震铄，则隋唐之征高丽，元之伐日本，明之讨越南，兵力皆远伸于国外。甚者二千年前，汉武帝凿通西域，略新疆青海诸地，绝大漠，逾天山，越帕米尔高原，度小亚细亚，而威力直达于地中海之东岸。读支那人种之侵略史，东西人所不能不色然以惊者也。数百年来，文明日见退化，五口通商⑤而后，武力且不足以攘外。老大帝国⑥之丑声，嚣然不绝于吾耳。昔之浴我文化者，今乃诋为野蛮半化矣。昔之慑我强盛者，今乃诋为东方病夫矣。乃者鬻藩属，副要港，议瓜分，夺主权。曩之侮以空言者，今且侮以实事，肆意凌辱，咄咄逼人。彼白人之视我，曾埃及印度诸国之不若。祖国昔日之名誉光荣一旦扫地以尽，遂自第一第二之位置，颓然⑦堕落于三等。谁实为之，而至于此？

且夫四百余州之地，未尝狭于曩时也。人口之蕃殖，其数几倍于百年以前。然东西诸国，乃以三等之国遇我者何也？曰：人之见礼于人也，不视其人之衣服文采，而视其人之品格。国之见重于人也，亦不视其国土之大小，人口之众寡，而视其国民之品格。我国民之品格，一⑧埃及印度人之品格也，其缺点多矣，不敢枚举，举其大者。

一爱国心之薄弱。支那人无爱国心，此东西人诋我之恒言也。吾闻而愤之耻之，然反观自省，诚不能不谓然也。我国国民，习为奴隶于专制政体之下，视国家为帝王之私产，非吾侪⑨所与有，故于国家之盛衰兴败，如秦人视越人之肥瘠⑩，漠然不少动于心，无智愚贤不肖⑪，皆皇然为一家一身之计。吾非敢谓身家之不当爱也，然国者身家之托属，苟非得国家之藩楯⑫，以为之防其害患，谋其治安，则徒挈此无所托属之身家，累累若丧家之狗，皮之不存，毛将焉附？势必如犹太人之流离琐尾⑬，不能一日立于天壤之间。然非先牺牲其身家之私计，竭力以张其国势，则必不能为身家之藩楯，为我防害患而谋治安。故夫爱国云者，质言之直自爱而已。人而不知自爱，固禽兽之不若矣，人而禽兽不若，尚何品格之足言耶？尚何品格之足言耶？

二独立性之柔脆。独立有二义，一曰有自力而不倚赖他力，一曰有主权而不服从他权。然倚赖为因，服从为果。孩稚仰保姆之哺抱，故受其指挥，奴隶待主人之豢养，故服其命令。孩稚奴隶，二者皆未具人格者也。若夫完具人格之人，则不倚赖他人而可以自立，自不肯服从他人而可以自由。苟或侵夺其主权，则必奋起抗争，虽至糜首粉身，必不肯损辱丝毫之权利，以屈服于他人主权之下。此人道之所以尊贵，而国权之所由张盛也。荷兰蕞尔⑭之国耳，见围于路易十四，窘蹙无以自存，其国民强立不挠，乃尽撤堤防，决北海之洪流以灌没其国，宁举全国之土地财产家室坟墓，尽掷之巨浸之中，宁漂流无归，保独立于舰队之上，必不肯屈志辱身，隶人藩属，受他族之辖治，以污玷人民之名誉，损辱国家之主权。呜呼，读荷法之战史，其国民雄伟之品格，犹令人肃然起敬，悚然动容。我国民不自树立，柔媚无骨，惟奉一庇人宇下之主义。暴君污吏之压制也服从之，他族异种之羁轭⑮也亦服从之。但得一人之母我，则不惜为之子；但得一人之主我，则不惮为之奴。昨日抗为仇敌，而今日君父矣；今日鄙为夷狄，而明日神圣矣。读二十四朝易姓⑯之史，睹庚子⑰以来京津之事，不自知其赧愧汗下也，品格之污下贱辱，至此极矣！

三公共心之缺乏。人者，动物之能群者也。置身物竞之场⑱，独力必不足以自立，则必互相提携，互相防卫，互相救恤，互相联合，分劳协力，联为团体以保治安。然团体之公益，与个人之私利，时相枘凿而不可得兼也，则不可不牺牲个人之私利，以保持团体之公益。然无法律以制裁之，无刑罚以驱迫之，惟恃此公德之心以维此群治，故公德盛者其群必盛，公德衰者其群必衰。公德者诚人类生存之基本哉。我国人同此人类，非能逃于群外也，然素缺于公德之教育，风俗日习于浇漓⑲，故上者守一自了主义，断断然束身寡过，任众事之废堕芜秽，群治之弛纵败坏，惟是塞耳瞑目，不与闻公事以为高。下者则标为我为宗旨，先私利而后公益，嗜利无耻，乘便营私。又其甚者，妨公益以牟私利，倾轧同类，独谋垄断，乃至假外人之威力以脧剥同胞，为他族之伥鬼^⑳以搏噬同种，谋丝毫之小利，图一日之功名，不惜歼其群以为之殉。呜呼！道德之颓荡至此，是亦不仁之甚，可谓为人道之蟊贼者矣。

四自治力之欠阙。英人恒自夸于世曰，五洲之内，无论何地，苟有一二英人之足迹，则其地即形成第二之英国。斯固非夸诞之大言也。盎格鲁撒逊^㉑人种，最富于自治之力，故其移殖他地，即布其自治之制度，而规律井然，虽寥落数人，其势已隐若敌国^㉒，是以英国殖民之地，遍于日所出入之区。中国人之出洋者亦众矣，然毫无自治之能力，漫然绝无纪律，故虽有数百万人，但供他人之牛马，备他人之奴隶，甚者以赌博械斗吸食鸦片污秽不洁为他人所唾骂不齿，藉口而肆言驱逐。且非独在外而已，在内亦莫不然。故中国者一凌乱无法之国也，中人者一放荡无纪之国民也。夫合人人以成群，即有以善此群者之团治，以一群之人，分治此一群之事，而复有法律以划其度量分界，故事易举而人不相侵。中国人缺于自治之力，事事待治于人。治之者而善也，则大纲粗举，终不能百废具兴也。治之者而不善，则任其弛堕毁败，束手而无可如何。然中国治人者能力之程度，去待治者不能以寸也，故一群之内，错乱而绝无规则，凡桥梁河道墟市道路以至一切群内之事，皆极其纷杂芜乱，如散沙，如乱丝，如失律败军，如泥中斗兽，从无一人奋起而整理之。一府如是，一县如是，一乡一族亦罔不如是。至于私人一身，则最近而至易为力者矣，然纷杂芜乱亦复如是。其器物不置定位，其作事不勒定课，其约束不循定期，其起居饮食不立定时，故其精神则桎梏束缚，曾无活泼之生气，独其行为举动，则荡然一任自由。呜呼！文明野蛮之程度，视其有法律无法律以为差耳。不能自事其事，而徒纵其无法律之自由，彼其去生番^㉓野蛮也曾几何矣！

此数者，皆人道必不可缺之德，国家之元气，而国民品格之所以成具者也。四者不备，时曰非人。国而无人，时曰非国。非人非国，外人之轻侮又乌足怪也？然我中国人种，固世界最膨胀有力之人种也。英法诸人，非惊为不能压抑之民族，即诧为驰突世界之人种，甚者且谓他日东力西渐，侵略欧洲，俄不能拒，法不能守，惟联合盎格鲁撒孙同盟庶可抵其雄力。迩来黄祸㉑之声，不绝于白人之口。故使我为红番黑人，斯亦已耳，我而为膨胀人种、不蓄扩其势力，发挥其精神，养成一伟大国民，出与列强相角逐，顾乃萎靡腐败，自污自点，以受他人之辱侮宰割，无亦我国民之不知自重也。伽特曰："人各立于己所欲立之地。"孔子曰："我欲仁斯仁至。"吾人其有伟大国民之欲望乎？则亦培养公德，磨砺政才，剪劣下之根性，涵远大之思想，自克自修，以蕲合于人格。国民者个人之集合体也，人人有高尚之德操，合之即国民完粹之品格。有四万万之伟大民族，又乌见今日之轻侮我者，不反而尊敬我畏慑我耶？西哲有言："外侮之时，最易陶成健强之品格。"我国民倘亦利用此外侮，以不负其玉成耶，不然，读罗马㉕末路之史，念其衰亡之原因，不能不为我国民栗然惧也。

【注释】

①蘦然：萎靡不振貌。②第：品第，评定。③支那：指中国。④丐：乞求。余沥：比喻他人所剩馀的一点利益。⑤五口通商：指中国将五个沿海城市——广州、厦门、福州、宁波和上海，根据1842年中英"南京条约"签定辟为通商口岸。⑥老大帝国：指古老积弱实力落后的旧中国。⑦陨然：陨落。⑧一：等同划一。⑨吾侪：我辈。⑩秦人视越人之肥瘠：语出韩愈《急臣论》。意为漠不相关。⑪贤不肖：好与不好。⑫藩楛：屏障，护卫。⑬流离琐尾：比喻处境由顺利转为艰难。⑭蕞尔：小的样子。

⑮羁轭：束缚，控制。⑯易姓：指改朝换代，统治者改换姓氏。⑰庚子：指1900 年即庚子年义和团运动，清朝与烈强宣战，八国联军占领北京紫禁城皇宫，签订《辛丑条约》赔款等事。⑱物竞之场：指竞争的环境。⑲浇漓：指社会风气浮薄。⑳伥鬼：迷信传说，人被老虎吃掉后变为伥鬼，又去引诱人来给老虎吃。比喻给恶人做帮凶。㉑盎格鲁撒逊：指五世纪初生活于大不列颠东部和南部地区在语言上、民族上相近的民族。㉒敌国：相当于一国，可以和国家相匹敌。㉓生番：旧时侮称文明发展程度较低的人。㉔黄祸：西方殖民主义国家对亚洲国家，尤其是对中国具有偏见的一个用语。㉕罗马：古罗马。指9 世纪初在意大利半岛兴起，后横跨欧、亚、非的宠大罗马帝国。395 年分裂为东西两部，相继灭亡。

说希望

【题解】

这是作者于 1903 年撰写的一篇文章。自 1840 年"鸦片战争"以来，中国被西方列强所瓜分，逐渐沦为"半殖民地半封建社会"。封建统治者腐败无能，国家积贫积弱，民不聊生。"中国必亡"的悲观情绪笼罩国人的心头。作者有感于此，撰写《说希望》一文。文章开篇处便引用歌德关于"希望"的一句名言，全文大量引用古今中外的典型人物与事例，反复论证"希望"的重要意义。希望是生命之火，是动力之源，是"制造英雄之原料"、"世界进化之导师"。有希望，才会励志进取，努力向上。有希望，才有前途，才有未来。结尾处，作者展望国家未来，心潮澎湃，慷慨激昂，"美哉前途，郁郁葱葱。谁为人豪，谁为国雄！我国民其有希望乎！"鼓舞人心，令人振奋！

机埃的①之言曰："希望者失意人之第二灵魂也。"岂惟失意人而已，凡中外古今之圣贤豪杰、忠臣烈士，与夫宗教家、政治家、发明家，冒险家之所以震撼宇宙，创造世界，建不朽之伟业以辉耀历史者，殆莫不藉此第二灵魂之希望，驱之使上于进取之途。故希望者，制造英雄之原料，而世界进化之导师也。

人类者生而有欲者也。原人之朔②，榛狉③无知，饥则食焉，疲则息焉，饮食男女之外，无他思想。而其所谓饮食男女者，亦止求一时之饱暖嬉乐，而不复知有明日，无所谓蓄积，无所谓预备，止有肉欲而绝无欲望，蠕蠕然无以异于动物也。及其渐进渐有思想，而将来之观念始萌，于是知为其饮食男女之肉欲谋前进久长之计。斯时也，则有所谓生全④之希望。思想日益发达，希望日益繁多，于其肉欲之外，知有所谓权力者，知有所谓名誉者，知有所谓宗教道德者，知有所谓政治法律者，由生存之希望，进而为文化之希望。其希望愈大，而其群治⑤之进化亦愈彬彬矣。

故夫希望者，人类之所以异于禽兽，文明之所以异于野蛮，而亦豪杰之所以异于凡民者也。亚历山大⑥之远征波斯也，尽斥其所有之珍宝以遍赐群臣。群臣曰：然则王更何有乎？亚历山大曰：吾有一焉，曰"希望"。夫亚历山大之丰功盛烈，赫然照烁于今古，然其功烈之成立，实希望为之涌泉。宁独亚历山大而已，摩西⑦之出埃及也，数十年徘徊于沙漠之中，然卒能脱犹太人之羁轭，导之于葡萄繁熟蜜乳馥郁之境。摩西之能有成功，迦南乐土⑧之希望为之也。哥伦布⑨之航海也，谋之贵族而贵族哗之，谋之葡国政府而政府拒之，乃至同行之人，困沮悔恨而思杀之，然卒能发见美洲，为欧人辟一新世界。哥伦布之能有成功，发见新地之希望为之也。玛志尼⑩诸人之建国也，突起于帝政教政压抑之下，张空拳以求独立，然卒能脱奥人之压制，建新罗马之名邦。玛志尼诸人之能有成功，意大利统一之希望为之也。华盛顿⑪之奋起也，抗英血战者八年，联合诸州者十载，然卒能脱离母国，建一完备之共和新国以为天下倡。华盛顿之能有成功，美国独立之希望为之也。宁独西国前哲而已。勾践[12]一降王耳，然能以五千之甲士，困夫差[13]于甬东也，则以有报吴之希望故。申包胥[14]一逋臣耳，然能却败吴寇，复已燔之郢都也，则以有存楚之希望故。班超[15]一书生耳，'然能开通西域，断匈奴之右臂也，则以有立功绝域之希望故。范孟博[16]登车揽辔，有澄清天下之大志；范文正[17]方为秀才，有天下己任之雄心。自古之伟人杰士，类皆不肯苟安于现在之地位，其心中目中，别有第二之世界，足以餍人类向上求进之心。既悬此第二之世界以为程，则萃精神以谋之，竭全力以赴之，日夜奔赴于莽莽无极之前途，务达其鹄以为归宿。而功业成就之多寡，群治进化之深浅，悉视其希望之大小以为比列差。盖希望之力，其影响于世间者固若是其伟且大也。

天下最惨最痛之境，未有甚于"绝望"者也。信陵[18]之退隐封邑，项羽之悲歌垓下，亚剌飞[19]之窜身锡兰，拿破仑之见幽厄蔑，莫不抚髀悲悒，神气颓唐，一若天地虽大，蹩蹩无托身之所，日月虽长，奄奄皆待尽之年。醇酒妇人而外无事业，束手待死以外无志愿，我躬不阅，遑恤我后，朝不谋夕，谁能虑远。彼数子者，岂非暗鸣叱咤横绝一世之英雄哉？方其希望远大之时，虽盖世功名，曾不足以当其一盼，虽统一寰区，曾不足以满其志愿。及其希望既绝，则心死志馁，气索才尽，颓然沮丧，前后迥若两人。然后知英雄之所以为英雄者，固恃希望为之先导，而智虑才略，皆随希望以为消长者也。有希望则常人可以为英雄，无希望则英雄无以异于常人。盖希望之力，其影响于人者固若是其伟且大也。

天下之境有二：一曰现在，一曰未来。现在之境狭而有限，而未来之境广而无穷。英儒颉德^②之言曰："进化之义专在造出未来，其过去及现在，不过一过渡之方便法门耳。故现在者非为现在而存，实为未来而存。是以高等生物皆能为未来而多所贡献，代未来而多负责任。其勤劳于为未来者，优胜者也；怠逸于为未来者，劣败者也。"希望者固以未来的目的，而尽勤劳以谋其利益者也，然未来之利益，往往与现在之利益枘凿^③而不能相容，二者不可得兼，有所取必有所弃。彼既有所希望矣，则心中目中必有荼锦烂漫之生涯、宇宙昭苏之事业亘其前途，其利益百什倍于现在，遂不惜取其现在者而牺牲之，以为未来之媒介。故释迦^④弃净饭太子之贵，而苦行穷山；路得辞教皇不赀之赏，而甘受廷讯；加富尔^⑤舍贵族富豪之安，而隐耕黎里；哥伦布掷乡里优游之乐，而奋身远航。以常人之眼观之，则彼好为自苦，非人情所能堪，岂不嗤为大愚，百思而不得其解哉！然苦乐本无定位，彼未来之所得，固足偿现在之失而有余，则常人所见为失而苦之者，彼固见为得而有以自乐。且攫金于市者，止见有金不见有人，彼日有无穷之愿欲悬于其前，则其视线心光咸萃集于其希望之前途，而目前之所谓利益者，直如蚊虻之过耳，曾不足以芥蒂于其胸。贪夫殉财，烈士殉名，夸者殉权，哲人殉道，其所殉之物虽不同，而其所以为殉者，皆捐弃万事，以专注其希望之大欲而已。

且非独个人之希望为然也，国民之希望亦靡不然。英人固不喜急激之民族也，然一为大宪章之抗争，再为长期国会之更革，累数世之纷扰，则曰希望自由之故。法人三次革命，屡仆屡起，演大恐怖之惨剧，扰乱亘数十年，则曰希望民政之故。美人崛起抗英，糜烂其民于硝烟弹雨之中，苦战八年，伏尸百万，则曰希望独立之故。彼所牺牲之利益，固视个人为尤惨酷矣，然彼既有自由民政独立之伟大、目的在于未来，而为国民共同之希望，凡物必有代价，则其所牺牲者，固亦以现在为代价，而购此未来而已。

　　然而希望者，常有失望以与之为缘者也。其希望愈大者，则其成就也愈难，而其失望也亦愈众。譬之操舟泛港汊者，微波漾荡，可以扬帆径渡也，及泛江河，则风浪之恶，将十倍蓰㉑于港汊矣；及航溟渤㉒，则风浪之恶又倍蓰于江河矣。失望与希望之相为比例，殆犹是也。惟豪杰之徒，为能保其希望而使之勿失，彼盖知远大之希望，固在数十百年之后，而非可取偿于旦夕之间，既非旦夕所能取偿，则所谓拂戾失意之境遇，要不过现在与未来利益之冲突，实为事势所必然，吾心中自有所谓第二世界者存，必不以目前之区区沮吾心而馁吾志。英雄之希望如是，伟大国民之希望亦复如是。

　　老子曰："知足不辱，知止不殆。"此毁灭世界之毒药，萎杀思想之谬言也。我中人日奉一足止以为主义，恋恋于过去，而绝无未来之观念，眷眷于保守，而绝无进取之雄心。其下者日营利禄，日鹜衣食，萃全神于肉欲，蜎蜎㉓无异于原人，其上者亦惟灰心短气，太息于国事之不可为，志馁神沮，慨叹于前途之无可望，不为李后主㉔之眼泪洗面，即为信陵君之醇酒妇人。人人皆为绝望之人，而国亦遂为绝望之国。呜乎！吾国其果绝望乎，则待死以外诚无他策。吾国其非绝望乎，则吾人之日月方长，吾人之心愿正大，旭日方东，曙光熊熊。吾其叱咤羲轮㉕，放大光明以赫耀寰中乎！河出伏流，狂涛怒吼。吾其乘风扬帆，破万里浪以横绝五洲乎！穆王㉖八骏，今方发轫。吾其扬鞭绝尘，骎骎与骅骝㉗竞进乎！四百余州，河山重重。四亿万人，决决大风。任我飞跃，海阔天空。美哉前途，郁郁葱葱。谁为人豪，谁为国

雄！我国民其有希望乎！其各立于所欲立之地，又安能郁郁以
终也。

【注释】

①机埃的：今译为歌德。德国 18 世纪末 19 世纪初最伟大的诗人、作家和思想家。②朔：初，始。③榛狉：形容未开化。④生全：保全生命，全身。⑤群治：对各种社会问题的治理和处置。⑥亚历山大：马其顿帝国国王。生于前 356 年，死于前 323 年。曾师从古希腊著名学者亚里士多德，十八岁随父出征，二十岁继承王位。是欧洲历史上最伟大的军事天才，建立了亚历山大帝国。他的远征客观上使得古希腊文明得到传播。⑦摩西：《圣经·出埃及记》中人物。⑧迦南乐土：今巴勒斯坦、叙利亚和黎巴嫩一带地区。《圣经》中被称为乐土。⑨哥伦布：意大利著名航海家、殖民者。开辟了横渡大西洋到美洲的航路。首次登上美洲大陆。⑩玛志尼：意大利爱国者。罗马帝国死亡后，意大利受奥地利帝国奴役，玛志尼创立"少年意大利党"，创办《少年意大利报》，发动和组织资产阶级革命，完成意大利的独立统一事业。⑪华盛顿：美国首任总统，美国独立战争大陆军总司令。由于他扮演了美国独立战争和建国中最重要角色，故被尊为美国国父。⑫勾践：春秋末越国国君。在夫椒战役中被吴王战败后，卧薪尝胆，终于一举灭吴雪耻。⑬夫差：春秋末吴国国君。在夫椒大败越兵。十年后被越王围困于姑苏，自刎而死。⑭申包胥：春秋末楚国公族。虽用伍子胥计破楚，他奉命往秦乞师，鹄立秦廷，痛哭七日七夜，秦乃出兵援楚复国。⑮班超：东汉外交家、军事家。字仲升，班固之弟。曾出使西域，平定匈奴叛乱，任西域都护，封定远侯。⑯范孟博：范滂，东汉名士，字孟博。⑰范文正：范仲淹，北宋大臣。字希文，死后谥文正。⑱信陵：魏无忌，战国时魏宗室大臣，即信陵君。"战国四君"之一。⑲亚剌飞：埃及爱国者，1882 年领导埃及军民抵抗英军失败后被捕，流放到锡兰（斯里兰卡旧称）。⑳颉德：本杰明·颉德，英国社会学家，著有《社会演化》等。㉑枘凿：方枘圆凿，比喻意见不合。㉒释迦：释迦牟尼佛。古印度

人。为北印度迦毗罗卫城净饭王太子。㉓迦富尔：迷洛·奔索·迪·加富尔伯爵，撒丁王国首相、意大利王国第一任首相、意大利统一时期自由贵族和资产阶级君主立宪派领袖。㉔蓰：数倍。㉕漠渤：远方大海。㉖蜎蜎：形容虫子爬行。㉗李后主：李煜：五代十国时南唐国主。世称南唐后主、李后主。宋军陷金陵，出降，后被赵匡义派人毒死。㉘羲轮：指太阳。㉙穆王：周穆王，即姬满。西周国王，昭王之子。相传他有八匹骏马，日行三万里。㉚骅骝：骏马名。

科学精神与东西文化

【题解】

　　此文是作者于 1922 年 8 月 20 日在南通为科学社年会讲演。原刊 1922 年 8 月 23 日《时事新报·学灯》。作者认为"有系统之真知识，叫做科学；可以教人求得有系统之真知识的方法，叫做科学精神。"对此又分做三层阐述：一层求真知识；二层求有系统的真知识；三层可以教人的知识。对于国人不重视科学与科学精神，做了深刻、透彻的剖析。首先是对科学的态度的两点错误：一是把科学看得太低了，太粗了。二是把科学看得太呆了，太窄了。在中国学术界存在五种病证：一笼统；二武断；三虚伪；四因袭；五散失。只有提倡科学精神才能改变此种种善。结尾处，作者站在历史的高度，满怀唤醒国民，振兴民族的爱国热情指出，西方的科学精神，也只不过文艺复兴以后近一百年内的事，"一百年的先进后进，在历史上值得计较吗？"只要我们努力，"只怕将来升天成佛未知谁先谁后哩！"爱国之情，溢于言表！

一

今日我感觉莫大的光荣，得有机会在一个关系中国前途最大的学问团体——科学社的年会来讲演。但我又非常惭愧而且惶恐，象我这样对于科学完全门外汉的人，怎样配在此讲演呢？这个讲题——"科学精神与东西文化"，是本社董事部指定要我讲的。我记得科举时代的笑话：有些不通秀才去应考，罚他先饮三斗墨汁，预备倒吊着滴些墨点出来。我今天这本考卷，只算倒吊着滴墨汁，明知一定见笑大方①。但是句句话都是表示我们门外汉对于门内的"宗庙之美百官之富"如何欣羡如何崇敬如何爱恋的一片诚意。我希望国内不懂科学的人或是素来看轻科学讨厌科学的人听我这番话得多少觉悟，那么，便算我个人对于本社一点贡献了。

近百年来科学的收获如此其丰富：我们不是鸟，也可以腾空；不是鱼，也可以入水；不是神仙，也可以和几百千里外的人答话；……诸如此类，那一件不是受科学之赐？任凭怎么顽固的人，谅来"科学无用"这句话，再不会出诸口了。然而中国为什么直到今日还得不着科学的好处？直到今日依然成为"非科学的国民"呢？我想，中国人对于科学的态度，有根本不对的两点：

其一，把科学看得太低了，太粗了。我们几千年来的信条，都说的："形而上者谓之道，形而下者谓之器"，"德成而上艺成而下"，这一类话。多数人以为：科学无论如何高深，总不过属于艺和器那部分，这部分原是学问的粗迹，懂得不算稀奇，不懂得不算耻辱。又以为：我们科学虽不如人，却还有比科学更宝贵的学问，——什么超凡入圣的大本领，什么治国平天下的大经纶，件件都足以自豪；对于这些粗浅的科学，顶多拿来当一种补助学问就够了。因为这种故见横亘在胸中，所以从郭筠仙②、张香涛③这班提倡新学的先辈起，都有两句自鸣得意的话，说什么"中学为体西学为用"。这两句话现在虽然没有从前那么时髦了，但因为话里的精神和中国人脾胃最相投合，所以话的效力，直到今日，依然为变相的存在。老先生们不用说了，就算这几年所谓新思潮所谓新文化运动，不是大家都认为蓬蓬勃勃有生气吗？试检查一检查他的内容，大抵最流行的莫过于讲政治上经济上这样主义那样主义，我替他起个名字叫做西装的治国平天下大经纶；次流行的莫过于讲哲学上文学上这种精神那种精神，我也替他起个名字叫做西装的超凡入圣大本领。至于那些脚踏实地平淡无奇的科学，试问有几个人肯去讲求？——学校中能够有几处像样子的科学讲座？有了，几个人肯去听？出版界能够有几部有价值的科学书几篇有价值的科学论文？有了，几个人肯去读？我固然不敢说现在青年绝对的没有科学兴味，然而兴味总不如别方面浓。须知，这是积多少年社会心理遗传下来，对于科学认为"艺成而下"的观念，牢不可破；直到今日，还是最爱说空话的人最受社会欢迎。做科学的既已不能如别种学问之可以速成，而又不为社会所尊重，谁肯埋头去学他呢？

其二，把科学看得太呆了，太窄了。那些绝对的鄙厌科学的人且不必责备，就是相对的尊重科学的人，还是十个有九个不了解科学性质。他们只知道科学研究所产结果的价值，而不知道科学本身的价值；他们只有数学几何学物理学化学……等等概念，而没有科学的概念。他们以为学化学便懂化学，学几何便懂几何；殊不知并非化学能教人懂化学，几何能教人懂几何，实在是科学能教人懂化学和几何。他们以为只有化学数学物理几何……

等等才算科学，以为只有学化学数学物理几何……等等才用得着科学；殊不知所有政治学经济学社会学……等等只要够得上一门学问的没有不是科学，我们若不拿科学精神去研究，便做那一门子学问也做不成。中国人因为始终没有懂得"科学"这个字的意义，所以五十年前很有人奖励学制船学制炮，却没有人奖励科学；近十几年学校里都教的数学几何化学物理，但总不见教会人做科学；或者说：只有理科工科的人们才要科学，我不打算当工程师，不打算当理化教习，何必要科学？中国人对于科学的看法大率如此。

我大胆说一句话：中国人对于科学这两种态度倘若长此不变，中国人在世界上便永远没有学问的独立；中国人不久必要成为现代被淘汰的国民。

二

科学精神是什么？我姑从最广义解释："有系统之真知识，叫做科学；可以教人求得有系统之真知识的方法，叫做科学精神。"这句话要分三层说明：

第一层求真知识。知识是一般人都有的，乃至连动物都有；科学所要给我们的，就争一个真字。一般人对于自己所认识的事物，很容易便信以为真；但只要用科学精神研究下来，越研究便越觉求真之难。譬如说"孔子是人"，这句话不消研究，总可以说是真，因为人和非人的分别是很容易看见的。譬如说"老虎是恶兽"，这句话真不真便待考了。欲证明他是真，必要研究兽类具备某种某种性质才算恶，看老虎果曾具备了没有？若说老虎杀人算是恶，为什么人杀老虎不算恶？若说杀同类是恶，只听见有人杀人，从没听见老虎杀老虎，然则人容或可以叫做恶兽，老虎却绝对不能叫做恶兽了。譬如说"性是善"或说"性是不善"，这两句话真不真，越发待考了。到底什么叫做"性"，什么叫做"善"，两方面都先要弄明白，倘如孟子说的性咧情咧才咧，宋儒说的义理咧气质咧，闹成一团糟，那便没有标准可以求真了。譬如说"中国现在是共和政治"，这句话便很待考。欲知他真不真，先要把共和政治的内容弄清楚，看中国和他合不合。譬如说"法国是共和政治"，这句话也待考。欲知他真不真，先要问"法国"这个字所包范围如何，若安南④也算法国，这句话当然不真了。看这几个例，便可以知道，我们想对于一件事物的性质得有真知灼见，很是不容易；要钻在这件事物里头去研究，要绕着这件事物周围去研究，要跳在这件事物高头去研究，种种分析研究结果，才把这件事物的属性大略研究出来，算是从许多相类似容易混淆的个体中，发现每个个体的特征。换一个方向，把许多同有这种特征的事物，归成一类，许多类归成一部，许多部归成一组，如是综合研究的结果，算是从许多各自分离的个体中发现出他们相互间的普遍性。经过这种种工夫，才许你开口说"某件事物的性质是怎么样"。这便是科学第一件主要精神。

第二层求有系统的真知识。知识不但是求知道一件一件事物便了，还要知道这件事物和那件事物的关系；否则零头断片的知识全没有用处。知道事物和事物相互关系，而因此推彼，得从所已知求出所未知，叫做有系统的知识。系统有二：一竖，二横。横的系统，即指事物的普遍性——如前段所说。竖的系统，指事物的因果律，——有这件事物，自然会有那件事物；必须有这件事物，才能有那件事物；倘若这件事物有如何如何的变化，那件事物便会有或才能有如何如何的变化；这叫做因果律。明白因果，是增加新智识的不二法门，因为我们靠他才能因所已知推见所未知；明白因果，是由智识进到行为的向导，因为我们预料结果如何，可以选择一个目的做去。虽然因果是不轻容易谭的。第一，要找得出证据；第二，要说得出理由。因果律虽然不能说都要含有"必然性"，但总是愈逼近"必然性"愈好；最少也要含有很强的"盖然性"；倘若仅属于"偶然性"的便不算因果律。譬如说："晚上落下去的太阳，明早上一定再会出来"，说："倘若把水煮过了沸度，他一定会变成蒸汽"，这等算是含有必然性；因为我们积千千万万回的经验，却没有一回例外；而且为什么如此，可以很明白的说出理由来。譬如说："冬间落去的树叶明年春天还会长出来"，这句话便待考。因为再长出来的并不是这块叶，而且这树也许碰着别的变故再也长不出叶来。譬如说："西边有虹霓，东边一定有雨"，这句话越发待考。因为虹霓不是雨的原因，他是和雨同一个原因，或者还是雨的结果。翻过来说："东边有雨，西边一定有虹霓"，这句话也待考。因为雨虽然可以为虹霓的原因，却还须有别的原因凑拢在一处，虹霓才会出来。譬如说："不孝的人要着雷打"，这句话便大大待考。因为虽然我们也曾听见某个不孝着雷，但不过是偶然的一回，许多不孝的人不见得都着雷，许多着雷的东西不见得都不孝；而且宇宙间有个雷公⑤会专打不孝人，这些理由完全说不出来。譬如说："人死会变鬼"，这句话越发大大待考。因为从来得不着绝对的证据，而且绝对的说不出理由。譬如说："治极必乱，乱极必治"，这句话便很要待考。因为我们从中国历史上虽然举出许多前例，但说治极是乱的原因，乱极是治的原因，无论如何，总说不下去。譬如说："中国行了联省自治制后一定会太平"，这话也待考。因为联省自治虽然有致太平的可能性，无奈我们未曾试过。看这些例，便可知我们想应用因果律求得有系统的智识，实在不容易。总要积无数的经验——或照原样子继续忠实观察，或用人为的加减改变试验，务找出真凭实据，才能确定此事物与彼事物之关系。这还是第一步。再进一步，凡一事物之成毁，断不止一个原因，知道甲和乙的关系还不够，又要知道甲和丙丁戊……等等关系；原因之中又有原因，想真知道乙和甲的关系，便须先知道乙和庚庚和辛辛和壬……等等关系。不经过这些工夫，贸贸然下一个断案说某事物和某事物有何等关系，便是武断，便是非科学的。科学家以许多有证据的事实为基础，逐层看出他们的因果关系，发明种种含有必然性或含有极强盖然性⑥的原则；好像拿许多结实麻绳织组成一张网。这网愈织愈大，渐渐的函盖到这一组知识的全部，便成了一门科学。这是科学第二件主要精神。

　　第三层可以教人的知识。凡学问有一个要件，要能"传与其人"。人类文化所以能成立，全由于一人的智识能传给多数人，一代的智识能传给次代。我费了很大的工夫得一种新智识，把他传给别人，别人费比较小的工夫承受我的智识之全部或一部，同时腾出别的工夫又去发明新智识，如此教学相长递相传授，文化内容，自然一日一日的扩大。倘若智识不可以教人，无论这项智识怎样的精深博大，也等于"人亡政息"⑦，于社会文化绝无影响。中国凡百学问，都带一种"可以意会不可以言传"的神秘性，最足为智识扩大之障碍。例如医学，我不敢说中国几千年没有发明，而且我还信得过确有名医，但总没有法传给别人，所以今日的医学，和扁鹊⑧、仓公⑨时代一样，或者还不如。又如修习禅观⑩的人，所得境界，或者真是圆满庄严，但只好他一个人独享，对于全社会文化竟不发生丝毫关系。中国所有学问的性质，大抵都是如此。这也难怪，中国学问，本来是由几位天才绝特的人"妙手偶得"——本来不是按部就班的循着一条路去得着，何从把一条应循之路指给别人？科学家恰恰相反，他们一点点智识，都是由艰苦经验得来。他们说一句话总要举出证据，自然要将证据之如何搜集如何审定一概告诉人。他们主张一件事总要说明理由，理由非能够还元不可，自然要把自己思想经过的路线，顺次详叙。所以别人读他一部书或听他一回讲义，不惟能够承受他研究所得之结果，而且一并承受他如何能研究得此结果之方法，而且可以用他的方法来批评他的错误。方法普及于社会，人人都可以研究，自然人人都会有发明。这是科学第三件主要精神。

三

中国学术界，因为缺乏这三种精神，所以生出如下之病证：

一、笼统。标题笼统，有时令人看不出他研究的对象为何物。用语笼统，往往一句话容得几方面解释。思想笼统，最爱说大而无当不着边际的道理，自己主张的是什么，和别人不同之处在那里，连自己也说不出。

二、武断。立说的人，既不必负找寻证据说明理由的责任，判断下得容易，自然流于轻率。许多名家著述，不独违反真理而且违反常识的，往往而有。既已没有讨论学问的公认标准，虽然判断谬误，也没有人能驳他；谬误便日日侵蚀社会人心。

三、虚伪。武断还是无心的过失。既已容许武断，便也容许虚伪。虚伪有二：一，语句上之虚伪，如隐匿真证杜撰假证或曲说理由等等。二，思想内容之虚伪，本无心得，貌为深秘，欺骗世人。

四、因袭。把批评精神完全消失，而且没有批评能力，所以一味盲从古人，剽窃些绪余^⑩过活。所以思想界不能有弹力性随着时代所需求而开拓，倒反留着许多沉淀废质在里头为营养之障碍。

五、散失。间有一两位思想伟大的人，对于某种学术有新发明，但是没有传授与人的方法，这种发明，便随着本人的生命而中断。所以他的学问，不能成为社会上遗产。

以上五件，虽然不敢说是我们思想界固有的病证，这病最少也自秦汉以来受了二千年。我们若甘心抛弃文化国民的头衔，那更何话可说？若还舍不得吗？试想！二千年思想界内容贫乏到如此，求学问的涂径榛塞到如此，长此下去，何以图存？想救这病，除了提倡科学精神外没有第二剂良药了。

我最后还要补几句话。我虽然照董事部指定的这个题目讲演，其实科学精神之有无，只能用来横断新旧文化，不能用来纵断东西文化。若说欧美人是天生成科学的国民，中国人是天生成非科学的国民，我们可绝对的不能承认。拿我们战国时代和欧洲希腊时代比较，彼此，都不能说是有现代这种崭新的科学精神，彼此却也没有反科学的精神。秦汉以后，反科学精神弥漫中国者二千年，罗马帝国以后，反科学精神弥漫于欧洲者也一千多年。两方比较，我们隋唐佛学时代，还有点"准科学的"精神不时发现，只有比他们强，没有比他们弱。我所举五种病证，当他们教会垄断学问时代，件件都有。直到文艺复兴以后，渐渐把思想界的健康恢复转来，所谓科学者，才种下根苗；讲到枝叶扶疏，华实烂漫，不过最近一百年内的事。一百年的先进后进，在历史上值得计较吗？只要我们不讳疾忌医，努力服这剂良药，只怕将来升天成佛未知谁先谁后哩！我祝祷科学社能做到被国民信任的一位医生；我祝祷中国文化添入这有力的新成分再放异彩！

【注释】

①见笑大方：见笑于大方之家。指让内行人笑话。②郭筠仙：郭嵩焘，字伯琛，号筠仙。清末外交官。曾主讲城南书院。③张香涛：张之洞，字香涛。清末大臣。提出"中学为体，西学为用"的口号。④安南：越南古称。⑤雷公：传说中司雷之神，又称雷师。⑥盖然性：指有可能但又不是必然的性质。⑦人亡政息：旧指一个掌握政权的人不在其位了，他的政治措施也跟着停顿下来。⑧扁鹊：真名为秦越人。战国时医学家。善用各种方法治病。⑨仓公：淳于意，西汉初名医。曾任齐太仓令，故又称仓公。精医道，辨证审脉，治病多验。⑩禅观："禅"指集中意识后获得的心性统一和安定，"观"是"观想"，指禅的境地里详细地思念、念想的对象。⑪绪余：留传给后世的部分。

人生观与科学

——对于张、丁①论战的批评（其一）

【题解】

　　这是作者于 1923 年撰写的一篇文章。作者在文中首先对"人生"、"人生观"、"科学"等名词，予以界定，接着指出："人生问题，有大部分是可以——而且必要用科学方法来解决的。却有一小部分——或者还是最重要的部分是超科学的。"因为"人类生活，固然离不开理智；但不能说理智包括尽人类生活的全内容。此外还有极重要一部分——或者可以说是生活的原动力，就是'情感'。"最后，得出的结论是"人生关涉理智方面的事项，绝对要用科学方法去来解决；关涉情感方面的事项，绝对的超科学。"作者的这些观点，对于青年人的人生观的形成和确立，是会有所裨益的。

一

　　张君劢在清华学校演说一篇《人生观》，惹起丁在君做了一篇《玄学与科学》和他宣战。我们最亲爱的两位老友，忽然在学界上变成对垒的两造②。我不免也见猎心喜③，要把我自己的意见写点出来助兴了。

当未写以前，要先声叙几句话：

第一，我不是加在那一造去"参战"，也不是想斡旋两造做"调人"，尤其不配充当"国际法庭的公断人"。我不过是一个观战的新闻记者，把所观察得来的战况随手批评一下便了。读者还须知道，我是对于科学、玄学④都没有深造研究的人。我所批评的一点不敢自以为是。我两位老友以及其他参战人、观战人，把我的批评给我一个心折的反驳，我是最欢迎的。

第二，这回战争范围，已经蔓延得很大了，几乎令观战人应接不暇。我为便利起见，打算分项批评。做完这篇之后，打算还跟着做几篇：（一）科学的知识论与所谓"玄学鬼"。（二）科学教育与超科学教育。（三）论战者之态度……等等。但到底作几篇，要看我趣味何如，万一兴尽，也许不作了。

第三，听说有几位朋友都要参战，本来想等读完了各人大文之后再下总批评，但头一件，因技痒起来等不得了；第二件，再多看几篇，也许"崔颢题诗"⑤叫我搁笔，不如随意见到那里说到那里。所以这一篇纯是对于张、丁两君头一次交绥的文章下批评，他们二次彼此答辩的话，只好留待下次。其余陆续参战的文章，我很盼早些出现，或者我也有继续批评的光荣，或者我要说的话被人说去，或者我未写出来的意见已经被人驳倒，那末，我只好不说了。

二

凡辩论先要把辩论对象的内容确定：先公认甲是什么乙是什么，才能说到甲和乙的关系何如。否则一定闹到"驴头不对马嘴"，当局的辩论没有结果，旁观的越发迷惑。我很可惜君劢这篇文章，不过在学校里随便讲演，未曾把"人生观"和"科学"给他一个定义。在君也不过拈起来就驳。究竟他们两位所谓"人生观"、所谓"科学"，是否同属一件东西，不惟我们观战人摸不清楚，只怕两边主将也未必能心心相印哩。我为替读者减除这种迷雾起见，拟先规定这两个名词的内容如下：

（一）人类从心界、物界两方面调和结合而成的生活，叫做"人生"。我们悬一种理想来完成这种生活，叫做"人生观"。（物界包含自己的肉体及己身以外的人类，乃至己身所属之社会等等。）

（二）根据经验的事实，分析综合，求出一个近真的公例，以推论同类事物，这种学问叫做"科学"。（应用科学改变出来的物质或建设出来的机关等等，只能谓之"科学的结果"，不能与"科学"本身并为一谈。）

我解释这两个名词的内容，不敢说一定对。假令拿以上所说做个标准，我的答案便如下："人生问题，有大部分是可以——而且必要用科学方法来解决的。却有一小部分——或者还是最重要的部分是超科学的。"因此我对于君劢、在君的主张，觉得他们各有偏宕⑥之处。今且先驳君劢。

君劢既未尝高谈"无生"，那么，无论尊重心界生活到若何程度，终不能说生活之为物，能够脱离物界而单独存在。既涉到物界，自然为环境上——时间空间——种种法则所支配，断不能如君劢说的那么单纯，专凭所谓"直觉的""自由意志的"来片面决定。君劢列举"我对非我"之九项，他以为不能用科学方法解答者，依我看来十有八九倒是要用科学方法解答。他说："忽君主忽民主，忽自由贸易忽保护贸易……等等，试问论理学公例何者能证其合不合乎？"其意以为这类问题既不能骤然下一个笼统普遍的断案，便算摒逐在科学范围以外。殊不知科学所推寻之公例乃是：（一）在某种条件之下，会发生某种现象。（二）欲变更某种现象，当用某种条件。笼统普遍的断案，无论其不能，即能，亦断非科学之所许。若仿照君劢的论调，也可以说："忽衣裘忽衣葛，忽附子玉桂忽大黄芒硝……，试问论理学公例何者能证其合不合乎？"然则连衣服、饮食都无一定公例可以支配了，天下有这种理吗？殊不知科学之职务不在绝对的普遍的证明衣裘衣葛之孰为合孰为不合，他却能证明某种体气的人在某种温度之下非衣裘或衣葛不可。君劢所列举种种问题，正复如此。若离却事实的基础，劈地凭空说君主绝对好，民主绝对好，自由贸易绝对好，保护贸易绝对好……，当然是不可能。却是在某种社会结合之下宜于君主，在某种社会结合之下宜于民主，在某种经济状态之下宜自由贸易，在某种经济状态之下宜保护贸易，……那么，论理上的说明自然是可能，而且要绝对的尊重。君劢于意云何？难道能并此而不承认吗？总之，凡属于物界生活之诸条件，都是有对待的，有对待的自然一部或全部应为"物的法则"之所支配。我们对于这一类生活，总应该根据"当时此地"之事实，用极严密的科学方法，求出一种"比较合理"的生活。这是可能而且必要的。就这点论，在君说"人生观不能和科学分家"，我认为含有一部分真理。

君劢尊直觉，尊自由意志，我原是赞成的，可惜他应用的范围太广泛而且有错误。他说："……常有所观察也、主张也、希望也、要求也，是之谓人生观。甲时之所以为善者，至乙时则又以为不善而求所以革之；乙时之所以为善者，至丙时又以为不善而求所以革之。……"君劢所用"直觉"这个字，到底是怎样的内容，我还没有十分清楚。照字面看来，总应该是超器官的一种作用。若我猜得不错，那么，他说的"有所观察而甲乙丙时或以为善，或以为不善"，便纯然不是直觉的范围。为什么"甲时以为善，乙时以为不善"？因为"常有所观察"；因观察而以为不善，跟着生出主张、希望、要求。不观察便罢，观察离得了科学程序吗？"以为善不善"，正是理智产生之结果。一涉理智，当然不能逃科学的支配。若说到自由意志吗？他的适用，当然该有限制。我承认人类所以贵于万物者在有自由意志；又承认人类社会所以日进，全靠他们的自由意志。但自由意志之所以可贵，全在其能选择于善不善之间而自己作主以决从违。所以自由意志是要与理智相辅的。若像君劢全抹杀客观以谈自由意志，这种盲目的自由，恐怕没有什么价值了。（*君劢清华讲演所列举人生观五项特征，第一项说人生观为主观的，以与客观的科学对立，这话毛病很大。我以为人生观最少也要主观和客观结合才能成立。*）

然则我全部赞成在君的主张吗？又不然。在君过信科学万能，正和君劢之轻蔑科学同一错误。在君那篇文章，很像专制宗教家口吻，殊非科学者态度，这是我最替在君可惜的地方，但亦无须一一指摘了。在君说："我们有求人生观统一的义务。"又说："用科学方法求出是非真伪，将来也许可以把人生观统一。"（*他把医学的进步来做比喻。*）我说，人生观的统一，非惟不可能，而且不必要；非惟不必要，而且有害，要把人生观统一，结果岂不是"别黑白而定一尊",不许异己者跳梁反侧?除非中世的基督教徒才有这种谬见,似乎不应该出于科学家之口。至于用科学来统一人生观,我更不相信有这回事。别的且不说,在君说"世界上的玄学家一天没有死完,自然一天人生观不能统一",我倒要问:万能的科学,有没有方法令世界上的玄学家死完?如其不能,即此已可见科学功能是该有限制了。闲话少叙,请归正文。

人类生活,固然离不了理智;但不能说理智包括尽人类生活的全内容。此外还有极重要一部分——或者可以说是生活的原动力,就是"情感"。情感表出来的方向很多,内中最少有两件的的确确带有神秘性的,就是"爱"和"美"。"科学帝国"的版图和威权无论扩大到什么程度,这位"爱先生"和那位"美先生"依然永远保持他们那种"上不臣天子,下不友诸侯"的身分。请你科学家把"美"来分析研究罢,什么线,什么光,什么韵,什么调……任凭你说得如何文理密察,可有一点儿搔着痒处吗?至于"爱",那更"玄之又玄"了。假令有两位青年男女相约为"科学的恋爱",岂不令人喷饭?又何止两性之爱呢?父子、朋友……间至性,其中不可思议者何限?孝子割股疗亲,稍有常识的也该知道是无益。但他情急起来,完全计较不到这些。程婴、杵臼[⑦],代人抚孤,抚成了还要死。田横[⑧]岛上五百人,死得半个也不剩。这等举动,若用理智解剖起来,都是很不合理的,却不能不说是极优美的人生观之一种。推而上之,孔席不暖,墨突不黔[⑨],释迦割臂饲鹰,基督钉十字架替人赎罪,他们对于一切众生之爱,正与恋人之对于所欢同一性质。我们想用什么经验什么轨范去测算他的所以然之故,真是痴人说梦。又如随便一个人对于所信仰的宗教,对于所崇拜的人或主义,那种狂热情绪,旁观人看来，多半是不可解而且不可以理喻的。然而一部人类活历史，却十有九从这种神秘中创造出来。从这方面说，却用得着君劢所谓主观、所谓直觉、所谓综合而不可分析……等等话头。想用科学方法去支配他，无论不可能，即能，也把人生弄成死的，没有价值了。

我把我极粗浅极凡庸的意见总括起来，就是：

"人生关涉理智方面的事项，绝对要用科学方法来解决；关涉情感方面的事项，绝对的超科学。"

我以为君劢和在君所说，都能各明一义。可惜排斥别方面太过，都弄出语病来。我还信他们不过是"语病"，他们本来的见解，也许和我没有什么大分别哩。

以上批评"人生观与科学"的话，暂此为止。改天还想讨论别的问题。

【注释】

①张、丁：指张君劢、丁文江（字在君）。二人引发的人生观与科学的论争在当时影响很大。②两造：指诉讼的双方。③见猎心喜：比喻旧习难忘，触其所好，便跃跃欲试。④玄学：也叫形而上学，是魏晋时代兴起的以综合道家与儒家思想学说为主的哲学思潮。⑤崔颢题诗：传说李白游黄鹤楼，见到崔颢的题诗，便打消了题诗的念头，并说："眼前有景道不得，崔颢题诗在上头。"⑥偏宕：偏激过当。⑦程婴、杵臼：程婴、公孙杵臼。春秋时晋国义士，为救赵氏孤儿，先后献出生命。⑧田横：秦末群雄之一。汉高祖刘邦统一天下，田横不肯称臣于汉，率五百门客逃往海岛，刘邦派人招抚，田横被迫赴洛，在途中自杀。海岛五百部属闻田横死，亦全部自杀。⑨孔席不暖、墨突不黔：孔、墨指孔子和墨子。指他们东奔西走，每到一地席子坐不暖，烟囱熏不黑就又离开了。

保国会[①]演说词

【题解】

　　此文是作者于 1898 年 4 月 21 日未能到会演说而提交的一份发言稿，实为一篇书面文章。中日甲午战争之后签订的《马关条约》，中国割地赔款丧权辱国，被瓜分被宰割之势日趋严重。面对这种严酷现实，作者痛感国人不能醒悟，不知救治。一味地悲观无望，坐以待毙，上下推诿，互相埋怨，不能"自望自责"。更有甚者，"见他人之实心忧天下者"，则诋诽阻挠，而京城中之士大夫，终日无所事事，甚至醉生梦死，花天酒地，"人人如是，日日如是，国其能国乎？"然而，作者对国家未来仍充满信心，认为东方睡狮，"犹有将醒之时"。重要的是应"合群策以讨论之"、"合群智以讲求之"、"合群力以分任之"。"契而不舍，金石镂之"。这正是保国会之宗旨所在。

　　今日之会，惟诸君子过听，或以演说之事相督责。启超学识陋浅，言语朴讷，且久病初起，体气未复，无以应明命，又不敢阙焉以破会中之例，谨略述开会宗旨，以笔代舌，惟垂览焉。

呜呼！今日中国之士大夫，其心力，其议论，与三岁②以前则大异。启超甲午、乙未游京师，时东警初起，和议③继就，窃不自揣④，日攘臂奋舌⑤，与士大夫痛陈中国危亡、朝不及夕之故，则信者十一，疑者十九⑥。退而蠢然忧，瞑然思，谓安得吾国中人人知危知亡，其必有振而救之者。乃及今岁，胶、旅、大、威⑦相断割弃，受胁失权之事，一月二十见。启超复游京师，与士大夫接，则忧瓜分、惧为奴之言，洋溢乎吾耳也。及求其所振而救之之道，则曰天心而已，国运而已；谈及时局，则曰一无可言；语以办事，则曰缓不济急。千臆一念，千喙一声，举国戢戢⑧，坐待芟割。嗟乎！昔曾惠敏⑨作《中国先睡后醒论》，英人乌理西谓中国如佛兰金仙⑩之怪物，纵之卧则安寝无为，警之觉则奋牙张爪，盖皆于吾中国有余望也。今之忧瓜分惧危亡者遍天下，殆几于醒矣，而其论议若彼，其心力若此。故启超窃谓，吾中国之亡，不亡于贫，不亡于弱，不亡于外患，不亡于内讧，而实亡于此辈士大夫之议论之心力也。

今有病者于此，家人亲戚，咸谓其病不可治也，相与委而去之，始焉虽无甚病，不浃旬必死矣。今中国病外感耳，病噎嗝⑪耳，苟有良药，一举可疗，而举国上下，漫然以不可治之一语，养其病而待其死亡。昔焉不知其病，犹可言也；今焉知其病而相率待死亡，是致死之由不在病而在此辈之手，昭昭然也。且靡论病之必可治也，即治之罔效，及其死也，犹有衣衾棺椁之事焉，犹有托孤寄命之事焉，欲委而去之，盖有所不能矣。一人之身且有然，而况国之存亡，其所关系所牵率，有百倍于此者乎！故即瓜分之事已见，为奴之局已成，后此者犹当有事焉矣。执豕于牢⑫，尚狂踯而怒噑；今数万里之沃壤，固犹未割也；数万万之贵种，固犹未絷也，而已俯首帖耳，忍气吞身，死心塌地，束手待亡，斯真孟子所谓"是自求祸也"。

《论语》之记孔子也，曰"知其不可为而为之"。夫天下事可为不可为，亦岂有定哉！人人知其不可而不为，斯真不可为矣！人人知其不可而为之，斯可为矣！使吾四万万人者，咸知吾国处必亡之势，而必欲厝⑬之于不亡之域，各尽其聪明才力之所能及者，以行其分内所得行之事，人人如是，而国之亡犹不能救者，吾未之闻也。何谓分内所得行之事？今语人以变法，以办事，其在上者，必曰下无人才，无所可用也；其在下者，必曰上不变法，无一可言也。以故，疆臣⑭则归罪政府，政府亦归罪疆臣；州县则归罪督抚，督抚亦归罪州县；士民则归罪有司⑮，有司亦归罪士民。要而论之，相率以不发一论，不办一事而已。其太息痛恨涕哭唾骂之言，正以便其推诿卸责一齐放倒之计，而实非有一毫真心，以忧国忧天下者也。如真忧之，则必无以办事望人焉，以望诸己而已；必无以办事责人焉，以责诸己而已。各有不可诿之责分，各有可得为之权限。愿我士我大夫，皆移其责望人之心，以自望自责，则天下事之可为者，未有量也。

子曰："饱食终日，无所用心，难矣哉！"又曰："群居终日，言不及义，好行小慧，难矣哉！"又曰："说而不绎，从而不改，吾末如之何也已矣！"盖天下无论何种人，皆可教皆可用，惟此死心塌地，一齐放倒，知其不可而不为者，虽圣贤末由而化之。且此辈者，岂惟自行放倒而已，其见有他人之实心忧天下者，则相与目笑之，鼻訾⑯之，或摭拾言语举动之小小过节，微词以诋诽之，阻挠之，以佐其饱食群居、好行小慧之谈资以为快。嗟乎，痛哉！吾壹不知我中国人若此辈者何其多也！孔子一则曰"难"，再则曰"难"，再则曰"末如之何"。诚哉，其"末如之何"矣！

昔有英人某，游高丽归而著书，曰："高丽其亡矣！入其国，见其人，终日无所事，但携弈^⑰一楹，三五为群，以清谈于阴树之下，永日永夜，人人如是，日日如是，国其能国乎？"呜呼！启超观于我京师之士大夫，而窃有感于斯言也。籍于朝者以千计，自一二要津显宦，疲精力于苞苴^⑱钻竞，日不暇给外，自余则皆饱食以待升转，终日无所事，既不读书，又不办事，堂堂岁月，无法消遣，乃相率自沈于看花、饮酒、诗钟^⑲、射覆^⑳、弹棋、六博^㉑、征歌、选舞，以为度日之计。若今之公车^㉒，自闱后榜前^㉓二十日间，集辇毂下^㉔者八千人，其无可逍遣之情态，视朝士又有甚焉。而此人者，则皆能为忧瓜分惧为奴之言者也。徐而叩其说，则曰："今日事无可为，正我辈醇酒妇人^㉕之时也。"呜呼！"行有死人，尚或殣^㉖之；君子秉心，惟其忍之。"我士我大夫，岂必其有乐于此？无亦以保国之大事，非一手之为烈，救亡之条理，非举念之可得；或思救之而不得其下手之法，或独为之而苦无相助之人，日消月磨，而因自放云尔！夫同一法也，合群策以讨论之，斯易定矣；同一学也，合群智以讲求之，斯易成矣；同一事也，合群力以分任之，斯易治矣。然则，我士我大夫之所以自放于无用之地，以求为消遣岁月之谋，甘为游民，甘蹈高丽之覆辙而不悟者，殆皆以无学会之故。思之思之，鬼神通之。锲而不舍，金石镂之。群之习之，摩之厉之，荡之决之，策之鞭之。意者佛兰金仙，其犹有将醒之时；而曾惠敏、乌西里之言，不终不验耶！则启超馨香而祝之，跪膜^㉗而礼之。

【注释】

①保国会：亦称强国会。戊戌变法时政治团体。1898年4月12日成立于北京。各地设有分会，略具政党规模。其章程三十条，主要内容是

"以国地日割，国权日削，国民日困，思维持振救之，故开斯会以冀保全"；以"保国"、"保种"、"保教"为宗旨，即"保国家之政权、土地"，"保人民种类之自立"，"保圣教之不失"。讲求变法、外交、经济，以协助政府治理国家。②三岁：犹三年。③和议：指 1895 年 4 月 17 日中国清政府与日本明治政府签订的《马关条约》，标志着甲午中日战争的结束。条约规定，增设沙市、重庆、苏州、杭州为通商口岸，中国割让台湾岛及其附属各岛屿、澎湖列岛与辽东半岛给日本，赔偿日本二亿两白银，允许外国人在华投资开矿办厂等。使日本获得巨大利益，刺激其侵略野心；使中国民族危机空前严重，半殖民地化程度大大加深。④窃不自揣：谦词。意谓虽然能力上可能不及，但是愿意承担其事。⑤攘臂奋舌：形容激奋貌。⑥十一、十九：十分之一、十分之九。⑦胶、旅、大、威：胶州湾、旅顺、大连、威海。⑧戢戢：密集貌。⑨曾惠敏：曾纪泽，字劼刚。清末外交官。曾国藩长子。谥惠敏。⑩佛兰金仙：收藏在伦敦博物馆里的机器人，状若狮子。译为"睡狮"。⑪噎嗝：指饮食不下或入即吐的病症。多见于食道癌等。⑫执豕于人牢：将猪牵扯入圈中。⑬厝：放置。⑭疆臣：负镇守一方重责的高级地方官吏。⑮有司：古代设官分职，各有专司，犹主管。⑯訾：毁谤，非议。⑰荈：泛指茶。⑱苞苴：指馈赠的礼物。⑲诗钟：一种限时吟诗的文字游戏。⑳射覆：就是在瓯、盂等器具下覆盖某一物件，让人猜测。㉑六博：古代一种掷采行棋的博戏类游戏。㉒公车：指赴京应试的举人。㉓闱后榜前：科举考试后、放榜之前。㉔辇毂下：比喻帝王管辖下的京城。㉕醇酒妇人：酒色。比喻颓废腐化生活。㉖殣：掩埋。㉗跪膜：下跪膜拜。

"知不可而为"主义与"为而不有"主义

【题解】

　　此文是作者于 1921 年 12 月 11 日在北京高等师范学校的演讲。阐述了他的人生观与价值观，即做人有责任心，做事有趣味感。所奉行的是孔子的"知不可而为"主义与老子的"为而不有"主义，并将二者调和起来，使之并行不悖。"知不可而为"，便会不受成败的困扰，不以成败论英雄，因此不必瞻前顾后、畏首畏尾，只有敢于担当的责任感与使命感的驱动。"为而不有"，便会摆脱名利的羁绊，只管耕耘，莫问收获。将劳动艺术化、生活艺术化。在物欲横流中，超然物外，求得心灵的宁静与解脱。追求的不是物质的占有，而是精神的愉悦、美感的享受，思想的升华与飞跃。青年、正是人生观与价值观形成的时期，聆听作者的演讲，会从中受到启迪。

　　今天的讲题是两句很旧的话：一句是"知其不可而为之"，一句是"为而不有"。现在按照八股的作法，把他分作两股讲。

　　诸君读我的近二十年来的文章，便知道我自己的人生观是拿两样事情做基础：一，"责任心"，二，"兴味"。人生观是个人的，各人有各人的人生观。各人的人生观不必都是对的，不必于人人都合宜。但我想，一个人自己修养自己，总须拈出个见解，靠他来安身立命。我半生来拿"责任心"和"兴味"这两样事情做我生活资粮，我觉得于我很是合宜。

我是感情最富的人，我对于我的感情都不肯压抑，听其尽量发展。发展的结果常常得意外的调和。"责任心"和"兴味"都是偏于感情方面的多，偏于理智方面的很少。

"责任心"强迫把大担子放在肩上是很苦的，"兴味"是很有趣的。二者在表面上恰恰相反，但我常把他调和起来。所以我的生活虽说一方面是很忙乱的，很复杂的；他方面仍是很恬静的，很愉快的。我觉得世上有趣的事多极了；烦闷，痛苦，懊恼，我全没有；人生是可赞美的，可讴歌的，有趣的。我的见解便是一孔子说的"知其不可而为之"和二老子的"为而不有"。

"知不可而为"主义、"为而不有"主义和近世欧美通行的功利主义根本反对。功利主义对于每做一件事之先必要问"为什么"？胡适《哲学史大纲》上讲墨子的哲学就是要问为什么。"为而不有"主义便爽快的答道："不为什么。"功利主义对于每做一件事之后必要问"有什么效果"？"知不可而为"主义便答道："不管他有没有效果。"

今天讲的并不是诋毁功利主义。其实凡是一种主义皆有他的特点，不能以此非彼。从一方面看来，"知不可而为"主义，容易奖励无意识之冲动；"为而不有"主义，容易把精力消费于不经济的地方。这两种主义或者是中国物质文明进步之障碍也未可知，但在人类精神生活上却有绝大的价值，我们应该发明他享用他。

　　"知不可而为"主义是我们做一件事明白知道他不能得着预料的效果，甚至于一无效果，但认为应该做的便热心做去。换一句话说，就是做事时候把成功与失败的念头都撇开一边，一味埋头埋脑的去做。

　　这个主义如何能成立呢？依我想，成功与失败本来不过是相对的名词。一般人所说的成功不见得便是成功，一般人所说的失败不见得便是失败。天下事有许多从此一方面看说是成功，从别一方面看也可说是失败；从目前看可说是成功，从将来看也可说是失败。比方乡下人没见过电话，你让他去打电话，他一定以为对墙讲话，是没效果的；其实他方面已经得到电话，生出效果了。再如乡下人看见电报局的人在那里乒乒乓乓的打电报，一定以为很奇怪，没效果的；其实我们从他的手里已经把华盛顿会议的消息得到了。照这样看来，成败既无定形，这"可"与"不可"不同的根本先自不能存在了。孔子说，"我则异于是，无可无不可。"他这句话似乎是很滑头，其实他是看出天下事无绝对的"可"与"不可"，即无绝对的成功与失败。别人心目中有"不可"这两个字，孔子却完全没有。"知不可而为"本来是晨门①批评孔子的话，映在晨门眼帘上的孔子是"知不可而为"，实际上的孔子是"无可无不可而为"罢了。这是我的第一层的解释。

　　进一步讲，可以说宇宙间的事绝对没有成功，只有失败。成功这个名词，是表示圆满的观念；失败这个名词，是表示缺陷的观念。圆满就是宇宙进化的终点，到了进化终点，进化便休止，进化休止不消说是连生活都休止了。所以平常所说的成功与失败不过是指人类活动休息的一小段落。比方我今天讲演完了，就算是我的成功；你们听完了，就算是你们的成功。

到底宇宙有圆满之期没有，到底进化有终止的一天没有，这仍是人类生活的大悬案，这场官司从来没有解决，因为没有这类的裁判官。据孔子的眼光看来，这是六合以外的事，应该"存而不论"。此种问题和"上帝之有无"是一样不容易解决的。我们不是超人，所以不能解决超人的问题。人不能自举其身，我们又何能拿人生以外的问题来解决人生的问题？人生是宇宙的小段片，孔子不讲超人的人生，只从小段片里讲人生。

人类在这条无穷无尽的进化长途中，正在发脚蹒跚而行；自有历史以来，不过在这条路上走了一点，比到宇宙圆满时候，还不知差几万万年哩！现在我们走的只是像体操教员刚叫了一声"开步走！"就想要得到多少万万年后的成功，岂非梦想？所以谈成功的人不是骗别人，简直是骗自己！

就事业上讲，说什么周公②致太平，说什么秦始皇统一天下，说什么释迦牟尼普渡众生。现在我们看看周公所致的太平到底在那里？大家说是周公的成功，其实是他的失败。"六王毕，四海一"，这是说秦始皇统一天下了，但仔细看看，他所统一的到底在那里？并不是说他传二世而亡，他的一分家当完了，就算失败，只看从他以后，便有楚汉之争，三国分裂，五胡乱华，唐之藩镇，宋之辽金，就现在说，又有督军③之割据，他的统一之功算成了吗？至于释迦牟尼，不但说没普渡了众生，就是当时的印度人，也未全被他普渡。所以世人所说的一般大成功家，实在都是一般大失败家。再就学问上讲，牛顿发明引力，人人都说是科学上的大成功，但自爱斯坦④之相对论出，而牛顿转为失败，其实牛顿本没成功，不过我们没有见到就是了。近两年来欧美学界颂扬爱斯坦成功之快之大无比矣！我们没学问，不配批评，只配跟着讴歌，跟着崇拜！但照牛顿的例看来，他也算是失败。所以无论就学问上讲就事实上讲，总一句话说：只有失败的没有成功的。

　　人在无边的"宇"（空间）中，只是微尘，不断的"宙"（时间）中，只是段片。一个人无论能力多大，总有做不完的事。做不完的便留交后人，这好像一人忙极了，有许多事做不完，只好说"托别人做吧"！一人想包做一切事，是不可能的，不过从全体中抽出几万万分之一点做做而已。但这如何能算是成功？若就时间论，一人所做的一段片，正如"抽刀断水水更流"，也不得叫做成功。

　　孔子说"死而后已"，这个人死了那个人来继续。所以说继继绳绳⑤，始能成大的路程。天下事无不可，天下事无成功。

　　然而人生这件事却奇怪的很：在无量数年中，无量数人所做的无量数事，个个都是不可，个个都是失败，照数学上零加零仍等于零的规律讲，合起来应该是个大失败，但许多的"不可"加起来却是一个"可"，许多的"失败"加起来却是一个大"成功"。这样看来也可说是上帝生人就是教人作失败事的。你想不失败吗？那除非不做事。但我们的生活便是事，起居饮食也是事，言谈思虑也是事，我们能到不做事的地步吗？要想不做事，除非不做人。佛劝人不做事，便是劝人不做人。如果不能不做人，非做事不可。这样看来普天下事都是"不可而为"的事，普天下人都是"不可而为"的人。不过孔子是"知不可而为"，一般人是"不知不可而为"罢了。

　　"不知不可而为"的人，遇事总要计算计算某事可成功，某事必失败；可成功的便去做，必失败的便躲避。自以为算盘打对了，其实全是自己骗自己，计算的总结与事实绝对不能相应。成败必至事后始能下判断的。若事前横计算竖计算，反减少人作事的勇气。在他挑选趋避的时候，十件事至少有八件事因为怕失败，不去做了。

算盘打得精密的人，看着要失败的事都不敢做，而为势所迫，又不能不勉强去做，故常说"要失败啦！我本来不愿意做，不得已啦！"他有无限的忧疑，无限的惊恐，终日生活在摇荡苦恼里。

算盘打得不精密的人，认为某件事要成功，所以在短时间内欢喜鼓舞的做去，到了半路上忽然发现他的成功希望是空的，或者做到结尾，不能成功的真相已经完全暴露，于是千万种烦恼悲哀都凑上来了。精密的人不敢做，不想做，而又不能不做，结果固然不好；但不精密的人，起初喜欢去做，继后失败了灰心丧气的不做，比前一类人更糟些。

人生在世界是混混沌沌的，从这种境界里过数十年，那末，生活便只有可悲更无可乐。我们对于人生真可以诅咒，为什么人来世上作消耗面包的机器呢？若是怕没人吃面包，何不留以待虫类呢？这样的人生可真没一点价值了。

"知不可而为"的人怎样呢？头一层，他预料的便是失败；他的预算册子上件件都先把"失败"两个字摆在当头，用不着什么计算不计算，拣择不拣择。所以孔子一生一世只是："毋意！毋必！毋固！毋我！""意"是事前猜度，"必"是先定其成败，"固"是先有成见，"我"是为我。孔子的意思就是人不该猜度，不该先定事之成败，不该先有成见，不该为着自己。

第二层，我们既做了人，做了人既然不能不生活，所以不管生活是段片也罢，是微尘也罢，只要在这微尘生活段片生活里，认为应该做的，便大踏步的去做，不必打算，不必犹豫。

孔子说："无适也，无莫也，义之与比。"又说："鸟兽不可与同群，吾非斯人之徒欤而谁欤？天下有道丘不与易也。"这是绝对自由的生活。假设一个人常常打算何事应做，何事不应做，他本来想到街上散步，但一念及汽车撞死人，便不敢散步，他看见飞机很好，也想坐一坐，但一念及飞机摔死人，便不敢坐，这类人是自己禁住自己的自由了。要是外人剥夺自己的自由，自己还可以恢复，要是自己禁住自己的自由，可就不容易恢复了。"知不可而为"主义是使人将做事的自由大大的解放，不要作无为之打算，自己捆绑自己。

孔子说："智者不惑，仁者不忧，勇者不惧。"不惑就是明白，不忧就是快活，不惧就是壮健。反过来说，惑也，忧也，惧也，都是很苦的，人若生活于此中，简直是过监狱的生活。

遇事先计画成功与失败，岂不是一世在疑惑之中？遇事先怕失败，一面做，一面愁，岂不是一世在忧愁之中？遇事先问失败了怎么样，岂不是一世在恐惧之中？

"知不可而为"的人，只知有失败，或者可以说他们用的字典里，从没有成功二字。那末，还有什么可惑可忧可惧呢？所以他们常把精神放在安乐的地方。所以一部《论语》，开宗明义便说，"不亦乐乎！""不亦悦乎！"用白话讲，便是"好呀！""好呀！"

孔子说："发愤忘食，乐以忘忧，不知老之将至。"可见他作事是自己喜欢的，并非有何种东西鞭策才作的，所以他不觉胡子已白了，还只管在那里做。他将人生观立在"知不可而为"上，所以事事都变成不亦乐乎，不亦悦乎，这种最高尚最圆满的人生，可以说是从"知不可而为"主义发生出来。我们如果能领会这种见解，即令不可至于乐乎悦乎的境地，至少也可以减去许多"惑""忧""惧"，将我们的精神放在安安稳稳的地位上。这样才算有味的生活，这样才值得生活。

第一股做完了，现在做第二股，仍照八股的做法，说几句过渡的话。"为而不有"主义与"知不可而为"主义，可以说是一个主义的两面。"知不可而为"主义可以说是"破妄返真"，"为而不有"主义可以说是"认真去妄"。"知不可而为"主义可使世界从烦闷至清凉，"为而不有"主义可使世界从极平淡上显出灿烂。

"为而不有"这句话，罗素©解释的很好。他说人有两种冲动，一，占有冲动，二，创造冲动。这句话便是提倡人类的创造冲动的。他这些学说诸君谅已熟闻，不必我多讲了。

"为而不有"的意思是不以所有观念作标准，不因为所有观念始劳动。简单一句话，便是为劳动而劳动。这话与佛教说的"无我我所"相通。

常人每做一事，必要报酬，常把劳动当作利益的交换品，这种交换品只准自己独有，不许他人同有，这就叫做"为而有"。如求得金钱，名誉，因为"有"，才去"为"。有为一身有者，有为一家有者，有为一国有者。在老子眼中看来，无论为一身有，为一家有，为一国有，都算是为而有，都不是劳动的真目的。人生劳动应该不求报酬，你如果问他"为什么而劳动"？他便答道："不为什么。"再问"不为什么为什么劳动?"他便老老实实说："为劳动而劳动，为生活而生活。"

老子说"上人为之而无以为"。韩非子给他解释的很好："生于其心之所不能已，非求其为报也。"简单说来，便是无所为而为。既无所为所以只好说为劳动而劳动，为生活而生活，也可说是劳动的艺术化，生活的艺术化。

老子还说"既以为人己愈有，既以与人己愈多。"这是说我要帮助人，自己却更有，不致损减。我要给人，自己却更多，不致损减。这话也可作"为而不有"的解释。按实说老子本来没存"有""无""多""少"的观念，不过假定差别相以示常人罢了。

在人类生活中最有势的便是占有性。据一般人的眼光看来，凡是为人的好像己便无。例如楚汉争天下，楚若为汉，楚便无，汉若为楚，汉便无，韩信张良帮汉高①的忙谋皇帝，他们便无。凡是与人的好像己便少。例如我们到磁器铺子里买瓶子，一个瓶子，他要四元钱，我们只给他三元半，他如果卖了，岂不是少得五角？岂不是既以与人己便少吗？这似乎是和己愈有己愈多的话相反。然自他一方面看来，譬如我今天讲给诸君听，总算与大家了，但我仍旧是有，并没减少。再如教员天天在堂上给大家讲，不特不能减其所有，反可得教学相长的益处。至若弹琴，唱歌给人听，也并没损失，且可使弹的唱的更加熟练。文学家，诗人，画家，雕刻家，慈善家，莫不如此。即就打算盘论，帮助人的虽无实利，也可得精神上的愉快。

老子又说："含德之厚，比于赤子，赤子终日号而不嗄，和之至也。"他的意思就是说成人应该和小孩子一样，小孩子天天在那里哭，小孩子并不知为什么而哭，无端的大哭一场，好像有许多痛心的事，事实并不为什么。成人亦然。问他为什么吃？答为饿。问他为什么饿？答为生理上必然的需要。再问他为什么生理上需要？他便答不出了。所以"为什么"是不能问的，如果事事问"为什么"，什么事都不能做了。

老子说"无为而无不为"，我们却只记得他的上半截的"无为"，把下半截的"无不为"忘掉了。这的确是大错。他的主义是不为什么，而什么都做了。并不是说什么都不做。要是说什么都不做，那他又何必讲五千言的《道德经》呢？

"知不可而为"主义与"为而不有"主义都是要把人类无聊的计较一扫而空，喜欢做便做，不必瞻前顾后。所以归并起来，可以说这两种主义就是"无所为而为"主义，也可以说是生活的艺术化，把人类计较利害的观念，变为艺术的情感的。

这两种主义的概念，演讲完了。我很希望他发扬光大推之于全世界。但要实行这种主义，须在社会组织改革以后。试看在俄国劳农政府之下，"知不可而为"和"为而不有"的人比从前多得多了。

社会之组织未变，社会是所有的社会，要想打破所有的观念，大非易事，因为人生在所有的社会上，受种种的牵掣，倘有人打破所有的观念，他立刻便缺乏生活的供给。比方作教员的，如果不要报酬，便立刻没有买书的费用。然假使有公共图书馆，教员又何必自己买书呢？中国人常喜欢自己建造花园，然而又没有钱，其势不得不用种种不正当的方法去找钱，这还不是由于中国缺少公共花园的缘故吗？假使中国仿照欧美建设许多极好看极精致的公共花园，他们自然不去另造了。所以必须到社会组织改革之后，对于公众有种种供给时，才能实行这种主义。

虽是这样说法，我们一方面希望求得适宜于这种主义的社会，一方面在所处的混浊的社会中，还得把这种主义拿来寄托我们的精神生活，使他站在安慰清凉的地方。我看这种主义恰似青年修养的一副清凉散。我不是拿空话来安慰诸君，也不是勉强去左右诸君，他的作用着实是如此的。

最后我还要对青年进几句忠告。老子说"宠辱不惊"。这句话最关重要。现在的一般青年或为宠而惊，或为辱而惊。然为辱而惊的大家容易知道，为宠而惊的大家却不易知道。或者为宠而惊的比较为辱而惊的人的人格更为低下也说不定。五四以来，社会上对于青年可算是宠极了，然根底浅薄的人，其所受宠的害，恐怕比受辱的害更大吧。有些青年自觉会做几篇文章，便以为满足，其实与欧美比一比，那算得什么学问？徒增了许多虚荣心罢了。他们在报上出风头，不过是为眼前利害所鼓动，为虚荣心所鼓动，别人说成功，他们便自以为成功，岂知天下没成功的事？这些都是被成败利钝的观念所误了。

古人的这两句话，我希望现在的青年在脑子里多转几转，把他当作失败中的鼓舞，烦闷中的清凉，困倦中的兴奋。

【注释】

①晨门：《论语》："子路宿于石门。晨门曰：'奚自？'子路曰：'自孔氏。'曰：'是知其不可而为之者与？'"晨门，掌管城门开闭的人。②周公：姬旦，西周初政治家，文王第四子。因采邑在周，故称周公。③督军：指北洋军阀统治时期在各省设置的武官，总揽全省军政大权。④爱斯坦：阿尔伯特·爱因斯坦。德裔美国物理学家。相对论的奠基者，二十世纪最重要的物理学家。⑤继继绳绳：指前后相承，延续不断。⑥罗素：二十世纪英国哲学家、数学家、逻辑学家、历史学家，也是上世纪西方最著名、影响最大的学者和和平主义社会活动家。⑦汉高：汉高祖刘邦。

我对于女子高等教育希望特别注重的几种学科

【题解】

此文是作者于 1922 年 4 月 1 日在北京女子高等师范学校的演讲。作者是一位杰出的启蒙思想家、政治家，也是一位杰出的教育家，是一位首创女学，宣扬妇女解放的先驱者。对妇女的求学、择业、戒除缠足、争得与男子同等的参政权等诸多方面，予以高度、热切关注。作者考虑到社会的需要及女子"整理力"强，精细而诚恳的特点，有针对性地设置学科，如史学、会计学、图书馆学、新闻学。为高等教育毕业后的择业，奠定坚实的基础。"女子是要以一个人的资格，经营他自主的生活，各人都要预备一套看家本领来做职业的基础。"可见这是关乎妇女争解放、励志立业的大事。

中国女子，不能和男子有受同等教育的机会，是我们最痛心的一件事。但据目前趋势而论，这种缺憾，或者渐渐可以弥补了，当这过渡时代，为女学前途开拓的方便起见，应该注意到女子高等教育的学科问题。

我是不承认男女天赋本能有等差的，那么男子所能学的学科，女子自然都也能学，何必提出几门来特别注重呢，不错，原则是如此。所以高等学校以上男女同学①，我是根本赞成，凡男子所学的各种学科，女子都有机会自由选择着学，我也认为必要。但我觉得有一个问题应该十分注意，什么问题呢？是教育和职业的关系。教育是教人生活的，生活是要靠职业的，受完了某种程度的教育，立刻可以得着程度相当的职业。而且得着之后，能够胜任愉快，这种教育才算有效用，从前把女子当作男子附属品，当然不发生职业问题，往后却不同了。女子是要以一个人的资格，经营他自主的生活，各人都要预备一套看家本领来做职业的基础，往后女子和男子，在职业上为不断的激烈竞争，怕是万万无可逃避的。所以提倡女子教育，总要找出几种学问，可以作为女子高等职业之基本者，格外施以训练，令将来男女竞争时，女子有优胜的把握。

男女的聪明才力，不能认他有差等，却不能不认他各有特长。据多数学者所说，女子的创造力，不如男子；男子的整理力，不如女子。这个原则，我是承认的，诸君别要误会，以为说女子创造力比较差，便是看轻了女子，须知社会是要不断的创造不断的整理，这两种事业，正如车的两轮，鸟的双翼，缺一不可，断不能说整理的功劳比创造的功劳有优劣之分。教育的目的，总要使受教育的人各尽其性，发挥各人最优长的本能，替社会做最有效率的事业，就一个人而论，无论为男为女，都各有各的特长，那是不消说得，就男女两性而论，男性有男性的特长，女性有女性的特长，教育家也不能轻轻看过。

女子将来基本的高等职业，应该利用他们整理力的特长去找出来，据我所见，有四种职业现在人才甚缺乏，前途开拓的余地甚多，而确与女子特长相适应者，试举如下。

第一，史学。据许多大学的统计，男女同班上课的史学班，总是女子成绩比男子优些，问他理由，大概因为史学含有整理旧案的性质太多，很麻烦的，男子不大有耐心去做，以中国国内这几年的学风而论，各种学问，都渐渐有专门家出来了，但史学方面，仍旧很缺乏，外国留学生学历史的，也听不出有几个，这也是男子不大喜欢史学的一种证据。史学为很重要的一门学科，是人人共知的，内中尤以中小学教育的需要为尤甚，又以本国历史的需要为尤甚，倘若中小学里头没有好好的国史教育，国民性简直不能养成，现在我们教育界情形，说起来可怜，最感缺乏的就是国史教习。我想这种责任，是要希望女子来担负了。将来学校一日一日推广，史学教习的需要自然一日一日加增，女子高等教育若能注重这一门，将来这种职业，可以立于无竞争的地位。就令有竞争，男子怕也争不过女子。中国历史和其他一切文献，好像原料极丰富的矿山，从前都是土法开采，今日若能用科学方法重新整理，便像机器采掘一样，定能辟出种种新境界，而且对于全人类文化，有很大的贡献。诸君别要笑我三句话离不了本行，我自己素来嗜好史学，固然有些话像特别替他鼓吹，但以实际论，这门学问，的确是需要甚切而专门人才最缺乏，我想将来这一片学界新殖民地，是要靠女子当哥仑布②哩。

第二，会计学。现代世界经济大势所趋，非用新式经营，一定站不住，这是稍有常识的人所能判断。即以行政方面论，除非中国政治长此终古③，倘使将来有革新之一日，一定要走法治那一条路，那么这两方面事务人才，非经过一番新教育的训练不可，现在中国这种人才，也太缺乏了。近年来欧洲各公司各银行乃至各官厅的职员，大半采用女子，而且女子的成绩，平均在男子以上，内中会计一业，尤见特长，将来中国有从事新建设的一日，我觉得为分劳互助起见，应该把这部分职业，全部分或大部分让给女子，这种希望将来能否实现，就要看目前女子教育方面的预备如何。

第三，图书馆管理学。近年来到处提倡自动的教育，算是我们教育前途最可庆幸的一种现象，自动研究，离得了图书馆吗？所以将来中国教育若长此终古，那便无话可说，如其不然，图书馆便要日日加增，或各学校中的设备，或都市公开用，那么，管理问题，立刻就要发生了。管理图书馆，是一种特别技能，非经过专门研究不可。现在欧美的大学，多有这门专科，中国提倡这门学问，自然是目前切要之图。我极盼望女子教育方面，率先养成这种人才，因为女子的精细和诚恳，都是管理图书馆最好的素地。女子在馆管理，能令馆中秩序格外整肃，能令阅览者得精神上无形之涵养，所以我盼望这种职业，全部分大部分由女子担任，喜欢研究学问的人，自己选择职业，我想比这个再好没有了。古人说："拥书百城南面王④"，在一个大图书馆里头，一面替社会服务，一面能读生平未见的书，日日和中外古今的大著作家做朋友，人生的乐事，还有比他再大的吗？我盼望多数女子，从这方面图自己的立身，并盼望主持女子教育的人，从这方面极力预备，女子对于这门学科，只要有相当的素养，这门职业，我信得过男子一定竞争不过女子。

第四，新闻学。报馆事业，在现时的中国，可谓极幼稚。但将来的发达，是不可限量的，然而组织和编辑两方面，都要经一番革命。专就编辑方面论，男子特长固然甚多，女子却也很不少。头一件，女子观察社会事物，有些地方比男子精细。第二件，女子无论对于何等事项，比较的不含党派的色彩，持论易得公平。第三件，女子充当访员，社会对于他们，总该有相当的敬礼，在交际上先自占了便宜，用访问方法去搜集资料，所得能够格外丰富，所以女界里头，若能养成多数新闻编辑家，将来和男子竞争这门职业，一定立于优胜的地位，而且于社会极有益。

我所举这四门学科，性质好像不伦不类，但我的立论，是根据女子整理力特强这个前提演绎出来，我以为凡属于发挥整理力的学科，都可以为女子专业，这四件不过举例罢了。至于各人个性不同，有许多发挥创造力的学科，女子也能成就，这是不消说的。这些都可以在男女同学的大学里头，听女子自由选择，但现在既然有专门替女子预备高等教育的机关，就不能不从普通男女两性的特长上注意，认定几门可以为女子基本职业的学科。所以我提出这意见，供海内⑤教育家参考。

【注释】

①同学：指在同一时段同一学校学习。②哥仑布：哥伦布，意大利航海家，地理大发现的先驱者。于 1492 年发现美洲新大陆。③长此终古：指长久不变，永远如此。④南面王：帝位面朝南，故代称帝位。⑤海内：指全国。

趣味教育与教育趣味

【题解】

此文是作者于 1922 年 4 月 10 日在直隶教育联合研究会讲演。作者曾在多次讲演、多篇文章中谈及"趣味"问题。教育趣味、学问趣味、从业趣味、生活趣味，不一而足。正如此文开篇处作者所做的申明：自己是个"趣味主义"者，趣味做人生的根柢。此文从"趣味教育"与"教育趣味"两个角度来阐述"趣味"这一命题。前者对学生而言，后者对教师而言。学生正处在青少年时期，"趣味是最浓的"，然而，趣味有高下之分，要引导学生规避"下等趣味"，使之有高尚的趣味。教育应讲究方法，不能用"注射式教育"，让学生做毫无趣味的死记硬背，而要从积极方面唤起学生的趣味，课目不宜太多，不能将教育只当作求职的手段。趣味既是动力，也是目的。作为教师，应感到以教育做职业，"得天下英才而教育之"比"王天下"者还要快乐。在"教学相长"中，享有"两重趣味"。凡此种种，对于现实中的应试教育、学生负担过重以及"填鸭式教学"等，都应从中受到启迪。

一

假如有人问我："你信仰的什么主义？"我便答道："我信仰的是趣味主义。"有人问我："你的人生观拿什么做根柢？"我便答道："拿趣味做根柢。"我生平对于自己所做的事，总是做得津津有味，而且兴会淋漓；什么悲观咧厌世咧这种字面，我所用的字典里头，可以说完全没有。我所做的事，常常失败——严格的可以说没有一件不失败——然而我总是一面失败一面做；因为我不但在成功里头感觉趣味，就在失败里头也感觉趣味。我每天除了睡觉外，没有一分钟一秒钟不是积极的活动；然而我绝不觉得疲倦，而且很少生病；因为我每天的活动有趣得很，精神上的快乐，补得过物质上的消耗而有余。

趣味的反面，是干瘪，是萧索。晋朝有位殷仲文①，晚年常郁郁不乐，指着院子里头的大槐树叹气，说道："此树婆娑，生意尽矣。"一棵新栽的树，欣欣向荣，何等可爱！到老了之后，表面上虽然很婆娑，骨子里生意已尽，算是这一期的生活完结了。殷仲文这两句话，是用很好的文学技能，表出那种颓唐落寞的情绪。我以为这种情绪，是再坏没有的了；无论一个人或一个社会，倘若被这种情绪侵入弥漫，这个人或这个社会算是完了，再不会有长进。何止没长进？什么坏事，都要从此产育出来。总而言之，趣味是活动的源泉，趣味干竭，活动便跟着停止。好像机器房里没有燃料，发不出蒸汽来，任凭你多大的机器，总要停摆。停摆过后，机器还要生锈，产生许多毒害的物质哩！人类若到把趣味丧失掉的时候，老实说，便是生活得不耐烦，那人虽然勉强留在世间，也不过行尸走肉。倘若全个社会如此，那社会便是痨病的社会，早已被医生宣告死刑。

二

"趣味教育"这个名词，并不是我所创造，近代欧美教育界早已通行了。但他们还是拿趣味当手段，我想进一步，拿趣味当目的。请简单说一说我的意见：

第一：趣味是生活的原动力，趣味丧掉，生活便成了无意义，这是不错。但趣味的性质，不见得都是好的；譬如好嫖好赌，何尝不是趣味？但从教育的眼光看来，这种趣味的性质，当然是不好。所谓好不好，并不必拿严酷的道德论做标准；既已主张趣味，便要求趣味的贯彻，倘若以有趣始以没趣终，那么趣味主义的精神，算完全崩落了。《世说新语》记一段故事："祖约②性好钱，阮孚③性好屐，世未判其得失；有诣约，见正料量财物，客至屏当不尽，余两小簏，以著背后，倾身障之，意未能平；诣孚，正见自蜡屐④；因叹曰：'未知一生当着几緉⑤屐。'意甚闲畅：于是优劣始分。"这段话，很可以作为选择趣味的标准。凡一种趣味事项，倘或是要瞒人的，或是拿别人的苦痛换自己的快乐，或是快乐和烦恼相间相续的，这等统名为下等趣味。严格说起来，他就根本不能做趣味的主体；因为认这类事当趣味的人，常常遇着败兴，而且结果必至于俗语说的"没兴一齐来"而后已，所以我们讲趣味主义的人，绝不承认此等为趣味。人生在幼年青年期，趣味是最浓的，成天价乱碰乱迸；若不引他到高等趣味的路上，他们便非流入下等趣味不可。没有受过教育的人，固然容易如此；教育教得不如法，学生在学校里头找不出趣味，然而他们的趣味是压不住的，自然会从校课以外乃至校课反对的方向去找他的下等趣味；结果，他们的趣味是不能贯彻的，整个变成没趣的人生完事。我们主张趣味教育的人，是要趁儿童或青年趣味正浓而方向未决定的时候，给他们一种可以终身受用的趣味。这种教育办得圆满，能够令全社会整个永久是有趣的。

第二：既然如此，那么教育的方法，自然也跟着解决了。教育家无论多大能力，总不能把某种学问教通了学生，只能令受教的学生当着某种学问的趣味，或者学生对于某种学问原有趣味，教育家把他加深加厚。所以教育事业，从积极方面说，全在唤起趣味；从消极极方面说，要十分注意不可以摧残趣味。摧残趣味有几条路：头一件是注射式的教育。教师把课本里头的东西叫学生强记；好像嚼饭给小孩子吃，那饭已经是一点儿滋味没有了；还要叫他照样的嚼几口，仍旧吐出来看；那么，假令我是个小孩子，当然会认吃饭是一件苦不可言的事了。这种教育法，从前教八股完全是如此，现在学校里形式虽变，精神却还是大同小异，这样教下去，只怕永远教不出人才来。第二件是课目太多。为培养常识起见，学堂课目固然不能太少；为恢复疲劳起见，每日的课目固然不能不参错掉换。但这种理论，只能为程度的适用；若用得过分，毛病便会发生。趣味的性质，是越引越深。想引得深，总要时间和精力比较的集中才可。若在一个时期内，同时做十来种的功课，走马看花，应接不暇，初时或者惹起多方面的趣味，结果任何方面的趣味都不能养成。那么，教育效率，可以等于零；为什么呢？因为受教育受了好些时，件件都是在大门口一望便了，完全和自己的生活不发生关系，这教育不是白费吗？

第三件是拿教育的事项当手段。从前我们学八股，大家有句通行话说他是敲门砖，门敲开了自然把砖也抛却，再不会有人和那块砖头发生起恋爱来。我们若是拿学问当作敲门砖看待，断乎不能有深入而且持久的趣味。我们为什么学数学，因为数学有趣所以学数学；为什么学历史，因为历史有趣所以学历史；为什么学画画，学打球，因为画画有趣打球有趣所以学画画学打球。人生的状态，本来是如此，教育的最大效能，也只是如此。各人选择他趣味最浓的事项做职业，自然一切劳作，都是目的，不是手段，越劳作越发有趣。反过来，若是学法政用来作做官的手段，官做不成怎么样呢？学经济用来做发财的手段，财发不成怎么样呢？结果必至于把趣味完全送掉。所以教育家最要紧教学生知道是为学问而学问，为活动而活动；所有学问，所有活动，都是目的，不是手段，学生能领会得这个见解，他的趣味，自然终身不衰了。

三

以上所说，是我主张趣味教育的要旨。既然如此，那么在教育界立身的人，应该以教育为唯一的趣味，更不消说了。一个人若是在教育上不感觉有趣味，我劝他立刻改行，何必在此受苦？既已打算拿教育做职业，便要认真享乐，不辜负了这里头的妙味。

孟子说："君子有三乐，而王天下⑥不与存焉"，那第三种就是："得天下英才而教育之"；他的意思足说教育家比皇帝还要快乐。他这话绝不是替教育家吹空气，实际情形，确是如此。我常想：我们对于自然界的趣味，莫过于种花；自然界的美，像山水风月等等，虽然能移我情，但我和他没有特殊密切的关系，他的美妙处，我有时便领略不出；我自己手种的花，他的生命和我的生命简直并合为一；所以我对着他，有说不出来的无尚妙味。凡人工所做的事，那失败和成功的程度都不能预料；独有种花，你只要用一分心力，自然有一分效果还你，而且效果是日日不同，一日比一日进步。教育事业正和种花一样：教育者与被教育者的生命是并合为一的；教育者所用的心力，真是俗语说的"一分钱一分货"，丝毫不会枉费。所以我们要选择趣味最真而最长的职业，再没有别样比得上教育。

现在的中国，政治方面，经济方面，没有那件说起来不令人头痛；但回到我们教育的本行，便有一条光明大路摆在我们前面。从前国家托命，靠一个皇帝，皇帝不行，就望太子；所以许多政论家——像贾长沙⑦一流都最注重太子的教育。如今国家托命是在人民，现在的人民不行，就望将来的人民；现在学校里的儿童青年，个个都是"太子"，教育家便是"太子太傅"。据我看：我们这一代的太子，真是"富于春秋典学光明"，这些当太傅的，只要"鞠躬尽瘁"，好生把他培养出来，不愁不眼见中兴大业。所以别方面的趣味，或者难得保持，因为到处挂着"此路不通"的牌子，容易把人的兴头打断；教育家却全然不受这种限制。教育家还有一种特别便宜的事，因为"教学相长"的关系，教人和自己研究学问是分离不开的：自己对于自己所好的学问，能有机会终身研究，是人生最快乐的事，这种快乐，也是绝对自由，一点不受恶社会的限制。做别的职业的人，虽然未尝不可以研究学问，但学问总成了副业了；从事教育职业的人，一面教育，一面学问，两件事完全打成一片。所以别的职业是一重趣味，教育家是两重趣味。

孔子屡屡说："学而不厌，诲人不倦"，他的门生赞美他说："正唯弟子不能及也"。一个人谁也不学，谁也不诲人，所难者确在不厌不倦。问他为什么能不厌不倦呢？只是领略得个中趣味，当然不能自已。你想：一面学，一面诲人，人也教得进步了，自己所好的学问也进步了，天下还有比他再快活的事吗？人生在世数十年，终不能一刻不活动，别的活动，都不免常常陷在烦恼里头，独有好学和好诲人，真是可以无人而不自得，若真能在这里得了趣味，还会厌吗？还会倦吗？孔子又说："知之者不如好之者，好之者不如乐之者。"诸君都是在教育界立身的人，我希望更从教育的可好可乐之点，切实体验，那么，不惟诸君本身得无限受用，我们全教育界也增加许多活气了。

【注释】

①殷仲文：东晋官员。少有才华，容貌俊美。后因谋反罪而被处死。②祖约：东晋将领，叛臣。与苏峻发动叛乱，投奔后赵，被诛杀。③阮孚：字遥集，阮咸次字。东晋大臣，历任显官。以继承父亲和叔祖的任性旷达见称。④蜡屐：以蜡涂木屐。⑤緉：一双。古时计量鞋的单位。⑥王天下：称王天下。⑦贾长沙：贾谊，西汉初著名的政论家、文学家。二十岁被文帝召为博士，不到一年升为太中大夫。二十三岁时，因遭群臣忌恨，贬为长沙王太傅。故称贾长沙。

美术与科学

【题解】

　　此文是作者于 1922 年 4 月 15 日在北京美术学校的讲演。原载于 1922 年 4 月 23 日《晨报副刊》。文章的开篇处，作者阐述了真与美的关系，得出"真才是美"的结论，这是美术与科学密不可分的根源所在。中国的绘画，有一条极为重要的理论传统，就是"师法自然"，而美术与科学的关键，正是来自于"观察自然"。作者强调，观察自然，一要肯观察，二要会观察。肯观察就是要"有十二分兴味，用全副精神"。会观察就是"要取纯客观的态度，不许有丝毫主观的僻见搀在里头"。观察要精密、深刻，才能捕捉到事物的特性，才能"成竹在胸"。作者希望有志于美术的青年学子，能造就出"科学化的美术"、"美术化的科学"这种理想的境界。

　　稍为读过西洋史的人，都知道现代西洋文化，是从文艺复兴时代演进而来，现代文化根柢在那里，不用我说，大家当然都知道是科学，然而文艺复兴主要的任务和最大的贡献，却是在美术。从表面看来，美术是情感的产物，科学是理性的产物，两件事很像不相容，为什么这位暖和和的阿特①先生，会养出一位冷冰冰的赛因士②儿子？其间因果关系，研究起来很有兴味。美术所以能产生科学，全从"真美合一"的观念发生出来，他们觉得真即是美，又觉得真才是美，所以求美先从求真入手。

文艺复兴的太祖高皇帝雷安那德达温奇③——就是画最有名的耶稣晚餐图那个人，谅来诸君都知道了，达温奇有几件故事，很有趣而且有价值。当时意大利某村乡新发见得希腊人雕刻的一尊温尼士女神裸体像，举国若狂的心醉其美，不久被基督教徒说是魔鬼，把他涂了脸凿了眼睛断了手脚丢在海里去了。达温奇和他几位同志，悄悄的到处发掘，又掘着第二尊。有一晚，他们关起大门，在那里赏玩他们的新发见品，被基督教徒侦探着，一大群人声势汹汹的破门而入，入进去看见达温奇干什么呢，他拿一根软条的尺子在那里量那石像的尺寸部位，一双眼对着那石像出神，简直像没有看见众人一般，把众人倒楞了。当时在场的人，有一位古典派美术家老辈梅尔拉，不以达温奇的举动为然，告诉他道："美不是从计算产生出来的呀。"达温奇要理不理的，许久才答道："不错，但我非知道我所要知的事情不肯干休。"有一回傍晚时候，天气十分惨淡，有一位年高望重的天主教神父，当众讲演说："世界末日快到了，基督立刻来审判我们了，赶紧忏悔啊，赶紧皈依啊。"说得肉飞神动，满场听众受了刺激，哭咧，叫咧，打噤咧，磕头咧，闹得一团糟。达温奇有位高足弟子也在场，也被群众情感的浪卷去，觉得自己跟着这位魔鬼先生学，真是罪人，也叫起"耶稣救命"来。猛回头看见他先生却也在那边，在那边干什么呢？左手拿块画板，右手拿管笔，一双眼钉在那位老而且丑的神父脸上，正在画他呢。

　　这两件故事，诸君听着好顽么？诸君啊，不要单作好顽看待，须知这便是美术和科学交通的一条秘密隧道。诸君以为达温奇光是一位美术家吗？不不，他还是一位大科学家，近代的生物学，是他筚路蓝缕的开辟出来，倘若生物学家有道统图，要推他当先圣周公④，达尔文⑤不过先师孔子罢了。他又会造飞机，又会造铁甲车船，现有他自己给米兰公爵⑥的书信为证。诸君啊，你想当美术家吗？你想知道惊天动地的美术品怎样出来吗？请看达温奇。

　　我说了半天，还没有说到美术、科学相沟通的本题，现在请亮开来说罢，密斯忒阿特密斯忒赛因士，他们哥儿俩，有一位共同的娘，娘什么名字？叫做密斯士奈渣，翻成中国话，叫做"自然夫人"，问美术的关键在那里？限我只准拿一句话回答，我便毫不踌躇的答道："观察自然"；问科学的关键在那里，限我只准拿一句话回答，我也毫不踌躇的答道："观察自然"。向来我们人类，虽然和"自然"耳鬓厮磨，但总是"鱼相忘于江湖"的样子，一直到文艺复兴以后，才算把这位积年老伙计认识了。认识过后，便一口咬住，不肯放松，硬要在他身上还出我们下半世的荣华快乐！哈哈！果然他老人家葫芦里法宝，被我们搜出来了，一件是美术，一件是科学。

　　认识自然，不是容易的事，第一件要你肯观察，第二件还要你会观察，粗心固然观察不出，不能说仔细便观察得出，笨伯固然观察不出，弄聪明有时越发观察不出。观察的条件，头一桩，是要对于所观察的对象有十二分兴味，用全副精神注在他上头，像庄子讲的承蜩丈人"虽天地之大万物之多，而惟吾蜩翼之知"。第二桩要取纯客观的态度，不许有丝毫主观的僻见搀在里头，若有一点，所观察的便会走了样子了。达温奇还有一幅名画叫做莫那利沙⑦，莫那利沙，就是达温奇爱恋的美人。相传画那一点微笑，画了四年，他自己说，虽然恋爱极热，始终却是拿极冷酷的客观态度去画他。要而言之，热心和冷脑相结合是创造第一流艺术品的主要条件。换个方面看来，岂不又是科学成立的主要条件吗！

真正的艺术作品，最要紧的是描写出事物的特性，然而特性各各不同，非经一番分析的观察工夫不可。莫泊三⑧的先生教他作文，叫他看十个车夫，做十篇文来写他，每篇限一百字；晚餐图里头的基督，何以确是基督，不是基督的门徒，十二门徒中，何以彼得确是彼得，不是约翰，约翰确是约翰，不是犹大，犹大确是犹大，不是非卖主的余人：这种本领，全在同中观异，从寻常人不会注意的地方，找出各人情感的特色，这种分析精神，不又是科学成立的主要成分吗？

美术家的观察，不但以周遍精密的能事，最重要的是深刻。苏东坡述文与可⑨论画竹的方法，说道："画竹必先得成竹于胸中；执笔熟视，乃见其所欲画者，急起从之，振笔直遂，以追其所见，如兔起鹘落，少纵则逝矣。"这几句话，实能说出美术的秘钥。美术家雕画一种事物，总要在未动工以前，先把那件事物的整个实在完全摄取，一攫攫住他的生命，霎时间和我的生命并合为一，这种境界，很含有神秘性。虽然可以说是在理性范围以外，然而非用锐人的观察法一直透入深处，也断断不能得这种境界，这种锐入观察法，也是促进科学的一种助力。

美术的任务，自然是在表情，但表情技能的应用，须有规律的组织，令各部分互相照应。相传五代时蜀主孟昶⑩，藏一幅吴道子⑪画钟馗⑫，左手捉一个鬼，用右手第二指挖那鬼的眼睛，孟昶拿来给当时大画家黄筌⑬看，说道：若用拇指，似更有力，请黄筌改正他。黄筌把画带回家去，废寝忘餐的看了几日，到底另画一本进呈，孟昶问他为什么不改，黄筌答道："道子所画，一身气力色貌，都在第二指，不在拇指，若把他改，便不成一件东西了，我这别本，一身气力，却都在拇指。"吴黄两幅画，可惜现在都失传，不能拿来比勘，但黄筌这番话，真是精到之极。我们看欧洲的名画名雕，也常常领略得一二。试想，画一个人，何以能全身气力，都赶到一个指头上，何以内行的人，一看便看得出来，那别部分的配置照应，当然有很严正的理法藏在里头，非有极明晰极致密的科学头脑恐怕画也画不成，看也看不到，这又是美术和科学不能分离的证据。

现在国内有志学问的人，都知道科学之重要，不能不说是学界极好的新气象，但还有一种误解，应该匡正，一般人总以为研究科学，必要先有一个极大的化验室，各种仪器具备，才能着手。化验室仪器，为研究科学最利便的工具，自无待言，但以为这种设备没有完成以前，就绝对的不能研究科学，那可大错了，须知仪器是科学的产物，科学不是仪器的产物，若说没有仪器便没有科学，试想欧洲没有仪器以前，科学怎么会跳出来？即如达温奇的时代，可有什么仪器呀，何以他能成为科学家不祧之祖⑩？须知科学最大能事，不外善用你的五官和脑筋。五官脑筋，便是最复杂最灵妙的仪器，老实说一句，科学根本精神，全在养成观察力。养成观察力的法门，虽然很多，我想，没有比美术再直捷了，因为美术家所以成功，全在观察"自然之美"，怎样才能看得出自然之美，最要紧是观察"自然之真"，能观察自然之真，不惟美术，连科学也出来了。所以美术可以算得科学的金钥匙。

我对于美术科学都是门外汉，论理很不该饶舌，但我从历史上看来，觉得这两桩事确有相得益彰的作用，贵校是唯一的国立美术学校，他的任务，不但在养成校内一时的美术人才，还要把美育的基础，筑造得巩固，把美育的效率，发挥得加大。校中职教员学生诸君，既负此绝大责任，那么，目前的修养和将来的传述，都要从远者大者着想。我希望诸君，常常提起精神，把自己的观察力养得十分致密十分猛利十分深刻，并把自己体验得来的观察方法，传与其人，令一般人都能领会都能应用。孟子说："能与人规矩，不能使人巧。"遵用好的方法，能否便成一位大艺术家，这是属于"巧"的方面，要看各人的天才，就美术教育的任务说，最要紧是给被教育的人一个"规矩"。像中国旧话说的"可以意会，不可以言传"。那么，任凭各人乱碰上去也罢了，何必立这学校？若是拿几幅标本画临摹临摹，便算毕业，那么一个画匠犹为之，又何必借国家之力呢。我想国立美术学校的精神旨趣，当然不是如此。是要替美术界开辟出一条可以人人共由之路，而且令美术和别的学问可以相沟通相浚发。我希望中国将来有"科学化的美术"，有"美术化的科学"，我这种希望的实现，就靠贵校诸君。

【注释】

①阿特：对艺术的形象称呼。②赛因士：对科学的形象称呼。③太祖高皇帝：汉高祖刘邦。雷安那德达温奇：今译为列昂纳多·达芬奇。意大利文艺复兴三杰之一。学识渊博、多才多艺的画家、数学家、天文学家、生物学家。他的艺术实践和科学探索精神对后代产生重大而深远的影响。④周公：西周初政治家，佐武王伐商，多所建功，武王死，以成王年幼，由他摄理政事。⑤达尔文：英国生物学家，进化论的奠基人。⑥米兰公爵：弗朗切斯科·斯福尔札。雇佣军指挥官，1450年通过颠覆和背叛米兰共和国而成为兰米统治者。因妻子的血缘关系，而成为米兰公爵。⑦莫那

利沙：今译为蒙娜丽莎，文艺复兴时代达芬奇所绘的丽莎·乔宫多的肖像画。⑧莫泊三：今译为莫泊桑。19 世纪法国著名作家。初学写作时，拜作家福楼拜为师。福楼拜让他详细记录每天马车经过门前的情况。⑨文与可：文同，字与可，号笑笑先生。北宋文学家、画家，苏轼的表兄。善画墨竹，苏轼画竹亦受他影响。⑩孟昶：五代十国时后蜀皇帝。⑪吴道子：唐朝画家。擅画佛教、道教人物及神鬼和龙等。世人誉为"画圣"。对后世影响极大。⑫钟馗：中国著名的民间神之一。他的主要功能是逐鬼。⑬黄鉴：字要叔。五代时西蜀的宫廷画家。⑭不祧之祖：不迁入祧庙的祖先。比喻创立某种事业而受到尊崇的人。

教育与政治

【题解】

此文是作者于 1922 年 7 月 3 日在济南中华教育改进社年会的讲演。作者所谓的教育，是既指学校教育，也包括社会教育在内的与政治紧密相连的"大教育"观。而"教人学做人"是这种"大教育"观的终极目标。文章开篇，作者开宗明义地指出："教育是什么？教育是教人学做人——学做现代人。"而做为一个现代人，便与政治息息相关，要学会做政治生活。一、养成青年的政治意识；二、养成青年的政治习惯；养成青年的判断政治能力。作者尤其强调养成"政治习惯"的重要性。为此，要学会团体生活，用德谟克拉西方式组成的团体生活。也就是人民、民主的方式，即是按照平等和少数服从多数原则来共同管理团体事务的方式。因此要把人格教育放在第一位，把知识教育放在第二位。这一切，对当今的教育仍有很强的现实意义。

一

教育是什么？教育是教人学做人——学做现代人。

身子坏了，人便活不成或活得无趣，所以要给他种种体育，没有几件看家本事，就不能养活自己，所以要给他种种知育，其他一切教育事项虽然很复杂，目的总是归到学做人这一点。

人不是单独做得成，总要和别的人连带着做，无论何人，一面做地球上一个人，一面又做某个家族里头的父母或儿女丈夫或妻子，一面又做某省某县某市某村的住民，此外因各人的境遇，或者兼做某个学校的教师或学生，某个公司的东家或伙计……尤其不能免的是无论何人总要做某个国家的国民，教育家教人做人，不是教他学会做单独一个人便了，还要叫他学会做父母做儿女做丈夫做妻子做伙计……乃至做国民，因为不会做这种种角色，想做单独一个人决然是做不成的。

各种角色里头的一种角色——国民，在从前是顶容易做的，"日出而作，日入而息，凿井而饮，耕田而食。"只要学会做单独一个人便算会做国民，倒也一点不费事，为什么呢？因为国家表现出来的活动是政治，政治是圣君贤相包办的，用不着国民管，倘若能永久是这么着，我们倒不必特别学会做国民才算会做人，如今可不行了，漫说没有圣君贤相，便有也包办不了政治，政治的千斤担子已经硬压在国民肩膀上来了。任凭你怎么的厌恶政治，你总不能找一个没有政治的地方去生活，不生活于良政治之下，便生活于恶政治之下，恶政治的结果怎么样呢？哈哈，不客气，硬叫你们生活不成，怎样才能脱离恶政治的灾难呢？天下没有便宜事，该担担子的人大家都把担子担上，还要学会担担子的方法，还要学会担担子的能力，换句话说，一个一个人，除了学会为自己或家族经营单独生活所必要的本领外，还要学会在一个国家内经营共同生活所必须的本领。倘若不如此，只算学会做半个人，最高也只算得古代的整个人，不算得现代的整个人。教育家既然要教人学做现代的整个人，最少也须划出一部分工夫教他们学会做政治生活。

今天讲演的标题是教育与政治，诸君别要误会了。以为我要劝国内教育家都抛弃本业来做政治活动，以为我要劝各位教师在学校里日日和学生高谈政治问题，以为我希望各学校教出来的学生个个都会做大总统、国务员或议员，这些事不惟做不到而且无益，不惟在教育界无益而且在政治界也无益，今日所最需要的：

一　如何才能养成青年的政治意识。

二　如何才能养成青年的政治习惯。

三　如何才能养成青年的判断政治能力。

三件事里头，尤以第二件——养成习惯为最要而最难。这三件事无论将来以政治为职业之人或是完全立身于政治以外的人都是必要的，我确信这不但是政治上大问题，实在是教育上大问题，我确信这问题不是政治家所能解决，独有教育家才能解决，今日所讲，便专在这个范围内请教诸君。

二

政治不过团体生活所表现各种方式中之一种，所谓学政治生活，其实不外学团体生活，惟其如此，所以不必做实务的政治才能学会政治生活，惟其如此，所以在和政治无关的学校里头，很有余地施行政治生活的教育。

今请先说团体教育生活的性质，团体生活是变迁的进化的，在古代血族团体①或阶级团体里头，只要倚赖服从，便也生活下去。他们的生活方法是不必学的，自然无所用其教育，无奈这类团体在现代是站不住了，现代的团体，不是靠一两个人支持，是要靠全部团体员支持。质而言之，非用德谟克拉西②方式组成的团体万万不能生存于现代，非充分了解德谟克拉西精神的人万万不会做现代的团体生活。因此，怎么样才能教会多数人做团体生活，便成了教育上最困难最切要的问题。

中国现在有一种最狼狈的现象，是事实上已经立于不能做现代团体生活的地位，然而这种生活，从前实在没有做过。换句话说，几千年传下来的社会组织，实在有许地方和德谟克拉西精神根本不相容。在这种社会组织底下生活惯了的人，一旦叫他做德谟克拉西生活，好像在淡水里生长的黄河鲤鱼，逼着他要游泳到咸水的黄海，简直不知道怎么过法，还有一个譬喻，可以说今日的中国人，正是毛虫变蝴蝶时代，用一番脱胎换骨工夫能够变得成，便是极美丽极自由的一只蝴蝶，如其不然，便把性命送掉了。我们今日个个人都要发愤学做现代的团体生活，如其不肯学或学不会，不惟团体哗喇下去，便连个人也决定活不成。今日中国最大的危险在此。

现代团体生活和非现代团体生活——即德谟克拉西生活和反德谟克拉西生活分别在那里呢？依我所见，想做现代团体生活，最少要具有下列五个条件：

第一，凡团体员个个都知道团体是自己的——团体的事即是自己的事，自己对于团体该做的那一部分事诚心热心做去，绝对不避嫌不躲懒。

第二，凡团体的事绝对公开，令个个团体员都得有与闻且监督的机会。

第三，每一件事有赞成反对两派时，少数派经过充分的奋斗之后仍然失败，则绝对的服从多数，断不肯捣乱破坏。

第四，多数派也绝对的尊重少数派地位，令他们有充分自由发表意见的余地，绝不加以压迫，而且绝对的甘受他们监督。

第五，个个团体员对于各件事都要经过充分的考虑之后凭自己良心表示赞否，绝对的不盲从别人，更不受别人胁迫。

这五个条件，无论做何种团体生活都要应用，应用到最大的团体——即国家时，便是政治生活。拿这五个条件和我前文所讲三种需要比对，第一项属于政治意识。第二三四项属于政治习惯。第五项属于判断政治能力。

三

这五个条件，从今日在座诸君的眼光看来，真算得老生常谈。但我们须要知道，这点点子常谈，中国人便绝对的不能办到，不惟一般人为然，即如我们在座的人自命为优秀分子知识阶级的怕也不能实践一件，我们又要知道现代中国人为什么在世界舞台上变成"落伍者"，所欠就在这一点点，十年来的政治乃至其他各种公共事业为什么闹得一塌糊涂，病根就在欠这一点点。

如今先说第一个条件，我们向来对于团体的事是不问的，这原也难怪，因为我们相传的习惯，并没有叫多数人问事，一家的事，只有家长该问，一国的事，只有皇帝该问，我们若安心过这种生活也就罢了。无奈环境不许我，已经逼着要做人人问事的协同生活，我们承认要往新生活这条路上走，却抱持着旧生话抵死不肯放，无论何时总是摆出那"老不管事"的脸孔来，政治上的事且慢说，即如一个公司的股东，公司和他自己本身的关系不是最密切吗？试问有那个公司开股东会时候，多数股东热心来问公司的事，除非是公司闹出乱子来股东着急跳一阵，却是已经贼去关门来不及了。对于财产切己关系的公司尚且如此，对于国家政治更何消说，人人都会骂军阀骂官僚骂政客，这种恶军阀恶官僚恶政客何以不发生于外国而独发生于中国，他们若使在外国便一天也不能在政治上生存，他们能够在中国政治上生存，唯一的保障，就是靠那些老不管事的中国百姓纵容恩典，骂即管骂，不管还是不管，做坏事的还是天天在那里做，倘若这种脾气不改过来，我敢说一切团体事业永远没有清明成立的一日，我并不是希望教育界的人常常放下书本东管这件西管那件，但我以为教育家对于团体员不管团体事这个毛病要认得痛切，要研究这毛病的来源在那里，要想出灵效的药来对治他，令多数人在学校时代渐渐的把这坏脾气改过来，这是目前教育家第一大责任。

第二个条件讲的公开，凡一个人立在可以做坏事的地位，十个有九个定要做坏事，做坏事的人，十个有十个定要秘密，和他说"请你公开，请你公开"那是不中用的。最要紧是令他没有秘密的余地，令人人知道团体生活中的秘密行动便是罪恶，犯这种罪恶的便不为社会所容。那么，这位秘密魔王，自然会绝迹了。怎么样才能养成这社会信条，又是教育家一个大责任。

第三第四项讲的是，多数派少数派相互间的道德，这是现代团体生活里头最主要的骨骼，也是现在中国人最难试验及格的一个课题。中国人无论何事，不公开，他便永远不问了。一旦公开起来，不是多数派专横，便是少数派捣乱，这种实例，不消我举例列举，诸君但闭着眼想想历年国会省议会以及其他公私大小团体开会时，那一回不是这种状况，若使这种状况永远存续下去，那么，老实不客气，我们中国人只好永远和会议制度和协同生活绝缘。试看，欧美议会里头的普通现象何如？他们的少数派，常常以两三个人对于敌派几百人堂堂正正提出自己的主张，不屈不挠，最显著的例，如英国国会自十九世纪初年起提出普通选举案，连发案带附议不过两人，一回失败，次回提出，原案几乎不易一字，每提一回，必有一回极沉痛的演说，如此继续十几年，后来赞成这主张者年年加多，卒至成了自由党的党纲，变成国会的多数派。依我们中国人眼光看来，绝对无通过希望的议案，何苦提出，他们的看法却不如是，他们纯以"知其不可而为之"的精神勤勤恳恳做下去，慢慢地唤起国民注意引起国民同情，望收结果于几十年以后，他们先安排定了失败才去活动，失败之后，立刻便服从多数，乃至仅差一票的失败，一样的安然服从，像我们中国人动不动相率退席或出其他卑劣手段破坏议案的举动，从来没有听见过。最显著的例，如德国革命后制定宪法，独立社会党有许多地方根本反对原案，及至多数通过之后，他们宣言良心上虽依然反对，为促成宪法起见，事实上主张绝对服从。他们多数派的态度又怎么样呢，他们虽然以几百人的大党对于两三个人的小党也绝对尊重对面的意见，小党所提议案，从没有设法压阁，令他提不出来，小党人演说议案理由的时候，大党的领袖诚心诚意的听他，一面听一面把要点用铅笔择记，等他演完后诚心诚意的起来反驳。从没听见过凭恃大党威力妨害小党发言，从没听见过对于小党发言存丝毫轻蔑，依我们中国人眼光看来，绝对不会通过的议案，何苦费那么大的劲去反驳，他们的看法却不如是，他们以后必须经过堂堂正正的大奋斗之后所得胜利才算真胜利，他们的小数派安心乐意把政权交给多数派，自己却立于监督地位。多数派也安心乐意受小数派的监督，最显著的例如英国审计院长一定由政府反对党首领做。他们深信政策之是非得失，是相对的不是绝对的，甲党有这样的主张，乙党可以同时有恰恰相反的主张，彼此俱能代表一部分国利民福，甲党得政时施行这一部分国利民福，乙党得政时又施行那反面一部分国利民福，彼此交迭得几次，便越发和总体的国利民福相接近，他们在光天化日之下彼此互相监督，万不会有人能借国利民福名义鬼鬼祟祟的营私舞弊，他们所有争斗，都是用笔和舌做武器，最后的胜利，是专靠社会为后援。总而言之，他们常常在两造③对垒的状态之下，他们的对垒争斗有确定的公认信条，这种信条并不是一条一条的印在纸上，乃系深入人人脑中成为习惯，有反背的自然内之受良心制裁外之受社会制裁，他们做这种争斗活动和别的娱乐游戏一样，感觉无穷趣味，他们凡关于团体生活，无论大大小小，总是用这种精神做去，政治不过这种生活的放大。

　　以上不过就我所想得到的随便说说，自然不足以尽现代团体生活的全部精神，但即此数端，也可以大略窥见所谓德谟克拉西者并不是靠一面招牌几行条文可以办到，其根本实在国民性质国民习惯的深奥处所，我们若不从这方面着实下一番打桩工夫，那么，无论什么立宪、共和，什么总统制、内阁制，什么中央集权、联省自治，什么国家主义、社会主义，任凭换上一百面招牌，结果只换得一个零号，因为这种种制度，不过是一个"德谟克拉西娘胎"所养出来几个儿子，娘不是这个娘，儿子从那里产出，又不惟政治为然，什么地方结合职业结合慈善结合公司组织合作组织……等等，都是跟着一条线下来，德谟克拉西精神不能养成，这种种举动都成了庸人自扰，倘若中国人永远是这么着，那么，从今以后只好学鲁敏逊④在荒岛里过独身生活，或是卖身投靠一位主人倚赖他过奴才生活，再别要想组织或维持一个团体用团体员资格过那种正当的自由生活，果然如此，我们中国人往后还有日子好过吗？我们既已不能坐视这种状况，那么，怎样的救济方法，自然成为教育上大问题。

四

我们种种反德谟克拉西的习惯，都是从历史上遗传下来，直到现在还是深根固蒂。但是，若说中国人没有德谟拉克西本能，我们总不能相信，因为人类本能，总不甚相远，断没有某种人所做的事别种人绝对的学不会，况且从前非德谟拉克西的国民现在已经渐渐脱胎换骨的，眼面前就有好几国可为例证。我根本信中华民族是不会被淘汰的民族，所以我总以中华民族有德谟克拉西的可能性为前提，不过这种德谟克拉西本能被传统的社会组织压住，变成潜伏的状态。近十年来，这种潜伏本能，正在天天想觅个石缝进出。青年里头为尤甚，可惜从前教育方针太不对了，他的精神，几乎可以说是反德漠克拉西的，这潜伏本能有点萌芽，旋被摧折，或者逼着他走到歧路去，我想只要教育界能有彻底觉悟，往这方面切实改良，则从学校里发展这种潜伏本能是极易的事，从学校发展起来，自然便会普及全社会了。

从学校里养成德谟克拉西的团体生活习惯——尤其政治习惯，当以英国牛津、剑桥两大学为最好模范，这两校的根本精神，可以说是把智识教育放在第二位，把人格教育放在第一位，所谓人格，其实只是团体生话所必要的人格。据我所观察，这两校最长的特色有三：

第一，他们不重在书本教育而专注意于实生活，令学生多从事实上与人接触，所谓事实上接触者，还不是讨论某个事实问题，乃是找一件实事去做，所以他们的学校生恬，可以说做事时间占去一半，读书时间只占得一半。就这一点论，和中国过去现在的教育都很不同，中国过去的教育，只能养成书呆子或烂名士，完全迂阔于事情，或好为乖僻脾气与人立异，又疏懒不好问俗事，现在所谓新教育办了那么多年，但这点老精神完全未改，总说学问只有读书读书便是学问，结果纵然成绩很好，也不过教出无数新八股家来，所以高等学校以上教育方针，非从这点特别注意不可。

第二，每学生总认定一种体育，凡体育——如赛球竞渡等类，非有对手两造不能成立，而且两造又必须各有其曹耦⑤，因此养成团体竞争之良好习惯，自能移其竞争原则于政党及各种团体生活。

就这一点论，我忽然联想起中国古代学校中最通行的习射，孔子说："君子无所争，必也射乎，……其争也君子。"孟子说："……发而不中，不怨胜己者。"凡射必有耦，两造各若干人对立严守规则为正当之竞争，争的时候一点不肯放松，失败过后却绝不抱怨对手，这种精神用在团体竞争真好极了，我们古代教育是否有这种意识，且不必深求，至于英国人之如此注意体育，我们确信他的目的不单在操练身体，实在从这里头教人学得团体生活中对抗和协同的原则。所以英国人对于政治活动感觉极浓厚的趣味，他们竞争选举乃至在国会议场里奋斗，简直和赛球无异。这是教人学团体生活的最妙法门，我们应该采用他。

第三，他们的大学，是由十几个 College 合成的，他们的教员学生组织无数 Society，更有各校联合的 Union Society，俨然和巴力门⑥同一形式，他们常常把政治上实际问题为具体的讨论，分赞成反对为极庄重的表决。

就这一点论，他们是采半游戏半实习的方法，令学生随着趣味的发展，不知不觉便养成政治上良好习惯。

以上所说三种特色，近来各国大学亦多有仿效，内中如美国尤为能变通增长，然而精神贯注，终以牛津、剑桥两校为最，我们中国对于这种团体生活习惯太没有了，应该特别助长他，所以我主张大学及高等专门，多要采用这两校的精神。大都市如北京、南京、上海等处，学校渐渐多了，宜赶紧用 Union 的组织，把这种精神灌输进去，行之数年，必有成效。

中学以下的教育，也该想方法令他和实际的团体生活日相接近，依我想，第一件，注意所谓公民教育，把课本悉心编好了，热心令他普及。第二件，在教员监督指导之下奖励学生自治会，这种理想，近来倡导的很多，不必我再详细说明理由，但我希望他不终于理想，赶紧实行才好。

五

所谓"在教员监督指导之下奖励学生自治会"这件事，还要格外郑重说明。

我刚才说中学以下应该如此，这原是一个原则，因为中学以下学生未到成熟时期，一面要奖励他们自动的自治，一面非有前辈带着他们上正轨道不可。高等专门以上学生，差不多要成熟了，本来纯粹的让他们自由活动最好，但因为中国人团体生活的底子太没有了，从前的中学又办得不好，学生没有经过相当之训练，让他们纯粹自由活动。恐怕不见得便有好成绩，结果甚至因噎废食，所以高等专门以上的团体生活实地练习，应否仍参加教员的监督指导，我认为在目前还是一个问题。

现在各学校中陆续摹仿欧美学生团体生活的确已不少，就大端论，总算好现象，但亦往往发生毛病，其原因皆由旧家庭和旧社会积习太深，把种种劣根性传到学校，学校中非用防传染病手段随时随事堵截矫正不可，我请随便举几个例。

我曾听见某小学校某级有一回选举班长，那班里头十五六岁以上的很不少，结果他们举出个九岁小孩子来，闹得那小孩子不知所措在那里哭，又听见某大学有一回选举足球队长，开票的结果，当选的乃是一位跛脚学生，这等事看着像是年轻人一时淘气没有多大罪过，其实是中旧社会的毒中得太厉害了，他们把极郑重的事当作玩意儿，还加上一种尖酸刻薄的心理表现，和民国二年选举总统时有人投小阿凤⑦的票正是一样，这种把正经事不当一回事的劣根性，正是我们不会做现代团体生话的最大病原。这种腐败空气侵入学校里来，往下简直无办法。

近几年来，各学校差不多都有学会了，据我所闻，大率每个会初成立时，全校都还热心，渐渐下去，会务总是由几位爱出锋头的人把持。甚至或者借团体名义营些私利，好学生一个一个的都灰心站开了。这种现象，各校差不多如出一辙，乃至各校各地联合会也是这样。这种我以为不独是各种学生会前途可悲观的现象，简直是全国民团体生活前途可悲观的现象。我不责备那些把持的人，我要责备那些站开的人，坏人想把持公事，本来是人类普通性，所恃者有好人和他们奋斗，令他们把持不来，好人都厌事不问消极的归洁其身，便是给坏人得志的机会，现在中国政治败坏的大根原就在此。这种名士心理侵入青年脑中，国家前途，便真不可救药了。

在合议场中多数专横或少数捣乱，也是近来青年团体最普通的现象，例如每开会时动辄有少数人预料自己主张不能通过，则故意扰乱秩序，令会议无结果而散，这于团体竞争原则太不对了，凡有两种意见对立时，一定有一个多数一个少数，若到了少数时便行破坏，你会破坏，人家也会破坏，结果非闹到所有议案都不成立不止。那么，便等于根本反对合议，根本不承认团体生活。

多数专横举动，其卑劣亦与少数捣乱正同，例如前两年闹罢课闹得最凶时，几于无论那个学校，都不叫反对派有发言之余地，有反对的便视同叛逆，此外类似的先例还有许多，这也是中国人很坏的习性，须知天下事是非得失原是相对的。就算我所主张有八九分合理，也难保反对派主张没有一二分合理，最少也要让他把理由充分说明我跟着逐条辨驳，才能令他和中立者都心服，至于因意见不合，丑词诬蔑对手的道德，尤为不该，须知凡尊重自己人格的人，同时也要尊重别人人格，不堂堂正正辨论是非，而旁敲侧击中伤对手，最是卑劣。如此则正当的舆论永远不会成立，逼着少数派人软薄的便消极不管，强悍的便横决破坏，便永远不会上团体生活的轨道。

要而言之，两三年来，德谟克拉西的信仰渐渐注入青年脑中，确是我们教育界唯一好现象。无奈只有空空洞洞的信仰，全未理会到他真精神何在，对于实行所必要的条件越发不注意，而过去遗传和现在环境所造出之恶习惯，势力又异常猖獗，所以刻意想做德谟克拉西生活，结果或至适得其反，久而久之，不惟授旁人口实，连最热心信仰的青年自己也疑惑懈怠起来。据我看来，这种反动已见端了，再往下去，恐怕连这点萌芽都摧残净尽。这不但学界的大不幸，真是中国前途大不幸了。

然而种种毛病，不能专责备学生，我刚说过，习惯是由过去遗传和现在环境造成，全国青年本来长育于这种恶习惯之下，而当教育之任者又始终未尝向这方面设法改良，试问新习惯从何成立，何况先辈的人——如现充议员及其他团体员者正在日日造出恶榜样给他们看，以富于模仿性的青年，安得不耳濡目染与之俱化呢，讲到此处，那担子却全加在教育家的肩膀上了。

依我所见，现时提倡学生自动的自治，作为将来政治生活乃至一切团体生活的实地练习，这是时代最急迫的要求，毫无疑义的。但在教育界立身的人，不能说空空提倡便算塞责，务要身入其中，随时随事作最公平最恳切的指导，不惟中学以下应该如此，恐怕高等专门以上也应该如此。换句话说，学校除却书本教育之外，最少要分出一小半时候做实生活教育，最要紧的关键是教职员和学生打成一片做共同的实生活，一面以身作则，一面对于不正当的习惯加以矫正，庶几乎把学生教成会做个人——会做个现代人了，至于教职员怎样才能指导学生，又是问题中之问题。倘若教职员自身先自不了解德谟克拉西精神，先自有许多反德谟克拉西的恶习惯，那就不如不指导也还好些，既已不能没有人指导，而又不能得人指导，那么，前途真不可问唉、只好看教职员自身的觉悟和努力何如了。

六

以上都是从养成习惯方面说，还有养成判断能力这一件事，要为最后的说明。

没有好习惯，则团体协同动作根本不能存在，前头大略都说过了，然而不能说单有好习惯便够，因为团体的行动既已由团体员意思决定，决定的对不对，实与团体的利害存亡有绝大关系。例如有一个国民在此，他们对于少数服从多数的习惯，确已养得甚好。但他们绝对无判断能力，忽然间因为一件不相干的事，有人主张和外国宣战，群众一哄而起，他们并没有计算自己有理无理，没有计算战后的利害如何，贸贸然把案多数或全体通过了，立刻便实行，你说他违反德谟克拉西原则吗？不然，然而结果会闹到亡国，历史上这类事情很不少，中国为尤甚。在专制时代，遇着昏聩糊涂的君主或家长，因为他一个人缺乏判断能力，可以闹到国亡家破。在德谟克拉西时代，遇着昏聩糊涂的国民，因为多数人缺乏判断能力，也会得同一的结果。所以如何才能养成判断能力，又是团体生活教育上一个重要问题。

团体生活事项是极复杂的，且多半是临时发生的，其中如政治事项，尤为十有九属于专门智识，要想在学校里教人逐件逐件都会判断，天下万无是理，教育的天职，只要养成遇事考虑的习惯。而且教人懂得考虑的方法，自然每一事临头，自己会拿出自己的主张，或者自己本无成见，听了两造辩驳的话便能了解他判断他，即如美国历来的政治问题——从前之用金用银，近年之国际联盟非国际联盟等等，不是专门经济学者国际学者，如何能有判断两造是非得失的能力，然而他们确是经过国民全体的判断，为什么临时能判断呢，都是平时受教育得来。

这种教育有两要点，第一，是养成遇事考虑的习惯，必要有事可遇，然后得有考虑的机会，方才讲牛津、剑桥的教法，专叫学生从实务上与人接触，就是令他们常常有事可遇，事的性质虽然有许多分别，明白事理的途径并无分别，只要经事经得多，便连那没有经过的事也会做了。所以除讲堂教授之外还要有种种实生活教育，便是养成判断能力的绝好法门。然则讲堂教授绝对无益吗？又不然，我所说第二要点——教人懂得考虑的方法，却可以有大半从讲堂教授得来。天下惟不肯研究的人才会盲从，凡事只要经过一番研究，多少总有点自己意见发现。这点意见，就名之曰判断，学理上的判断如此，事理上的判断也是如此。教授一科学问，并不是教学生把教师所讲牢牢记得便了，注重的在教他们懂得研究这门学问的方法。然后多发问题令他们自己去研究，越研究得多，判断力自然越丰富。越研究得精，判断力自然越深刻。譬如研究自然科学，研究哲学，研究考古学，总算和政治风马牛不相及了罢，但那人若果有研究的真精神，到一个政治问题临到他头上时，他自然会应用这精神去判断，而且判断得不甚错谬。欧美受过相当教育的人都能对于实际问题有独立判断能力，就是为此。倘若守着旧式的注入教育，这种效果便永远不能发生了。

七

我今日讲这个题目的意思，因为我感觉近来教育界对于知识开发方面虽已渐渐革新进步，对于性格训练方面还未甚注意，就性格训练方面论，又是注重个性多注重群性少，而且都是理论未尝定出一种具体方法大家实行，我希望本社同人对于团体生活教育——即政治教育特别注意，商量一个训练方针急起直追去实行，我不胜大愿⑧。

【注释】

①血族团体：古代中国社会基层的血缘性与地缘性交织在一起的组织。②德谟克拉西：英语的音译。意为人民，民主。即在一定的阶级范围内，按照平等和少数服从多数原则来共同管理国家事务的国家制度。③两造：指诉讼的双方。④鲁敏逊：今译为鲁滨逊。英国作家丹尼尔·笛福的

小说《鲁滨逊漂流记》中的人物。⑤曹耦：犹曹偶。侪辈，同类。⑥巴力门：国会的别称。⑦小阿凤：民国初年沦落北京八大胡同的妓女。因年轻貌美又多才多艺，艳名传遍北京。有好事者，因她与大总统黎元洪、京剧名伶谭鑫培皆为黄陂人，并称为"黄陂三杰"。⑧不胜大愿：最大的愿望。

教育家的自家田地

【题解】

　　这是作者于 1922 年 8 月 5 日为东南大学暑期学校学员作的讲演。作者是为"现在的教育家或是将来要在教育界立身的人"讲演，通篇讲述的都是"教育这门职业的特别好处"，那就是"快乐"两个字。这种快乐是"继续"不断的，因为它就存在于教育自身之内；快乐又是"彻底"的，因为它没有任何"痛苦"为代价；快乐又是"圆满"的，因为"教学相长"，"自利利他"。因此教育的快乐是任何职业都无法相比，"南面王无以易"。有了这种快乐，便不会因教师的物质待遇差、社会地位低而喊"苦哉教育"了。而这种"快乐"则来源于"学而不厌，诲人不倦"的爱岗敬业精神。作者的这种理念，与现代社会所提出的"教师是塑造人类灵魂的工程师"，"忠诚党的教育事业"的精神相一致的。

　　今天在座诸君，多半是现在的教育家或是将来要在教育界立身的人，我想把教育这门职业的特别好处，和怎样的自己受用法，向诸君说说。所以题目叫做"教育家的自家田地"。

孔子屡次自白，说自己没有别的过人之处，不过是"学而不厌，诲人不倦。"他的门生公西华①听了这两句话便赞叹道，"正惟弟子不能及也。"我们从小就读这章书，都以为两句平淡无奇的话，何以见得便是一般人所不能及呢？我年来积些经验，把这章书越读越有味，觉得学不难，不厌却难。诲人不难，不倦却难。孔子特别过人处和他一生受用处，的确就在这两句话。

不厌不倦，是孔子人生哲学第一要件。"子路②问政，……请益，子曰：毋倦。""子张③问政，子曰：居之无倦，行之以忠"。《易经》第一个卦孔子做的象辞说，"天行健，君子以自强不息。"你看他只是教人对于自己的职业忠实做去，不要厌倦。要像天体运行一般，片刻不停，为什么如此说呢？因为依孔子的观察，生命即是活动，活动即是生命，活动停止，便是生命停止。然而活动要有原动力——像机器里头的蒸汽，人类活动的蒸汽在那里呢，全在各人自己心理作用——对于自己所活动的对境感觉趣味，用积极的话语来表他，便是"乐"，用消极的话语来表他，便是"不厌不倦"。

厌倦是人生第一件罪恶，也是人生第一件苦痛。厌倦是一种想脱离活动的心理现象，换一句话说，就是不愿意劳作。你想，一个人不是上帝特制出来充当消化面包的机器，可以一天不劳作吗？只要稍为动一动不愿意劳作的念头，便是万恶渊薮，一面劳作，一面不愿意，拿孔子的话翻过来说："居之倦则行之必不能以忠"，不忠实的劳作，不惟消失了劳作效率，而且可以生出无穷弊害，所以说厌倦是人生第一件罪恶。换个方面看，无论何等人，总要靠劳作来维持自己生命，任凭你怎样的不愿意，劳作到底免不掉，免是免不掉，愿是不愿意，天天皱着眉哭着脸去做那不愿做的苦工，岂不是活活的把自己关在第十八层地狱，所以说厌倦是人生第一件苦痛。

诸君听我这番话，谅来都承认不厌倦是做人第一要件了。但怎样才能做到呢？厌倦是一种心理现象，然而心理却最是不可捉摸的东西。天天自己劝自己说不要厌呀，不要倦呀，他真是厌倦起来，连自己也没有法想。根本救治法，要从自己劳作中看出快乐——看得像雪一般亮，信得像铁一般坚。那么，自然会兴会淋漓的劳作去，停一会都受不得，那里还会厌倦？再拿孔子的话来说："知之者不如好之者，好之者不如乐之者。"一个人对于自己劳作的对境，能够"好之乐之"，自然会把厌倦根子永断了，从劳作中得着快乐，这种快乐，别人要帮也帮不来，要抢也抢不去，我起他一个名叫做"自己田地"。

无论做何种职业的人，都各各有他的自己田地，但要问那一块田地最广大最丰富，我想再没有能比得上教育家的了。教育家日日做的终身做的不外两件事，一是学，二是诲人。学是自利，诲人是利他。人生活动目的，除却自利利他两项外更有何事，然而操别的职业的人，往往这两件事当场冲突——利得他人便不利自己，利得自己便不利他人。就令不冲突，然而一种活动同时具备这两方面效率者，实在不多。教育这门职业却不然，一面诲人，一面便是学，一面学，一面便拿来诲人，两件事并作一件做，形成一种自利利他不可分的活动，对于人生目的之实现，再没有比这种职业更为接近更为直捷的了。

学是多么快活啊，小孩子初初学会走，他那一种得意神情，真是不可以言语形容，我们当学生时代——不问小学到大学，每天总新懂得些从前不懂的道理，总新学会做些从前不会做的事，便觉得自己生命内容日日扩大，天下再愉快的事没有了。出到社会做事之后，论理，人人都有求智识的欲望，谁还不愿意继续学些新学问，无奈所操职业，或者与学问性质不相容，只好为别的事情把这部分欲望牺牲掉了。这种境况，别人不知如何，单就我自己讲，也曾经过许多回，每回都觉得无限苦痛。人类生理心理的本能，凡那部分久废不用，自然会渐趋麻木，许久不做学问的人，把学问的胃口弄弱了，便许多智识界的美味在前也吃不进去，人生幸福，算是剥夺了一大半。教育家呢，他那职业的性质，本来是拿学问做本钱，他赚来的利钱也都是学问，他日日立于不能不做学问的地位，把好学的本能充分刺激，他每日所劳作的工夫，件件都反影到学问，所以他的学问只有往前进，没有往后退。试看，古今中外学术上的发明，一百件中至少有九十件成于教育家之手，为什么呢？因为学问就是他的本业。诸君啊，须知发明无分大小，发明地球绕日原理固算发明，发明一种教小孩子游戏方法也算发明。教育家日日把他所做的学问传授给别人，当其传授时候，日日积有新经验，我信得过，只要肯用心，发明总是不断。试想，自己发明一种新事理，这个快活还了得，恐怕真是古人说得"南面王④无以易"哩，就令暂时没有发明，然而能够日日与学问相亲，吸受新知来营养自己智识的食胃，也是人生最幸福的生活。这种生活，除了教育家恐怕没有充分享受的机会吧。

诲人又是多么快活啊，自己手种一丛花卉，看着他发芽，看着他长叶，看着他含蕾，看着他开花，天天生态不同，多加一分培养工夫，便立刻有一分效验呈现。教学生正是这样，学生变化的可能性极大，你想教他怎么样，自然会怎么样，只要指一条路给他，他自然会往前跑。他跑的速率，常常出你意外，他们天真烂漫，你有多少情分到他，他自然有多少情分到你，只有加多，断无减少——有人说，学校里常常闹风潮赶教习，学生们真是难缠。我说，教习要闹到被学生赶，当然只有教习的错处没有学生的错处，总是教习先行失了信用，或是品行可议，或是对学生不亲切，或是学问交代不下，不然断没有被赶之理。因为凡学生都迷信自己的先生，算是人类通性，先生把被迷信的资格丧掉，全自由取，不能责备学生，——教学生是只有赚钱不会蚀本的买卖，做官吗？做生意吗？自己一厢情愿要得如何如何的结果，多半不能得到，有时还和自己所打的算盘走个正反对，教学生绝不至有这种事，只有所得结果超过你原来的希望。别的事业，拿东西给了人便成了自己的损失，教学生绝不含有这种性质，正是老子说的："既以为人己愈有，既以与人己愈多。"越发把东西给人给得多，自己得的好处越发大，这种便宜够当，算是被教育家占尽了。

自古相传的一句通行话，"人生行乐耳"，这句话倘若解释错了应用错了，固然会生出许多毛病，但这句话的本质并没有错，而且含有绝对的真理。试问人生不该以快乐为目的，难道该以苦痛为目的吗？但什么叫做"快乐"，不能不加以说明。第一，要继续的快乐，若每日捱许多时候苦才得一会的乐，便不算继续。第二，要彻底的快乐。若现在快乐伏下将来苦痛根子，便不算彻底。第三，要圆满的快乐，若拿别人的苦痛来换自己的快乐，便不算圆满。教育家特别便宜处，第一，快乐就藏在职业的本身，不必等到做完职业之后找别的事消遣才有快乐，所以能继续。第二，这种快乐任凭你尽量享用不会生出后患，所以能彻底。第三，拿被教育人的快乐来助成自己的快乐，所以能圆满，乐哉教育，乐哉教育。

东边邻舍张老三，前年去当兵，去年做旅长，今年做师长，买了几多座洋房，讨了几多位姨太太，西边邻舍李老四，前年去做议员，去年做次长，今年做总长，天天燕窝、鱼翅请客，出门一步都坐汽车。我们当教育家的，中学吗，百来块钱薪水，小学呢，十来二十块，每天上堂要上几点钟，讲得不好还要捱骂，回家来吃饭只能吃个半饱，苦哉教育，苦哉教育。不错，从物质生活看来，他们真是乐，我们真是苦了。但我们要想一想，人类生活，只有物质方面完事吗？燕窝、鱼翅，或者真比粗茶淡饭好吃，吃的时候果然也快恬，但快活的不是我，是我的舌头。我操多少心弄把戏，还带着将来担惊受怕，来替这两寸来大的舌头当奴才，换他一两秒钟的快活，值得吗？绫罗绸缎挂在我身上，和粗布破袍有什么分别，不过旁人看着漂亮些，这是图我快活呀，还是图旁人快活呢？须知凡物质上快活，性质都是如此，这种快活，其实和自己渺不相干，自己只有赔上许多苦恼，我们真相信"行乐主义"的人，就要求精神上的快活，孔子的"饭疏食饮水，曲肱而枕之，乐亦在其中。"颜子⑤的"一箪食，一瓢饮，在陋巷……不改其乐。"并非骗人的话，也并不带一毫勉强，他们住在"教育快活林"里头，精神上正在高兴到了不得，那些舌头和旁人眼睛的顽意儿，他们有闲工夫管到吗，诸君啊，这个快活林正是你自己所有的财产，千万别要辜负了。

说是这样说，但是"知之非艰行之惟艰"，厌倦的心理，仍不时袭击我们，抵抗不过，便被他征服。不然，何至公西华说"不能及"呢？我如今再告诉诸君一个切实防卫方法，你想诲人不倦吗，只要学不厌，自然会诲人不倦，一点新学说都不讲求。拿着几年前商务印书馆编的教科书上堂背诵一遍完事，今日如此，明日如此，今年如此，明年也如此，学生们听着个个打盹，先生如何能不倦？当先生的常常拿"和学生赛跑"的精神去做学问，教那一门功课，教一回自己务要得一回进步，天天有新教材，年年有新教法，怎么还会倦？你想学不厌吗，只要诲人不倦，自然会学不厌，把功课当作无可奈何的敷衍，学生听着有没有趣味有没有长进一概不管。那么，当然可以不消自己更求什么学问，既已把诲人当作一件正经事，拿出良心去干，那么，古人说的，"教然后知困"，一定会发见出自己十几年前在师范学校里听的几本陈腐讲义不够用，非拼命求新学问，对付不来了。怎么还会厌，还有一个更简便的法子，只要你日日学，自然不厌，只要你日日诲人，自然不倦，趣味这样东西，总是愈引愈深，最怕是尝不着甜头，尝着了一定不能自已，像我们不会打球的人，看见学生们大热天打得满身臭汗，真不知道他所为何来，只要你接连打了一个月，怕你不上瘾，所以真肯学的人自然不厌，真肯诲人的人自然不倦，这又可以把孔子的话颠倒过来说，总要"行之以忠"，当然会"居之无倦"了。

诸君都是有大好田地的人，我希望再不要"舍其田而芸⑥人之田"，好好的将自己田地打理出来，便一生受用不尽。

【注释】

①公西华：公西赤，字子华。春秋末鲁国人，孔子的学生。有优秀的外交才能，长于祭祀之礼。②子路：仲由，字子路，又字季路。春秋末鲁国人。孔子得意门生。性格爽直，为人勇武，信守承诺，忠于职守，以擅长"政事"著称。③子张：颛孙师，字子张。春秋末陈国人，孔门弟子之一，孔子死后，独立招收弟子，宣扬儒家学说。是"子张之儒"的创始人。"子张之儒"列儒家八派之首。④南面王：帝位面朝南，故代称帝位。⑤颜子：颜回，字子渊。春秋末鲁国人。孔子最得意门人，以德行见称，虽箪食瓢饮，不改其乐。英年早逝，后人称为"复圣"。⑥芸：耘。除草。

学问之趣味

【题解】

　　此文是作者于 1922 年 8 月 6 日在南京东南大学为暑期学校学员演讲。作者所讲的不是"学问如何如何的有趣味",而是"如何如何便会尝得着学问的趣味"。作者从切身体会出发,指出四点:一、"无所为",即不能带有任何功利的目的;二、不息。要持之以恒,不能一蹴而就,不能一曝十寒;三、深入研究。不能浅尝辄止,不能一知半解。"不怕范围窄,越窄越便于聚精神;不怕问题难,越难越便于鼓勇气。"四、找朋友。共同切磋琢磨,相互支持与促进。讲得有理有据,既深且真。因为是经验之谈,令人感到亲切,易于接受,"会欣然采纳"。

　　我是个主张趣味主义的人:倘若用化学化分"梁启超"这件东西,把里头所含一种原素名叫"趣味"的抽出来,只怕所剩下仅有个 0 了。我以为:凡人必常常生活于趣味之中,生活才有价值。若哭丧着脸挨过几十年,那么,生命便成沙漠,要来何用?中国人见面最喜欢用的一句话:"近来作何消遣?"这句话我听着便讨厌。话里的意思，好象生活得不耐烦了，几十年日子没有法子过，勉强找些事情来消他遣他。一个人若生活于这种状态之下，我劝他不如早日投海！我觉得天下万事万物都有趣味，我只嫌二十四点钟不能扩充到四十八点，不够我享用。我一年到头不肯歇息，问我忙什么？忙的是我的趣味。我以为这便是人生最合理的生活，我常常想运动别人也学我这样生活。

凡属趣味，我一概都承认他是好的。但怎么样才算"趣味"，不能不下一个注脚。我说："凡一件事做下去不会生出和趣味相反的结果的，这件事便可以为趣味的主体。"赌钱趣味吗？输了怎么样？吃酒趣味吗？病了怎么样？做官趣味吗？没有官做的时候怎么样？……诸如此类，虽然在短时间内像有趣味，结果会闹到俗语说的"没趣一齐来"，所以我们不能承认他是趣味。凡趣味的性质，总要以趣味始以趣味终。所以能为趣味之主体者，莫如下列的几项：一，劳作；二，游戏；三，艺术；四，学问。诸君听我这段话，切勿误会以为：我用道德观念来选择趣味。我不问德不德，只问趣不趣。我并不是因为赌钱不道德才排斥赌钱，因为赌钱的本质会闹到没趣，闹到没趣便破坏了我的趣味主义，所以排斥赌钱；我并不是因为学问是道德才提倡学问，因为学问的本质能够以趣味始以趣味终，最合于我的趣味主义条件，所以提倡学问。

学问的趣味，是怎么一回事呢？这句话我不能回答。凡趣味总要自己领略，自己未曾领略得到时，旁人没有法子告诉你。佛典①说的："如人饮水，冷暖自知。"你问我这水怎样的冷，我便把所有形容词说尽，也形容不出给你听，除非你亲自嗑②一口。我这题目——学问之趣味，并不是要说学问如何如何的有趣味，只要如何如何便会尝得着学问的趣味。

诸君要尝学问的趣味吗？据我所经历过的有下列几条路应走：

第一，"无所为"（为读去声）：趣味主义最重要的条件是"无所为而为"。凡有所为而为的事，都是以别一件事为目的而以这件事为手段；为达目的起见勉强用手段，目的达到时，手段便抛却。例如学生为毕业证书而做学问，著作家为版权而做学问，这种做法，便是以学问为手段，便是有所为。有所为虽然有时也可以为引起趣味的一种方便，但到趣味真发生时，必定要和"所为者"脱离关系。你问我"为什么做学问"？我便答道："不为什么"。再问，我便答道："为学问而学问"；或者答道："为我的趣味"。诸君切勿以为我这些话掉弄虚机；人类合理的生活本来如此。小孩子为什么游戏？为游戏而游戏；人为什么生活？为生活而生活。为游戏而游戏，游戏便有趣；为体操分数而游戏，游戏便无趣。

第二，不息："鸦片烟怎样会上瘾？""天天吃。""上瘾"这两个字，和"天天"这两个字是离不开的。凡人类的本能，只要那部分阁久了不用，他便会麻木会生锈。十年不跑路，两条腿一定会废了；每天跑一点钟，跑上几个月，一天不得跑时，腿便发痒。人类为理性的动物，"学问欲"原是固有本能之一种；只怕你出了学校便和学问告辞，把所有经管学问的器官一齐打落冷宫，把学问的胃弄坏了，便山珍海味摆在面前也不愿意动筷子。诸君啊！诸君倘若现在从事教育事业或将来想从事教育事业，自然没有问题，很多机会来培养你学问胃口。若是做别的职业呢？我劝你每日除本业正当劳作之外，最少总要腾出一点钟，研究你所嗜好的学问。一点钟那里不消耗了？千万别要错过，闹成"学问胃弱"的证候③，白白自己剥夺了一种人类应享之特权啊！

第三，深入的研究：趣味总是慢慢的来，越引越多；像倒吃甘蔗，越往下才越得好处。假如你虽然每天定有一点钟做学问，但不过拿来消遣消遣，不带有研究精神，趣味便引不起来。或者今天研究这样明天研究那样，趣味还是引不起来。趣味总是藏在深处，你想得着，便要人去。这个门穿一穿，那个窗户张一张，再不会看见"宗庙之美，百官之富"，如何能有趣味？我方才说："研究你所嗜好的学问"，嗜好两个字很要紧。一个人受过相当的教育之后，无论如何，总有一两门学问和自己脾胃相合，而已经懂得大概可以作加工研究之预备的。请你就选定一门作为终身正业（指从事学者生活的人说）或作为本业劳作以外的副业。（指从事其他职业的人说）不怕范围窄，越窄越便于聚精神；不怕问题难，越难越便于鼓勇气。你只要肯一层一层的往里面追，我保你一定被他引到"欲罢不能"的地步。

第四，找朋友：趣味比方电，越摩擦越出。前两段所说，是靠我本身和学问本身相摩擦；但仍恐怕我本身有时会停摆，发电力便弱了。所以常常要仰赖别人帮助。一个人总要有几位共事的朋友，同时还要有几位共学的朋友。共事的朋友，用来扶持我的职业；共学的朋友和共顽的朋友同一性质，都是用来摩擦我的趣味。这类朋友，能够和我同嗜好一种学问的自然最好，我便和他研究。即或不然——他有他的嗜好，我有我的嗜好，只要彼此都有研究精神，我和他常常在一块或常常通信，便不知不觉把彼此趣味都摩擦出来了。得着一两位这种朋友，便算人生大幸福之一。我想只要你肯找，断不会找不出来。

我说的这四件事，虽然像是老生常谈，但恐怕大多数人都不曾会这样做。唉！世上人多么可怜啊！有这种不假外求不会蚀本不会出毛病的趣味世界，竟自没有几个人肯来享受！古书说的故事"野人献曝"④；我是尝冬天晒太阳的滋味尝得舒服透了，不忍一人独享，特地恭恭敬敬的来告诉诸君。诸君或者会欣然采纳吧？但我还有一句话：太阳虽好，总要诸君亲自去晒，旁人却替你晒不来。

【注释】

　　①佛典：佛教的典籍。②嗑：用同"喝"。③证候：症状。④野人献曝：此故事出自《列子》。从前有一个农夫，春天在田里劳作，太阳晒到背上，感到无比美好。于是，便想背负着日光，去献给国君，相信会获得重赏。比喻贡献的不是珍贵的东西。

美术与生活

【题解】

此文是作者于 1922 年 8 月 13 日在上海美术专门学校的讲演。"生活于趣味"，是作者的一贯思想。能诱发生活趣味的"利器"，一是文学，二是音乐，三是美术。此文专门讲述美术对于"生活趣味"的重要作用。作者将美术分为三派：一是描写自然之美，可为人再现生活的美妙情景，使人赏心悦目；二是刻画人的喜怒哀乐的心态，使人增加快乐，减少苦痛；三是凭想象虚构，使人进入一个超越的自由天地。审美是人的本能，美术会唤醒人的审美意识，从而生活得更有趣味。一方面培养供给美术的美术家，一方面培养会"享用美术的美术人"，这是美术专门学校的责任。

诸君！我是不懂美术的人，本来不配在此讲演。但我虽然不懂美术，却十分感觉美术之必要。好在今日在座诸君，和我同一样的门外汉谅也不少。我并不是和懂美术的人讲美术。我是专要和不懂美术的人讲美术。因为人类固然不能个个都做供给的

"美术家"，然而不可不个个都做享用美术的"美术人"。

"美术人"这三个字是我杜撰的，谅来诸君听着很不顺耳。但我确信"美"是人类生活一要素——或者还是各种要素中之最要者，倘若在生活全内容中把"美"的成分抽出，恐怕便活得不自在甚至活不成！中国向来非不讲美术——而且还有很好的美术，但据多数人见解，总以为美术是一种奢侈品，从不肯和布帛菽粟一样看待，认为生活必需品之一。我觉得中国人生活之不能向上，大半由此。所以今日要标"美术与生活"这题，特和诸君商榷一回。

问人类生活于什么？我便一点不迟疑答道"生活于趣味"。这句话虽然不敢说把生活全内容包举无遗，最少也算把生活根芽道出。人若活得无趣，恐怕不活着还好些，而且勉强活也活不下去。人怎样会活得无趣呢？第一种，我叫他做石缝的生活：挤得紧紧的没有丝毫开拓余地；又好像披枷带锁，永远走不出监牢一步。第二种，我叫他做沙漠的生活：干透了没有一毫润泽，板死了没有一毫变化；又好像蜡人一般没有一点血色，又好像一株枯树，庾子山①说的"此树婆娑，生意尽矣"。这种生活是否还能叫做生活，实属一个问题。所以我虽不敢说趣味便是生活，然而敢说没趣便不成生活。

趣味之必要既已如此，然则趣味之源泉在那里呢？依我看有三种：

第一，对境之赏会与复现：人类任操何种卑下职业，任处何种烦劳境界，要之总有机会和自然之美相接触，——所谓水流花放，云卷月明，美景良辰，赏心乐事。只要你在一刹那间领略出来，可以把一天的疲劳忽然恢复；把多少时的烦恼丢在九霄云外。倘若能把这些影像印在脑里头令他不时复现，每复现一回，亦可以发生与初次领略时同等或仅较差的效用。人类想在这种尘劳世界中得有趣味，这便是一条路。

第二，心态之抽出与印契：人类心理，凡遇着快乐的事，把快乐状态归拢一想，越想便越有味；或别人替我指点出来，我的快乐程度也增加。凡遇着苦痛的事，把苦痛倾筐倒箧吐露出来，或别人能够看出我苦痛替我说出，我的苦痛程度翻会减少。不惟如此，看出说出别人的快乐，也增加我的快乐；替别人看出说出苦痛，也减少我的苦痛。这种道理，因为各人的心都有个微妙的所在，只要搔着痒处，便把微妙之门打开了。那种愉快，真是得未曾有，所以俗话叫做"开心"。我们要求趣味，这又是一条路。

第三，他界之冥构与蓦进：对于现在环境不满，是人类普通心理，其所以能进化者亦在此。就令没有什么不满，然而在同一环境之下生活久了，自然也会生厌。不满即管不满，生厌即管生厌，然而脱离不掉他，这便是苦恼根源。然则怎样救济法呢？肉体上的生活，虽然被现实的环境捆死了；精神上的生活，却常常对于环境宣告独立。或想到将来希望如何如何，或想到别个世界例如文学家的桃源②，哲学家的乌托邦③，宗教学的天堂净土如何如何，忽然间超越现实界闯入理想界去，便是那人的自由天地。我们欲求趣味，这又是一条路。

这三种趣味，无论何人都会发动的。但因各人感觉机关用得熟与不熟，以及外界帮助引起的机会有无多少，于是趣味享用之程度，生出无量差别。感觉器官敏则趣味增，感觉器官钝则趣味减；诱发机缘多则趣味强，诱发机缘少则趣味弱。专从事诱发以刺激各人器官不使钝的有三种利器：一是文学，二是音乐，三是美术。

今专从美术讲：美术中最主要的一派，是描写自然之美，常常把我们所曾经赏会或像是曾经赏会的都复现出来。我们过去赏会的影子印在脑中，因时间之经过渐渐淡下去，终必有不能复现之一日，趣味也跟着消灭了。一幅名画在此，看一回便复现一回，这画存在，我的趣味便永远存在。不惟如此，还有许多我们从前不注意赏会不出的，他都写出来指导我们赏会的路，我们多看几次，便懂得赏会方法，往后碰着种种美境，我们也增加许多赏会资料了，这是美术给我们趣味的第一件。

美术中有刻画心态的一派，把人的心理看穿了，喜怒哀乐，都活跳在纸上。本来是日常习见的事，但因他写的唯妙唯肖，便不知不觉间把我们的心弦拨动，我快乐时看他便增加快乐，我苦痛时看他便减少苦痛，这是美术给我们趣味的第二件。

美术中有不写实境实态而纯凭理想构造成的。有时我们想构一境，自觉模糊断续不能构成，被他都替我表现了。而且他所构的境界种种色色，有许多为我们所万想不到；而且他所构的境界优美高尚，能把我们卑下平凡的境界压下去。他有魔力，能引我们跟着他走，闯进他所到之地。我们看他的作品时，便和他同住一个超越的自由天地，这是美术给我们趣味的第三件。

要而论之，审美本能，是我们人人都有的。但感觉器官不常用或不会用，久而久之麻木了。一个人麻木，那人便成了没趣的人；一民族麻木，那民族便成了没趣的民族。美术的功用，在把这种麻木状态恢复过来，令没趣变为有趣。换句话说，是把那渐渐坏掉了的爱美胃口，替他复原，令他常常吸受趣味的营养，以维持增进自己的生活康健。明白这种道理，便知美术这样东西在人类文化系统上该占何等位置了。

以上是专就一般人说。若就美术家自身说，他们的趣味生活，自然更与众不同了。他们的美感，比我们锐敏若干倍，正如

《牡丹亭》④说的"我常一生儿爱好是天然"。我们领略不着的趣味，他们都能领略。领略够了，终把些唾余分赠我们。分赠了我们，他们自己并没有一毫破费，正如老子说的"既以为人己愈有，既以与人己愈多"。假使"人生生活于趣味"这句话不错，他们的生活真是理想生活了。

今日的中国，一方面要多出些供给美术的美术家，一方面要普及养成享用美术的美术人。这两件事都是美术专门学校的责任；然而该怎样的督促赞助美术专门学校叫他完成这责任，又是教育界乃至一般市民的责任。我希望海内美术大家和我们不懂美术的门外汉各尽责任做去。

【注释】

①庚子山：庚信，字子山。北周诗人。诗文苍劲悲凉，今存《庚子山集》。②桃源：陶潜笔下的桃花源，指世外桃源。③乌托邦：英国空想社会主义创始人托马斯·莫尔在他的《乌托邦》中虚构的理想社会。④《牡丹亭》：全名《牡丹亭还魂记》。明朝剧作家汤显祖所作的传奇剧本。

敬业与乐业

【题解】

　　此文是作者于 1922 年 8 月 14 日在上海中华职业学校的讲演。听众是职业学校的学员，文章以"敬业与乐业"为题，针对性是很强的。文章开篇便提出了"敬业"、"乐业"这一宗旨，接着分别阐述了"有业"、"敬业"和"乐业"三个问题。作者所讲的"业"不拘限于狭义的"职业"，也包括学生的"学业"。作者认为职业没有高下之分，职业都是神圣的，可敬的，都应该高高兴兴去做。"做一种劳作做到圆满，便是天地间第一等人"。这些观点，有着移风易俗，矫正世风的积极作用。最后以"责任心"和"趣味"归结"敬业与乐业"的旨意。引导学生深入思考人生的哲理。

　　我这题目，是把《礼记》里头"敬业乐业"和《老子》里头"安其居乐其业"那两句话断章取义造出来。我所说是否与《礼记》《老子》原意相合，不必深求；但我确信敬业乐业四个字，是人类生活不二法门①。

本题主眼②，自然是在敬字乐字。但必先有业才有可敬可乐的主体，理至易明。所以在讲演正文以前，先要说说有业之必要。

孔子说："饱食终日，无所用心，难矣哉！"又说："群居终日，言不及义，好行小慧，难矣哉！"孔子是一位教育大家，他心目中没有什么人不可教诲，独独对于这两种人便摇头叹气说道"难！难！"可见人生一切毛病都有药可医，惟有无业游民，虽大圣人碰着他，也没有办法。

唐朝有一位名僧百丈禅师③，他常常用两句格言教训弟子，说道："一日不做事，一日不吃饭。"他每日除上堂说法之外，还要自己扫地擦桌子洗衣服，直到八十岁日日如此。有一回他的门生想替他服劳，把他本日应做的工悄悄地都做了，这位言行相顾的老禅师，老实不客气，那一天便绝对的不肯吃饭！

我征引儒门佛门这两段话，不外证明人人都要正当职业，人人都要不断的劳作。倘若有人问我："百行什么为先？万恶什么为首？"我便一点不迟疑答道："百行业为先，万恶懒为首。"没有职业的懒人，简直是社会上蛀米虫，简直是"掠夺别人勤劳结果"的盗贼。我们对于这种人，是要彻底讨伐，万不能容赦的。有人说：我并不是不想找职业，无奈找不出来。我说：职业难找，原是现代全世界普通现象，我也承认。这种现象应该如何救济，别是一个问题，今日不必讨论。但以中围现在情形论，找职业的机会，依然比别国多得多。一个精力充满的壮年人，倘若不是安心躲懒，我敢信他一定能得相当职业。今日所讲，专为现在有职业及现在正做职业上预备的人——学生——说法，告诉他们对于自己现有的职业应采何种态度。

第一要敬业：敬字为古圣贤教人做人最简易直捷的法门，可惜被后来有些人说得太精微，倒变了不适实用了。惟有朱子④解得最好，他说"主一无适⑤便是敬。"用现在的话讲：凡做一件事便忠于一件事，将全副精力集中到这事上头，一点不旁骛，便是敬。业有什么可敬呢？为什么该敬呢？人类一面为生活而劳动，一面也是为劳动而生活。人类既不是上帝特地制来充当消化面包的机器，自然该各人因自己的地位和才力，认定一件事去做。凡可以名为一件事的，其性质都是可敬。当大总统是一件事，拉黄包车也是一件事。事的名称，从俗人眼里看来有高下，事的性质，从学理上解剖起来并没有高下。只要当大总统的人信得过我可以当大总统才去当，实实在在把总统当作一件正经事来做；拉黄包车的人信得过我可以拉黄包车才去拉，实实在在把拉车当作一件正经事来做；便是人生合理的生活。这叫做职业的神圣。凡职业没有不是神圣的，所以凡职业没有不是可敬的，惟其如此，所以我们对于各种职业，没有什么分别拣择。总之人生在世是要天天劳作的，劳作便是功德，不劳作便是罪恶。至于我该做那一种劳作呢？全看我的才能何如境地何如。因自己的才能境地做一种劳作做到圆满，便是天地间第一等人。

怎样才能把一种劳作做到圆满呢？唯一的秘诀就是忠实，忠实从心理上发出来的便是敬。《庄子》记痀瘘⑥丈人承蜩的故事，说道："虽天地之大，万物之多，而惟吾蜩翼之知。"凡做一件事，便把这件事看作我的生命，无论别的什么好处，到底不肯牺牲我现做的事来和他交换。我信得过我当木匠的做成一张好桌子，和你们当政治家的建设成一个共和国家同一价值；我信得过我当挑粪的把马桶收拾得干净，和你们当军人的打胜一枝压境的敌军同一价值。大家同是替社会做事，你不必羡慕我，我不必羡慕你。怕的是我这件事做得不妥当，便对不起这一天里头所吃的饭。所以我做事的时候，丝毫不肯分心到事外。曾文正说："坐这山，望那山，一事无成。"我从前看见一位法国学者著的书，比较英、法两国国民性，他说："到英国人公事房里头，只看见他们埋头执笔做他的事，到法国人公事房里头，只看见他们衔着烟卷像在那里出神；英国人走路，眼注地上，像用全副精神注在走路上，法国人走路，总是东张西望，像不把走路当一回事。"这些话比较得是否确切，姑且不论；但很可以为敬业两个字下注脚。若果如他们所说，英国人便是敬法国人便是不敬。一个人对于自己的职业不敬，从学理方面说，便亵渎职业之神圣；从事实方面说，一定把实情做糟了，结果自己害自己。所以敬业主义，于人生最为必要，又于人生最为有利。庄子说："用志不纷，乃凝于神。"孔子说："素其位而行，不愿乎其外。"我说的敬业，不外这些道理。

第二要乐业："做工好苦呀！"这种叹气的声音，无论何人都会常在口边流露出来。但我要问他："做工苦，难道不做工就不苦吗？"今日大热天气，我在这里喊破喉咙来讲，诸君扯直耳朵来听，有些人看着我们好苦；翻过来，倘若我们去赌钱去吃酒，还不是一样的淘神⑦费力？难道又不苦？须知苦乐全在主观的心，不在客观的事。人生从出胎的那一秒钟起到咽气的那一秒钟止，除了睡觉以外，总不能把四肢五官都搁起不用，只要一用，不是淘神，便是费力，劳苦总是免不掉的。会打算盘的人只有从劳苦中找出快乐来。我想天下第一等苦人，莫过于无业游民，终日闲游浪荡，不知把自己的身子和心子摆在那里才好，他们的日子真难过。第二等苦人，便是厌恶自己本业的人，这件事分明不能不做，却满肚子里不愿意做，不愿意做逃得了吗？到底不能，结果还是绉着眉头哭丧着脸做去，这不是专门自己替自己开顽笑吗？

我老实告诉你一句话：凡职业都是有趣味的，只要你肯继续做下去，趣味自然会发生。为什么呢？第一，因为凡一件职业，总有许多层累⑧曲折，倘能身入其中，看他变化进展的状态，最为亲切有味。第二，因为每一职业之成就，离不了奋斗；一步一步的奋斗前去，从刻苦中得快乐，快乐的分量加增。第三，职业的性质，常常要和同业的人比较骈进⑨，好像赛球一般，因竞胜而得快乐。第四，专心做一职业时，把许多游思妄想杜绝了，省却无限闲烦恼。孔子说："知之者不如好之者，好之者不如乐之者。"人生能从自己职业中领略出趣味，生活才有价值。孔子自述生平，说道："其为人也，发愤忘食，乐以忘忧，不知老之将至云尔。"这种生活，真算得人类理想的生活了。

　　我生平最受用的有两句话，一是"责任心"。二是"趣味"。我自己常常力求这两句话之实现与调和。又常常把这两句话向我的朋友强聒不舍⑩。今天所讲，敬业即是责任心，乐业即是趣味。我深信人类合理的生活总该如此；我盼望诸君和我同一受用。

【注释】

　　①不二法门：佛家语。谓平等无差别之至道。后用以指独一无二的门径、方法。②主眼：犹着眼点。③百丈禅师：指唐时洪州百丈山怀海禅师，俗姓王，福州长乐县人，原籍太原，远祖因西晋怀帝永嘉战乱，移居福州。与智藏、普愿为三大士。④朱子：朱熹，南宋时理学家。⑤主一无适：专心于一件事，不向别处分心。⑥痀瘘：佝偻，曲背。⑦淘神：使人耗费精神。⑧层累：指困难和阻力重重。⑨骈进：一同前进，并进。⑩强聒不舍：唠唠叨叨说个没完。

什么是新文化

——科学的理解与自律的情操

【题解】

此文是作者于 1922 年 8 月 31 日下午在长沙第一中学讲演。作者并不是简单地给"新文化"下个定义，而是阐述在"新文化运动"中，青年学子所应具有的素质：一、知识上要有科学的理解；二、品格上要有自律的情操。所谓科学的理解，凡事不能只靠想象，要有确实的证据。不能轻信附和，人云亦云，要做具体、深入地分析与研究。所谓自律的情操，就是要有自治的能力，要处理好自由与自治的关系。知识上有科学的理解，品格上有自律的情操，才是新文化塑造的新人形象。

今天所演讲的是"什么是新文化"。这几年来所谓新文化运动①，举国的先觉②相率提倡，一般青年勇猛前进；这是一个顶好的现象，但是口头讲的很多，你若问他什么是新文化？却有许多答不出来，即或答了出来，也是一个人一样。本来这个问题很难，文化二字包括甚广，人类所发生的文明都可谓之新文化，不过他有许多方面的解释，所以大家反为不懂，不懂还要口头去讲，这可谓无诚意的，即或有诚意的去讲，仅止对于意思懂得而不能得真正的理解，那末，必会发生许多的流弊，所以要讲新文化，必有两个先决的要点：

一，在知识上要有科学的理解

二，在品格上要有自律的情操

新文化在现在要养成一种最优秀最新颖的事业，一方要有新知识，否则在现世站不住；一方要有新品格，否则不能生存；新知识和旧知识不同的点，就是新的无论何事总是用科学的去研究。科学的理解和非科学的理解，如何分别呢？非科学的理解：是专靠很聪明，闭目瞑想③，猝然④领悟；从前无论中外，都是如此，这种有时也可得很高明的知识，然而大概都犯着：样样懂，样样不懂；问他真不真，则不能回答；这都是理想的错误。科学的研究如何呢？凡事必由分析整理着手，非找到的确的证据不相信；非有彻底了解不轻易讲；一个问题都可以还原；驳人家须要预备人家回驳；所以科学的研究不能笼统，对于前人所说的，非经过多少经验，不肯相信。对于自己，不能因一时聪明的领悟到，即谓了解；总要着实研究才相信才发表。但是研究也不能太多。譬如今天拿一部文学杂志来讲，明天又拿一部法政杂志来讲，这是万不成的。所谓科学理解，是要又窄而深的研究，用科学的方法分析整理，从这一点看来，我们现在到底是有科学的理解没有？我相信素来讲新文化的人对于科学是不能诋毁的，但是现在我们中国新文化运动中的人，大多未曾经过此番工夫，轻信附和，人云亦云。譬如我们的衣袖，要研究怎样大小才合卫生？但是现在许多人不这样讲，只看怎样才时髦。人家说不好，即跟着说不好，人家说未必不好，也跟着说未必不好；这层是一般青年最容易发生的毛病，可使知识浅薄，社会堕落。还有一种，本来一样东西他的本质很好，倘无了解的能力，专从方面上看，也会生出毛病出来。譬如共和政体，必用科学的方法去研究分析，要知道如何才是共和，如何才可名实相副。又如现在所谓社会主义，联省自治，仅知道皮毛，不了解他的内容，也是一样。这是很危险的，我们中国就是吃了此亏。现在新文化的好处固多，坏处也有，坏处就是在这里！希望我们以后有志于新文化运动的，赶紧对于从前走错了的路不要走了！还希望找一门专门学，用科学的方法专心研究，万不可犯着笼统的毛病，这是新文化主要条件。

关于品格自律的。新时代需要的人格和旧时代不同之点在什么地方？旧时代无论社会家庭，总是一部分人为主体，一部分人为附属：家庭是父母为主，子女为附属；学校是校长为主，学生为附属。现在所谓新人格，即是各个人到了成人的时候，必有各个人自立的能力。不要专靠别人，做别人的附属；好像在孩提时候，要父母喂饭，现在是要到自己吃饭的时候了。

在先前倚赖还不要紧，因为当时人类分为两阶级：一，倚赖的。是要受人支配。二，被倚赖的。是受倚赖的隶属。这种现象只可在文化幼稚的时代，到现在已经像成了年的人，是不成了。

自由，自治，现在可以说是代表新文化的，但是我们有一宗不能忘的，是为什么才自由呢？可以说就是不倚赖别人，能自治，这个名之曰"自律"。一个人能自律而不能自由，是先辈的不对，倘若不能自律硬要自由……或还要倚赖别人，是顶不好的，甚至妨害社会秩序，也是有的。现在各学校都有自治团体，这是新教育的精神。中学校以上，要他都可自律，对于自己的情感，应发展的发展，不应发展的，要自抑制，这是情操，这是能自律。果真这样，能自治当然让他自治，能走路当然让走，不然，牵着手还怕跌，那能自走呢！

青年要使他达到自治的程度如何？要看他自律的程度如何为标准，譬如学校不要规条，因为学生有自治的能力，假若没这能力，非管理不可，那么学校自有种规条来管理他。又如图书馆本来没有什么规章，因为一班人已经成了一种遵守的习惯，倘或你要破坏他的习惯——读书高声朗诵……他也只好立出一种规条来，管束你，因为你不能自律。

我看新文化的精神，很有几点和旧文化相同的地方，如从前的法家"信赏必罚"⑤，使社会上现出一种整齐严肃，而儒家则要"道之以政，胁之以刑，民免而无耻"⑥，即是新文化的"自律"——不用旁力去压制他使他自己去作。法家的方法，非采用严务的监督不可，如学校一定要用记过，开缺；……。儒家是专要人自治，要使社会养成一种各个人都自治的风气，不用旁人去干涉，这即所谓"有耻且格⑦"。好像学校里学生都有自治的习惯能力。在教师既免去了许多干涉的烦恼，在学生也增加无穷的兴趣。那末，儒家主义，可以说正合乎新文化了。我国现代青年，所犯的毛病，遂是不肯努力作自律的工夫，自己没有养成自律的情操，一心专求要解放，要自由。要知道上古时代不自律还可以，倘要在开放时代不自律，是不能的。既不自律还要求解放，那是更不成了。所以一方面要求解放、自由，一方面要自己看如何才能得到自律的精神。所以我希望青年们，要作新文化运动应当要，"知识上，非做科学的理解不可"；在道德——品格——上，非做到自律的情操不可。我今天因时间仓促，对于各位没多大的贡献，不过希望诸位在以上两点注意罢了。

【注释】

①新文化运动：是 1919 年五四运动爆发前后由胡适、陈独秀、鲁迅、钱玄同、李大钊等一些受过西方教育的人发起的一次"反传统、反孔教、反文言"的思想文化革新、文学革命运动。②先觉：觉悟早于常人的人。③瞑想：默默思索，苦思。④猝然：忽然。⑤信赏必罚：指赏罚严明。⑥民免而无耻：百姓为了免于刑罚而服从，并无羞耻之心。⑦有耻且格：指德活、礼活，百姓不但有廉耻之心，还会人心归顺。

教育应用的道德公准

【题解】

此文是作者于 1922 年在金陵大学的讲演。作者将道德公准概括为四条：一、同情——反面是嫉妒；二、诚实——反面是虚伪；三、勤劳——反面是懒惰；四、刚强——反面是怯弱。作者认为，世上一切道德的根源都起于爱——同情心。相爱是万善之根，相妒是万恶之源。诚实为道德，虚伪为罪恶。"万恶惰为首，百善勤为先"。而刚强则是一个人发展个性与群性所必备的能力。尤其可贵的是，作者将道德教育和发展人的个性结合起来，这样才能把每个人的能量尽可能地释放出来，能够为集体、民族、国家谋利益做贡献。这四条道德公准，正是青年学子"励志"进取的方向。

主席，诸君：我今天晚上有机会同诸位见面讨论，是一件很荣幸的事体。我在南京这几天时间很短促，东南大学那边又担任有演讲，所以没有工夫预备。今天晚上实在没有什么重要的话可以贡献诸君，现在所欲同诸君研究的，就是刚才主席所报告的题目：《教育应用的道德公准》。

现在不是人人都说世道衰微，人心不古，道德的堕落真有江河日下之势吗？这不单是中国如此，欧美各国亦是免不了的。他们觉得人类的道德越古越好，到了现在，总不免要每况愈下的；或者说道德和科学及物质文明是成反比例的，科学越发达，物质文明越进步，道德就要堕落和退步的。现在有许多人都有这种感想。但是，诸君，现在的道德，果然是堕落吗？或是朝他一方面进化呢？假如现在的道德是果真堕落，应当用什么方法去救济他呢？欲解决这两个问题，非得先定一个道德的公准不可。欲定道德的公准，须先知道公准之意义。

什么是公准呢？就是公共的标准。"权①然后知轻重，度然后知长短。"欲知道德的够不够，要先知道怎样的道德才是够。果真不够了，用什么方法去补足他，这样非得有个尺斗不行。所以研究道德的公准这问题，是很重要的。但是道德毕竟有公准没有呢？大概古来主张道德有公准的学说很多，譬如中国旧学说便是主张道德，有公准的，所说"日月经天，江河行地"，"质诸鬼神而无疑，建诸天地而不悖"，"放之四海而皆准"。此类的话，都足以证明中国道德是有公准的。西洋各国崇拜基督教的，都以基督的道德为准则，合于基督所言所行的，无论何时何地都可以通行。欧洲如此，美洲也是如此。所以无论中外，在一百年以前，都主张道德有公准的。

不过近来因科学和哲学自由发展的结果，就有一派的学说，不认道德是有公准的，他们以为道德是随时随地演进变迁的，所谓放诸四海，行之百世不生弊害的，是靠不住的。譬如基督教旧约圣经说："人欲杀他的长男，作上帝的牺牲。"这算是道德。设使他爱惜他的儿子，不肯献给上帝，那就是不道德了。但是在现在看来，杀人做牺牲到底是道德，还是不道德呢？又如欧美女子社交自由，男女交际算不得什么，从前中国女子深居简出，从不许抛头露面在外边走的。现在在坐诸位，一半是女子，当着这深夜，和男子杂坐一堂，这岂不是道学先生所谓极不道德的事体吗？但是诸位自己想想，诸位今天是道德还是不道德呢？设使我今天说你们是不道德，这不是笑话吗？诸如此类。可见道德应该因时制宜，随机应变，不宜用什么公准去束缚他，以致失掉道德的真象，阻碍道德的进步。这一派的学说，主张道德没有公准的，都是持之有故，言之成理。

但是依我个人的意见，道德应有公准为是。因为假使道德没有公准，道德的自身不免蹈空，陷落虚无，人生在世界上，无论对己对人，都要毫无把握，所以我主张有公准说。

既然道德要有公准，我们用什么方法去找出这公准来呢？如此不可不先定一公准之公准。譬如道德的公准，是一丈或八尺，但是怎样定这公准，就是一丈或八尺呢？音乐的公准是音符，音符是由黄钟之宫②定的，所以这黄钟之宫，就是音乐公准。长度的公准是公尺，就是"米突"③，这米突乃是取自巴黎子午线自地球之赤道至北极，做一千万分之一，这一千万分之一，便是米突的公准，便是公准的公准。道德公准的公准，是什么呢？依我看来，道德的公准至少有三个条件。

（一）道德是要永久的，无所谓适于古者不适于今，合于今者不合于后的。好像牺牲长子献给上帝，在古时是道德，在现在是不道德。

（二）道德是要周遍的，能容涵许多道德的条目，并不相互发生冲突。

（三）道德是对等的，没有长幼贵贱男女之分，只要凡是人类，都要遵守的。依照他去做便是道德，不然便不是道德。

依照上面所说的三个条件看来，可见我们修身教科书里面所说的和历来传袭的伦理观念，能够合于第一条的，未必能够合于第二条。譬如父子君臣之间，父施之子，君施之臣，是道德的，子若同样的反报之父，臣同样的反报之君，便是大逆不道。这样自然不能做道德的公准。

道德公准的条目越少越好。那些主张道德有公准的，常常被那主张无公准的人所驳倒，便是因为繁文缛节条目太多，所以往往不能自圆其说，这是很危险的。所谓道德者，须人人竭诚信奉，可以反求诸己，施诸他人，此心泰然，所向无阻，否则难免良心之责备，为社会所不容。如此，道德的权威方能存在，不然无论你多大的力量，亦是不能维持的。

我们中国的老前辈，常常叹惜我们中国道德日渐堕落，他们硬把二十年前的道德观念，琐琐屑屑的责备我们，强迫着我们去行。结果依然行不通，或者不能自圆其说，一般的人便以为不能行，悻然不去行了，或是冒着道德的招牌，干那些不道德的事，这不更糟了吗？所以我们现在要讲道德的公准，万万不能把从前琐琐屑屑的条目，责备现在的人，只宜从简单入手，条目越少，遵守较易，道德的权威便易养成。无论何人，违犯了这公准便免不了受良心的责备和社会制裁。故道德的公准，不可没有，又不可过多，而最普遍最易遵守的道德公准，不外下列四条：

（一）同情——反面是嫉妒。

（二）诚实——反面是虚伪。

（三）勤劳——反面是懒惰。

（四）刚强——反面是怯弱。

上述四者，无古今中外之分，随时随地都应遵守的。四者包含很广，却并无不相容纳，且是对等的重要。即就同情心而论，非谓父可不必慈，子却必孝，君不必待臣以礼，臣必须事君以忠，本国人对本国人，固然应该敬爱，便是本国人对外国人，何尝不应如是呢？小孩固应诚实，长成了后，难道便可以说谎欺诳吗？做老爷的固然应该勤勤恳恳去做，老太爷和少爷便可以坐吃享福吗？就是刚强一项，亦非谓某种人是应该刚强，某种人可以不必的。

用以上四种做道德公准，一定能行的，因为道德的目的不外下述二者：

（一）发展个性。

（二）发展群性。

凡是一个人不能发展他的个性，便是自暴自弃。孔子说："惟天下至诚，为能尽其性，能尽其性，则能尽人之性。"这尽人之性，便是一个人处着特殊的地位，将固有的特色，尽量发挥，这才不辜负我们的一生。而人生在世界上所以能够生存，不光是恃着个人，尤贵在人与人的关系，这就是群。我们家庭至小的单位是夫妇，大之有父子兄弟，在邻里有乡党，在校有同学，在工厂有同事，在国家有国人。所以一方面我们要发展个性，他一方面又要发展群性。能够如此，才算是有了高尚的道德。

（一）同情。世上一切道德的根源，都起于爱——同情心，相爱是万善之根，相妒是万恶之源。就是最高尚的互助和博爱，亦是由于同情所产生的。孟子说："恻隐之心，仁之端也。"这不是说恻隐就是仁，但他是仁之端。同情比较恻隐尤其宽大。恻隐不过是因人的苦痛生出怜惜的意思，同情不但是怜惜人的苦痛，而且是与人同乐的。

嫉妒争斗是万恶之源。而同类相残，几乎成了世上普遍的通病，人为万物之灵，这罪恶是尤其大的。你看资本家老爷们，那个不吃人肉，吮人血呢？因妒的结果，家庭内妯娌不和，兄弟阋墙；一国里头两党执政，互相排挤；国与国之间，生出许多战事；世界许多罪恶，都是妒字造成的。这样看来，可见同情是道德，嫉妒是罪恶。拿这公准去批评道德，可知古今中外所主张的，极端狭隘的爱国论，亦是不道德。此外如同阶级战争，就是平民与贵族的战争，劳工与资本家的冲突等等，好处固然不少，而根源于嫉妒，借端报复，仍为不道德。

（二）诚实。诚实为道德，虚伪为罪恶，用不着解释。各宗教都如此说，早已成为公准了。但是各宗教究竟有虚伪性没有呢？基督徒能够真不虚伪的有几个呢？大概总免不了做面子的。和尚道士尤其如此。伪的道德，在社会上早已成为有权威了。中国何尝不讲诚实呢？设使社会上不带几分假，终是行不通，甚且说你是不道德。譬如父母死了，哀恸是人情之常，但是哀恸亦是因人不同，且不必整天的在那里哀恸。晋朝嵇康④父母死了，每天吃饭喝酒，同平常一样，但是他伤心起来，便号啕大哭，哭过了后，浑身变色。不过他不但没有挨饿，反而饮酒，在这道德上有什么妨碍呢？现在的人，父母死了，必要卧苫枕块⑤，穿麻扶杖，才算哀恸。设使一个人不卧苫枕块，穿麻扶杖，却披上一件大红绣袄，他虽然哀恸到十二分，社会责备他说他不孝，不道德，反之，他纵然毫无哀恸，而穿上麻服，社会也就无言可说。这不是社会奖励虚伪吗？欧美各国亦是如此，明知故犯的很多，知道诚实当行，而不能行的更是不少。

（三）勤劳。古人有说："万恶淫为首，百善孝为先。"我却欲改窜着说："万恶惰为首，百善勤为先。"因为上帝创造世人，并不是他开了面包铺，销售不了，给我们白吃的。世上无论何人，勤劳是他的本分，设使他不劳作而吃饭，便是抢劫侵占，一切虚伪嫉妒，种种罪恶，因此而起。但是历来宗教家和政治家，到底是奖励勤劳，还是奖励懒惰呢？释迦牟尼削发入山，四十九年苦行救世，每天只吃中饭，而教人不倦，他是勤劳可嘉的。和尚就绝对不同了，他们整天静坐入定，无所事事。静坐入定好不好是另一问题，但是他们享受清福，我们这般俗子，劳劳碌碌做什么呢？耶稣基督是勤劳，基督教徒便不然了，罗马教皇乃是天下一个顶懒惰的人。孔子学不厌诲不倦，他是个很勤劳的人。后来的儒生，读了四书五经，便借以骗钱做官，下焉者⑥无恶不做，上焉者⑦清廉自守。然人不是石狮子，可以坐着不吃，光是清廉自守，还是不够，所以要学孔子的不懒惰。然而这样人很少。宗教如此，政治亦然。祖宗立了功勋，子孙可以世袭封爵，祖宗的遗产可以传留子孙，子孙便可以安坐而食。这不是政治奖励懒惰吗？懒惰已被世人承认为罪恶，而政治宗教反而奖励之，可谓是孟子所说的"无是非之心"了。

（四）刚强。人生在世光是能够勤劳还不够，因为一个人如须发展个性或群性时，不能天天都走平坦的道路上，有时不免要向崎岖狭隘的路走走。平路固然可恃我们平常的力量去行，设使遇着艰难的路，足以妨碍及侵害我们的发展时，独力不克制服，则种种道德学问，不免被困降伏。一个人尽管你五十九年有道德，临了六十那一年，失了刚强的能力，不能持下去，便是不道德了。一个人有了刚强的能力，凭你有多大的压力，要我行虚伪不诚实，便抵死不干。勤劳亦是这样。凡人欲能护卫自己，不使堕落，非特刚强不行。

以上所述的四种公准能够看得透，体得切，每天的言语行动，都照着去做，事事都求合乎公准。社会的批评，亦把这四种做标准，合的为道德，不合为不道德。教育界亦不必多言费事，只好牢牢记住，我们欲看教育的进步与否，只看被教者能遵守此四者与否。

【注释】

①权：衡量。②黄钟之宫：古代乐律名。③米突：米的旧称。④嵇康：字叔夜，三国时魏国文学家、名士。"竹林七贤"之一。反对儒家之繁琐礼教，提出"越名教而任自然"之说。⑤卧苫枕块：卧于草垫上，以土块作枕头。指人子守父母之丧而言。⑥下马者：指次等者。⑦上马者：指善良的人。

为学与做人

【题解】

此文是作者于 1922 年 12 月 27 日在苏州学生联合会讲演。原刊于 1923 年 1 月 15 日《晨报副镌》。作者在文中提出"求学问"的最终目的"是学做人"的观点。而做人就要做到智、仁、勇三者兼备，因为"知者不惑，仁者不忧，勇者不惧"。作者认为智，不仅要有基本常识和专门知识，更重要的要有遇事能断的总体智慧，有根本的判断力。而仁者，因为不受成败与得失的困扰，所以不忧。勇就是要有坚强的意志，心地光明，不为劣等欲望所牵制，也就无所畏惧了，判断力、人格和意志力是做人的三大标准。因此，要在"智育、情育、意育"上下功夫。

诸君！我在南京讲学将近三个月了。这边苏州学界里头，有好几回写信邀我；可惜我在南京是天天有功课的，不能分身前来。今天到这里，能够和全城各校诸君聚在一堂，令我感激得很。但有一件，还要请诸君原谅：因为我一个月以来，都带着些病，勉强支持。今天不能作很长的讲演，恐怕有负诸君期望哩。

问诸君"为甚么进学校"？我想人人都会众口一辞的答道："为的是求学问。"再问："你为什么要求学问？""你想学些什么？"恐怕各人的答案就很不相同，或者竟自答不出来了。诸君啊！我请替你们总答一句罢："为的是学做人。"你在学校里头学的什么数学、几何、物理、化学、生理、心理、历史、地理、国文、英语，乃至什么哲学、文学、科学、政治、法律、经济、教育、农业、工业、商业等等，不过是做人所需要的一种手段，不能说专靠这些便达到做人的目的。任凭你把这些件件学得精通，你能够成个人不能成个人还是别问题。

人类心理，有知情意三部分；这三部分圆满发达的状态，我们先哲名之为三达德——智，仁，勇。为什么叫做"达德"呢？因为这三件事是人类普通道德的标准，总要三件具备才能成一个人。三件的完成状态怎么样呢？孔子说："知者不惑，仁者不忧，勇者不惧。"所以教育应分为知育、情育、意育三方面。——现在讲的智育、德育、体育，不对。德育范围太笼统，体育范围太狭隘。——知育要教到人不惑，情育要教到人不忧，意育要教到人不惧。教育家教学生，应该以这三件为究竟；我们自动的自己教育自己，也应该以这三件为究竟。

怎么样才能不惑呢？最要紧是养成我们的判断力。想要养成判断力：第一步，最少须有相当的常识；进一步，对于自己要做的事须有专门智识；再进一步，还要有遇事能断的智慧。假如一个人连常识都没有，听见打雷，说是雷公发威；看见月蚀，说是虾蟆①贪嘴。那么，一定闹到什么事都没有主意，碰着一点疑难问题，就靠求神问卜看相算命去解决。真所谓"大惑不解"，成了最可怜的人了。学校里小学中学所教，就是要人有了许多基本的常识，免得凡事都暗中摸索。但仅仅有这点常识还不够。我们做人，总要各有一件专门职业；这门职业，也并不是我一人破天荒去做，从前已经许多人做过。他们积了无数经验，发现出好些原理原则，这就是专门学识。我打算做这项职业，就应该有这项专门学识。例如我想做农吗：怎样的改良土壤，怎样的改良种子，怎样的防御水旱病虫……等等，都是前人经验有得成为学识的。我们有了这种学识，应用他来处置这些事，自然会不惑；反是则惑了。做工做商……等等都各各有他的专门学识，也是如此。我想做财政家吗，何种租税可以生出何样结果，何种公债可以生出何样结果……等等，都是前人经验有得成为学识的。我们有了这种学识，应用他来处置这些事，自然会不惑；反是则惑了。教育家军事家……等等都各各有他的专门学识，也是如此。我们在高等以上学校所求的智识，就是这一类。但专靠这种常识和学识就够吗？还不能。宇宙和人生是活的不是呆的；我们每日所碰见的事理是复杂的变化的不是单纯的印板②的。倘若我们只是学过这一件才懂这一件，那么，碰着一件没有学过的事来到跟前，便手忙脚乱了。所以还要养成总体的智慧才能得有根本的判断力。这种总体的智慧如何才能养成呢？第一件：要把我们向来粗浮的脑筋，着实磨练他，叫他变成细密而且踏实。那么，无论遇着如何繁难的事，我都可以彻头彻尾想清楚他的条理，自然不至于惑了。第二件：要把我们向来昏浊的脑筋，着实将养他，叫他变成清明。那么，一件事理到跟前，我才能很从容很莹澈的去判断他，自然不至于惑了。以上所说常识学识和总体的智慧，都是智育的要件，目的是教人做到知者不惑。

怎么样才能不忧呢？为什么仁者便会不忧呢？想明白这个道理，先要知道中国先哲的人生观是怎么样。"仁"之一字，儒家人生观的全体大用都包在里头。"仁"到底是什么？很难用言语说明。勉强下个解释，可以说是："普遍人格之实现。"孔子说："仁者人也。"意思说是人格完成就叫做"仁"。但我们要知道：人格不是单独一个人可以表见的，要从人和人的关系上看出来。所以仁字从二人，郑康成③解他做"相人偶"。总而言之，要彼我交感互发，成为一体，然后我的人格才能实现。所以我们若不讲人格主义，那便无话可说。讲到这个主义，当然归宿到普遍人格。换句话说：宇宙即是人生，人生即是宇宙，我的人格和宇宙无二无别。体验得这个道理，就叫做"仁者"。然则这种仁者为甚么就会不忧呢？大凡忧之所从来，不外两端，一曰忧成败，二曰忧得失。我们得着"仁"的人生观，就不会忧成败。为什么呢？因为我们知道宇宙和人生是永远不会圆满的，所以《易经》六十四卦，始"乾"而终"未济"④。正为在这永远不圆满的宇宙中，才永远容得我们创造进化。我们所做的事，不过在宇宙进化几万万里的长途中，往前挪一寸两寸，那里配说成功呢？然则不做怎么样呢？不做便连这一寸两寸都不往前挪，那可真真失败了。"仁者"看透这种道理，信得过只有不做事才算失败，凡做事便不会失败。所以《易经》说："君子以自强不息。"换一方面来看：他们又信得过凡事不会成功的，几万万里路挪了一两寸，算成功吗？所以《论语》说："知其不可而为之。"你想，有这种人生观的人，还有什么成败可忧呢？再者，我们得着"仁"的人生观，便不会忧得失。为什么呢？因为认定这件东西是我的，才有得失之可言。连人格都不是单独存在，不能明确的画出这一部分是我的那一部分是人家的，然则那里有东西可以为我所得？既已没有东西为我所得，当然也没有东西为我所失。我只是为学问而学问，为劳动而劳动，并不是拿学问劳动等等做手段来达某种目的——可以为我们"所得"的。所以老子说："生而不有，为而不恃。""既以为人己愈有，既以与人己愈多。"你想有这种人生观的人，还有什么得失可忧呢？总而言之，有了这种人生观，自然会觉得"天地与我并生，而万物与我为一"；自然会"无人而不自得"。他的生活，纯然是趣味化艺术化。这是最高的情感教育，目的教人做到仁者不忧。

怎么样才能不惧呢？有了不惑不忧工夫，惧当然会减少许多了。但这是属于意志方面的事；一个人若是意志力薄弱，便有很丰富的智识，临时也会用不着；便有很优美的情操，临时也会变了卦。然则意志怎么才会坚强呢？头一件须要心地光明。孟子说："浩然之气，至大至刚。行有不慊于心，则馁矣。"又说："自反而不缩，虽褐宽博，吾不惴焉；自反而缩，虽千万人，吾往矣。"俗语说得好："生平不作亏心事，夜半敲门也不惊。"一个人要保持勇气，须要从一切行为可以公开做起。这是第一著。第二件要不为劣等欲望之所牵制。《论语》记："子曰：吾未见刚者。或对曰：申枨⑤。子曰："枨也欲，焉得刚？"一被物质上无聊的嗜欲东拉西扯，那么，百炼钢也会变为绕指柔了。总之一个人的意志，由刚强变为薄弱极易，由薄弱返到刚强极难。一个人有了意志薄弱的毛病，这个人可就完了。自己作不起自己的主，还有什么事可做？受别人压制，做别人奴隶。自己只要肯奋斗，终须能恢复自由。自己的意志做了自己情欲的奴隶，那么，真是万劫沉沦，永无恢复自由的余地，终身畏首畏尾，成了个可怜人了。孔子说："和而不流，强哉矫⑥；中立而不倚，强哉矫；国有道，不变塞焉，强哉矫；国无道，至死不变，强哉矫。"我老实告诉诸君说罢：做人不做到如此，决不会成一个人。但做到如此真是不容易，非时时刻刻做磨练意志的工夫不可。意志磨练得到家，自然是看着自己应做的事，一点不迟疑，扛起来便做，"虽千万人吾往矣"。这样才算顶天立地做一世人，绝不会有藏头躲尾左支右绌⑦的丑态。这便是意育的目的，要教人做到勇者不惧。

我们拿这三件事作做人的标准，请诸君想想，我自己现时做到那一件——哪一件稍为有一点把握。倘若连一件都不能做到，连一点把握都没有，嗳哟！那可真危险了，你将来做人恐怕就做不成。讲到学校里的教育吗，第二层的情育第三层的意育，可以说完全没有；剩下的只有第一层的知育。就算知育罢，又只有所谓常识和学识，至于我所讲的总体智慧靠来养成根本判断力的，却是一点儿也没有。这种"贩卖智识杂货店"的教育，把他前途想下去，真令人不寒而栗！现在这种教育，一时又改革不来，我们可爱的青年，除了他更没有可以受教育的地方。诸君啊！你到底还要做人不要？你要知道危险呀！非你自己抖擞精神想方法自救，没有人能救你呀！

诸君啊！你千万别要以为得些断片的智识就算是有学问呀。我老实不客气告诉你罢，你如果做成一个人，智识自然是越多越好；你如果做不成一个人，智识却是越多越坏。你不信吗？试想想全国人所唾骂的卖国贼某人某人，是有智识的呀，还是没有智识的呢？试想想全国人所痛恨的官僚政客——专门助军阀作恶鱼肉良民的人，是有智识的呀，还是没有智识的呢？诸君须知道啊，这些人当十几年前在学校的时代，意气横厉⑧，天真烂缦，何尝不和诸君一样？为什么就会堕落到这样田地呀？屈原说的："何昔日之芳草兮，今直为此萧艾⑨也！岂其有他故兮，莫好修之害也。"天下最伤心的事，莫过于看着一群好好的青年，一步一步的往坏路上走。诸君猛醒啊！现在你所厌所恨的人，就是你前车之鉴了。

诸君啊！你现在怀疑吗？沉闷吗？悲哀痛苦吗？觉得外边的

压迫你不能抵抗吗？我告诉你，你怀疑和沉闷，便是你因不知才会惑。你悲哀痛苦，便是你因不仁才会忧。你觉得你不能抵抗外界的压迫，便是你因不勇才有惧。这都是你的知情意未经过修养磨练，所以还未成个人。我盼望你有痛切的自觉啊！有了自觉，自然会自动。那么，学校之外，当然有许多学问，读一卷经，翻一部史，到处都可以发见诸君的良师呀！

诸君啊！醒醒罢！养足你的根本智慧，体验出你的人格人生观，保护好你的自由意志。你成人不成人，就看这几年哩！

【注释】

①虾蟆：神话传说月宫是由一大蟾蜍幻化而成。而月蚀即蟾蜍吞食了月亮。②印板：用以印刷的底板。③郑康成：郑玄，字康成。东汉著名经学家。遍注群经，成为汉代经学之集大成者。④未济：未能完成和未能成功之意。⑤申枨：字周，春秋时鲁国人，精通六艺，孔子七十二贤之一。⑥矫：强貌。⑦左支右绌：不足，不够。⑧横厉：纵横凌厉。形容气势盛猛。⑨萧艾：比喻品质不好的人。

东南大学课毕告别辞

【题解】

　　此文是作者于 1923 年 1 月 13 日在东南大学讲演的。原刊 1923 年 1 月 20 日《时事新报·学灯》。作者为东南大学已讲学半年，这是最末一次讲演，是告别之辞，通篇都是语重心长的叮嘱。首先，作者强调学生最重要的不是学到多少知识，而是找着做学问的方法，正是授人以鱼，不如授人以渔的道理。作者接着指出，不要以为国外的教育一切都好，从而丢弃了自己民族的特质，而被"丑化"。在谈到"知识饥荒"与"精神饥荒"时，作者认为救济精神饥荒更为紧要。救济的方法有两条：一、裁抑物质生活，使不得猖獗，保持精神生活的圆满；二、先立高尚美满的人生观。对人生观的认识，又指出两点：一、宇宙是不圆满，待人去努力；二、人不能单独存在，要有"无我"的境界，才有乐观向上，免除私忧的人生观。文章仍以对青年寄予厚望作结："世界的将来，要靠诸君努力！"

　　诸君！我在这边讲学半年，大家朝夕在一块儿相处，我很觉得快乐。并且因为我任有一定的功课，也催逼着我把这部十万余言的《先秦政治思想史》著成；不然，恐怕要等到十年或十余年之后。中间不幸身体染有小病，即今还未十分复原，我常常恐怕不能完课；如今幸得讲完了！这半年以来，听讲的诸君，无论是正式选课或是旁听，都是始终不曾旷课，可以证明诸君对于我所讲有十分兴味。今当分别，彼此实在很觉得依恋难舍。因为我们这半年来，彼此人格上的交感不少。最可惜者，因为时间短促，以致仅有片面的讲授，没有相互的讨论，所谓教学相长，未能如愿做到！今天为这回最末的一次讲演，当作与诸君告别之辞。

诸君千万不要误解，说梁某人是到这边来贩卖知识，我自计知识之能贡献于诸君者实少。知识之为物，实在是无量的广漠，谁也不能说他能给谁以绝对不易的知识；顶多，亦只承认他有相对的价值。即如讲奈端①罢，从前总算是众口同词的认为可靠，但是现在，安斯坦②又几乎完全将他推倒。专门的知识，尚且如此，何况像我这种泛滥杂博的人并没有一种专门名家的学问呢？所以切盼诸君，不要说我有一艺之长，讲的话便句句可靠。最多，我想，亦只叫诸君知道我自己做学问的方法。譬如诸君看书，平素或多忽略不经意的地方，必要寻着这个做学问的方法，乃能事半功倍。真正做学问，乃是找着方法去自求，不是仅看人家研究所得的结果。因为人家研究所得的结果，终是人家的，况且所得的，也未必都对。讲到此处，我有一个笑话告诉诸君：记得在某一本小说里，说："吕纯阳③下山觅人传道，又不晓得谁是可传，他就设法来试验。有一次，在某地方，遇着一个人，吕纯阳登时将手一指，点石成金，就问那个人要否。那人只摇着头，说不要。吕纯阳再点一块大的试他，那人仍是不为所动。吕纯阳心里便十分欢喜，以为道有可传的人了；但是还恐怕靠不住，再以更大的金块试他，那人果然仍是不要。吕纯阳便问他不要的原因，满心承望他答覆一个热心向道。那晓得那人不然！他说：我不要你点成了的金块，我是要你那点金的指头，因为有了这只指头，便可以自由点用。"这虽是个笑话，但却很有意思。所以很盼诸君，要得着这个点石成金的指头——做学的方法——那么，以后才可以自由探讨，并可以辨正师傅的是否。教拳术的教师最少要希望徒弟能与他对敌，学者亦当悬此为鹄④。最好是要青出于蓝而胜于蓝；若仅仅是看前人研究所得，而不自行探讨，那么，得一便不能知其二。且取法乎上，得仅在中⑤，这样，学术岂不是要一天退化一天吗？人类知识进步，乃是要后人超过前人。后人应用前人的治学方法，而复从旧方法中，开发出新方法来，方法一天一天的增多，便一天一天的改善。拿着改善的新方法去治学，自然会优于前代。我个人的治学方法，或可以说是不错，我自己应用来也有些成效。可惜这次全部书中所说的，仍为知识的居多；还未谈做学的方法。倘若诸君细心去看，也可以寻找得出来。既经找出，再循着这方法做去，或者更能发现我的错误，或是来批评我，那就是我最欢喜的。

我今天演讲，不是关于知识方面的问题。诚然，知识在人生地位上，也是非常紧要，我从来并未将他看轻；不过，若是偏重知识，而轻忽其他人生重要之部，也是不行的。现在中国的学校，简直可说是贩卖知识的杂货店，文哲工商，各有经理，一般来求学的，也完全以顾客自命。固然欧美也同坐此病，不过病的深浅，略有不同。我以为长此以往，一定会发生不好的现象。中国现今政治上的窳败⑥，何尝不是前二十年教育不良的结果？盖二十年前的教育，全采用日德的军队式；并且仅能袭取皮毛，以至造成，今日一般无自动能力的人！现在哩，教育是完全换了路了，美国式代日式德式而兴，不出数年，我敢说是全部要变成美国化，或许我们这里，——东南大学——就是推行美化的大本营。美国式的教育，诚然是比德国式日本式的好；但是毛病还很多，不是我们理想之鹄。英人罗素⑦回国后，颇艳称中国的文化，发表的文字很多，他非常盼望我们这占全人类四分之一的特殊民族，不要变成了美国的"丑化"。这一点可说是他看得很清楚。美国人切实敏捷，诚然是他们的长处；但是中国人即使全部将他移植过来，使纯粹变成了一个东方的美国，漫讲没有这种可能，即能，我不知道诸君怎样，我是不愿的。因为倘若果然如此，那真是罗素所说的，把这有特质的民族，变成了丑化了。我们看得很清楚，今后的世界，决非美国式的教育所能域领。现在多数美国的青年，而且是好的青年，所作何事？不过是一生到死，急急忙忙的，不任一件事放过。忙进学校，忙上课，忙考试，忙升学，忙毕业，忙得文凭，忙谋事，忙花钱，忙快乐，忙恋爱，忙结婚，忙养儿女，还有最后一忙，——忙死。他们的少数学者，如詹姆士⑧之流，固然总想为他们别开生面；但是大部分已经是积重难返。像在这种人生观底下过活，那么，千千万万人，前脚接后脚的来这世界上走一趟，住几十年，干些什么哩？唯一无二的目的，岂不是来做消耗面包的机器吗？或是怕那宇宙间的物质运动的大轮子，缺了发动力，特自来供给他燃料？果真这样，人生还有一毫意味吗？人类还有一毫价值吗？现在全世界的青年，都因此无限的凄惶失望，知识愈多，沉闷愈苦。中国的青年，尤为利害。因为政治社会不安宁，家国之累，较他人为甚，环顾宇内，精神无可寄托。从前西人唯一维系内心之具，厥⑨为基督教。但是科学昌明后，第一个致命伤，便是宗教。从前在苦无可诉的时候，还得远远望着冥冥的天堂。现在呢，知道了，人类不是什么上帝创造，天堂更渺不可凭，这种宗教的麻醉剂，已是无法存在。讲到哲学吗，西方的哲人，素来只是高谈玄妙，不得真际，所足恃为人类安身立命之具，也是没有。再如讲到文学吗，似乎应该少可慰藉；但是欧美现代的文学，完全是刺戟[⑩]品，不过叫人稍醒麻木。但一切耳目口鼻所接，都足陷人于疲敝，刺戟一次，疲麻的程度又增加一次；如吃辣椒然，寖假而使舌端麻木到极点，势非取用极辣的胡椒来刺戟不可。这种刺戟的功用，简直如有烟癖的人，把鸦片或吗啡提精神一般。虽精神或可暂时振起，但是这种精神，不是鸦片和吗啡带得来的，是预支将来的精神。所以说一次预支，一回减少，一番刺戟，一度疲麻。现在他们的文字，只有短篇的最合胃口；小诗两句或三句；戏剧要独幕的好。至于荷马[⑪]、但丁[⑫]，屈原、宋玉，那种长篇的作品，可说是不曾理会。因为他们碌碌于舟车中，时间来不及，目的只不过取那种片时的刺戟，大大小小，都陷于这种病的状态中，所以他们一般有先见的人，都在遑遑求所以疗治之法。我们把这看了，那么，虽说我们在学校应求西学，而取舍自当有择；若是不问好歹，必无条件的移植过来，岂非人家饮鸩[⑬]，你也随善服毒，可怜可笑孰甚！

近来国中青年界很习闻的一句话，就是"知识饥荒"。却不晓得还有一个顶要紧的"精神饥荒"在那边。中国这种饥荒，都闹到极点。但是只要我们知道饥荒所在，自可想方法来补救。现在精神饥荒，闹到如此，而人多不自知，岂非危险！一般教导者，也不注意在这方面提倡，只天天设法怎样将知识去装青年的脑袋子。不知道精神生活完全，而后多的知识才是有用；苟无精神生活的人，为社会计，为个人计，都是知识少装一点为好。因为无精神生活的人，知识愈多，痛苦愈甚；作歹事的本领也增多。例如黄包车夫，知识粗浅，他决没有有知识的青年这样的烦闷；并且作恶的机会也很少。大奸慝的卖国贼，都是知识阶级的人做的。由此可见没有精神生活的人，有知识实在危险。盖人苟无安身立命之具，生活便无所指归㉕，生理心理，并呈病态。试略分别言之：就生理言，阳刚者必至发狂自杀；阴柔者自必委靡沉溺。再就心理言，阳刚者便悍然无顾，充分的恣求物质上的享乐。然而欲望与物质的增加率，相竞腾升，故虽有妻妾宫室之奉，仍不觉得快乐。阴柔者便日趋消极，成了一个竞争场上落伍的人；凄惶失望，更为痛苦。故谓精神生活不全，为社会，为个人，都是知识少点的为好。因此我可以说为学的首要，是救精神饥荒。

救济精神饥荒的方法，我认为东方的——中国与印度——比较最好。东方的学问，以精神为出发点；西方的学问，以物质为出发点。救知识饥荒，在西方找材料；救精神饥荒，在东方找材料。东方的人生观，无论中国印度，皆认物质生活为第二位；第一，就是精神生活。物质生活，仅视为补助精神生活的一种工具，求能保持肉体生存为已足；最要，在求精神生活的绝对自由。精神生活，贵能对物质界宣告独立；至少，要不受其牵制。如吃珍味，全是献媚于舌，并非精神上的需要。劳苦许久，仅为一寸软肉的奴隶，此即精神不自由。以身体全部论，吃面包亦何尝不可以饱？甘为肉体的奴隶，即精神为所束缚。必能不承认舌——一寸软肉为我，方为精神独立。东方的学问道德，几全部是教人如何方能将精神生活对客观的物质或已身的肉体宣告独立。佛家所谓解脱，近日所谓解放，亦即此意。客观物质的解放尚易；最难的为自身——耳目口鼻……的解放。西方言解放，尚不及此，所以就东方先哲的眼光看去，可以说是浅薄的，不彻底的。东方的主要精神，即精神生活的绝对自由。

求精神生活绝对自由的方法，中国印度不同。印度有大乘小乘⑮不同；中国有儒墨道各家不同。就讲儒家，又有孟荀朱陆⑯的不同。任各人性质机缘之异，而各择一条路走去。所以具体的方法，很难讲出。且我用的方法，也未见真是对的，更不能强诸君从同。但我自觉烦闷时少，自二十余岁到现在，不敢说精神已解脱，然所以烦闷少，也是靠此一条路，以为精神上的安慰。至于先哲教人救济精神饥荒的方法，约有两条：

（一）裁抑物质生活，使不得猖獗，然后保持精神生活的圆满。如先平盗贼，然后组织强固的政府。印度小乘教，即用此法。中国墨家，道家的大部，以及儒家程朱⑰，皆是如此。以程朱为例：他们说的持敬制欲，注重在应事接物上裁抑物质生活，以求达精神自由的境域。

（二）先立高尚美满的人生观，自己认清楚将精神生活确定，靠其势力以压抑物质生活。如此，不必细心检点，用拘谨功夫，自能达到精神生活绝对自由的目的。此法可谓积极的，即孟子说："先立乎其大者，则其小者不能夺也。"不主张一件一件去对付；且不必如此。先组织强固的政府，则地方自安；即有小丑跳梁，不必去管，自会消灭；如雪花飞近大火，早已自化了。此法佛家大乘教，儒家孟子陆王⑱皆用之。所谓"浩然之气"，即是此意。

以上二法，我不过介绍与诸君，并非主张诸君一定要取某种方法。两种方法虽异，而认清精神要解脱这一点却同。不过说青年时代应用的，现代所适用的，我以为采积极的方法较好。就是先立定美满的人生观，然后应用之以处世。至于如何的人生观方为美满，我却不敢说。因为我的人生观，未见得真是对的；恐怕能认清最美满的人生观，只有孔子、释迦牟尼有此功夫。我现在将我的人生观讲一讲，对不对，好不好，另为一问题。

我自己的人生观，可以说是从佛经及儒书中领略得来。我确信儒家佛家有两大相同点：

（一）宇宙是不圆满的，正在创造之中，待人类去努力，所以天天流动不息，常为缺陷，故为未济。若是先已造成，——既济的，那就死了，固定了，正因其在创造中，乃如儿童时代，生理上时时变化。这种变化，即人类之努力；除人类活动以外，无所谓宇宙。现在的宇宙，离光明处还远，不过走一步比前好一步；想立刻圆满，不会有的。最好的境域，——天堂，大同，极乐世界——不知在几千万年之后，决非我们几十年生命所能做到的。能了解此理，则作事自觉快慰。以前为个人为社会做事，不成功或做坏了，常感烦闷。明乎此，知做事不成功，是不足忧的，世界离光明尚远，在人类努力中，或偶有退步，不过是一现相。譬如登山，虽有时下，但以全部看仍是向上走。青年人烦闷，多因希望太过；知政治之不良，以为经一次改革，即行完满；及屡试而仍有缺陷，于是不免失望。不知宇宙的缺陷正多，岂是一步可升天的？失望之因，即根据于奢望过甚。《易经》说："乐则行之；忧则违之，确乎其不可拔！"此言甚精采。人要能如此看，方知人生不能不活动；而有活动，却不必往结果处想；最要不可有奢望。我相信孔子即是此人生观，所以"发愤忘食，乐以忘忧，不知老之将至。"他又说："智者乐水，仁者乐山，智者动，仁者静，智者乐，仁者寿。"天天快活，无一点烦闷气象。这是一件最重要的事。

（二）人不能单独存在，说世界上那一部分是我，很不对的。所以孔子"毋我"，佛家亦主张"无我"。所谓无我，并不是将固有的我压下或抛弃，乃根本就找不出我来。如说几十斤的肉体是我，那么，科学发明，证明我身体上的原质，也在诸君身上，也在树身上。如说精神的某部分是我，我敢说今天我讲演，我已跑入诸君精神里去了。常住学校中许多精神，变为我的一部分。读孔子的书及佛经，孔佛的精神，又有许多变为我的一部分。再就社会方面说，我与我的父母妻子，究竟有若干区别？许多人——不必尽是纯孝——看父母比自己还重要，此即我父母将我身之我压小。又如夫妇之爱，有妻视其夫，或夫视其妻，比己身更重的。然而何为我呢？男子为我；抑女子为我？实不易分。故彻底认清我之界限，是不可能的事。（此理佛家讲得最精，惜不能多说。）世界上本无我之存在。能体会此意，则自己作事，成败得失，根本没有。佛说："有一众生不成佛，我不成佛！""我不入地狱，谁入地狱？"至理名言，洞若观火。孔子也说："诚者非但诚己而已也。……"将为我的私心扫除，即将许多无谓的计较扫除。如此，可以做到"仁者不忧"的境域。有忧时，就是"先天下之忧而忧"。为人类——如父母，妻子，朋友，国家，世界，——而痛苦，免除私忧，即所以免烦恼。

我认东方宇宙未济人类无我之说，并非伦理学的认识；实在如此。我用功虽少，但时时能看清此点，此即我的信仰。我常觉快乐，悲愁不足扰我，即此信仰之光明所照。我现已年老，而趣味淋漓，精神不衰，亦靠此人生观。至于我的人生观，对不对，好不好，或与诸君的病合不合，都是另外一问题。我在此讲学，并非对于诸君有知识上的贡献；有呢，就在这一点。好不好，我自己也不知道。不过诸君要知道自己的精神饥荒，要找方法医治。我吃此药，觉得有效，因此贡献诸君采择。世界的将来，要靠诸君努力！

【注释】

①奈端：今译为牛顿，英国最伟大的科学家，发现万有引力，并定义了万有引力定律。②安斯坦：今译为爱因斯坦，美籍德国犹太人，创立了相对论。③吕纯阳：吕岩，字洞宾，道号纯阳子。道教全真派五祖之一。传说为八仙之一。④鹄：射箭的目标。⑤取法乎上，得仅在中：意思是取上等的为标准，也只能得到中等的。⑥窳败：败坏。⑦罗素：二十世纪英国哲学家、数学家、逻辑学家、社会活动家。⑧詹姆士：美国本土第一位哲学家和心理学家，也是教育家、实用主义的倡导者。⑨厥：乃。⑩刺戟：刺激。⑪荷马：古希腊盲诗人，著有《荷马史诗》。⑫但丁：意大利中世纪诗人，著有史诗《神曲》。⑬饮鸩：喝用鸩鸟羽毛泡制的毒酒。⑭指归：主旨，意向。⑮大乘小乘：指大乘佛法与小乘佛法。⑯孟荀朱陆：孟轲、荀况、朱熹、陆九渊四位哲学家的简称。⑰程朱：北宋程颢、程颐，南宋朱熹。理学中儒家流派。⑱陆王：南宋哲学家陆九渊与明朝理学家王守仁的合称。

知命与努力

【题解】

此文是作者于 1927 年 5 月 22 日在华北大学的讲演。原刊 1927 年 5 月 29 日《国闻周报》第 4 卷第 20 期。作者强调"知命与努力"的重要性。认为"这便是儒家的一大特色，也是中国民族一大特色，向来伟大人物，无不如此"。知命与努力，二者不可偏废，只知命，不努力，便会消极、懒惰，被自然淘汰；不知命，而做努力，则是鲁莽行事，最终变得软弱而一蹶不振。作者将"命"称作"分限"，来自四个方面：一、来自于自然界；二、来自于社会；三、来自于自身；四、来自于对手。将这些"分限"都明瞭于心而做的努力，才会有成效。作者认为一个人"持身涉世，如能领悟此一语的意义，做到此一层工夫，可以终身受用不尽！"

今天所讲的题目是"知命与努力"。知命同努力这两件事，骤看似乎不易合并在一处，《列子·力命篇》中曾经说明力与命不能相容，我从前作的诗也有"百年力与命相持"之句，都是把知命同努力分开，而且以为两者不能并存。可是，究竟是不是这样呢？现在便要研究这个问题。胡适之先生在欧洲演说中国文化，狠攻击知命之说，以为知命是一种懒惰哲学，这种主张，能养成懒惰根性。这话若不错，那么，我们这个懒惰人族，将来除了自然淘汰之一途外，真没有别条路可走了。但究竟是不是这样呢？现在还当讨论。

在《论语》里面有一句话："不知命无以为君子"。意思是说：凡人非有知命的工夫不能作君子。君子二字在儒家的意义常是代表高尚人格的。可以知道儒家的意见，是以知命为养成高尚人格的重要条件。其他"五十而知命"等类的话很多，知命一事在儒家可谓重视极了。再来返观儒家以外的各家的态度怎样呢？墨家树起反对之帜，矫正儒家，所攻击的，大半是儒家所重视的。所以墨家自然不相信命，《墨子·非命篇》中便极端否认知命，在现在讲，可算"打倒知命"了。列子的意见，更可从《力命篇》中看出，他假设两人对话，一名力，一名命，争论结果，偏重于命。列子是代表道家的，可见道家的主张，是根本将命抬到最高的地位，而将力压服在下面，和墨家重力黜①命的宗旨恰恰相反。可是儒家就不然，一面讲命，一面亦讲力，知命和努力，是同在一样的重要的地位，即以"不知命无以为君子"一句论，为君子便是努力，但却以知命为必要条件，可知在儒家的眼光中两者毫无轩轾②了。

命字到底怎么解呢？《论语》中的话很简单，未曾把定义揭出来。我们只好在儒家后辈的书籍中寻解说，《孟子》，《荀子》，《礼记》，这三种都是后来儒家的重要的书。《孟子》说："莫之致而至者命也。"意谓并不靠我们力量去促成，而它自己当然来的，便是命。《荀子》说："节遇谓之命。"节是时节，意谓在某一时节偶然遇着的，便是命。《礼记》说："分于道之谓命。"这一条戴东原⑧解释得最详，他以为道是全体的统一的，在那全体的里面，分一部分出来，部分对于全体，自然要受其支配，那叫做"分限"，便是命。综合这几条，简单的说，就是：我们的行为，受了一种不可抵抗的力量的支配，偶然间遇着一个机会，或者被限制着止许在一定范围内自由活动，这便是命。命的观念，大概如此。

分限——命——的观念既明，究竟有多少种类，经过详密的分析，大约有下列四种：

（一）自然界给予的分限：这类分限，极为明显易知，如现在天暖，须服薄衣，转眼秋冬来了，又要需用厚衣，这便是一种自然界的分限。用外国语解释，便是自然界对于人类行为，给的一个 order，只能在范围内活动，想超过是不能的。人类常常自夸，人力万能征服了自然界，但是到底征服了多少，还是个问题，譬如前时旧金山和日本的地震，人类几十年努力经营的结果，只消自然界几秒钟的破坏，便消灭无余，人类到底征服了自然界多少呢？近几天，天文家又传说慧星将与地球接近，星尾若扫到地面，便要发生危险，此事固未实现，然假设慧星尾与地面接触了，那变化又何堪设想，彼时人类征服自然界的力量又如何呢？这样便证明自然界的力量，委实比我们人类大得多，人类不得不在它给予的分限中讨生活的。

（二）社会给予的分限：凡是一个社会，必有它的时间的遗传和空间的环境，这两样都能给予人们以重要的分限。无论如何强有力的人，在一个历时很久的社会中，总不能使那若干年遗传的结果消灭，并且自身反要受它的影响。即如我中华民国，挂上民治招牌已十六年了，实际上种种举动，所以名实不符者，实在是完全受了数千年历史惰力所支配，不克自拔。社会如此，个人亦如此；一人如此，众人亦如此。不独为世所诟病⑥的军阀官僚，难免此惰力之支配，乃至现代蓬勃之青年，是否果能推翻惰力，不受其支配，仔细思之，当然不敢自信。吾人一举一动，一言一行，所不为惰力所干涉者，实不多见的。至于空间方面，亦复如是，现在中国经济状况，日趋贫乏，几乎有全国国民皆有无食之苦的景况。若想用人的力量去改这种不幸的情形，不是这一端改好，那一端又发生毛病；便是那一端改好，这一端又现出流弊。环境的势力，好似一条长链，互相牵掣，吾人的生活，便是在这全国环境互相牵掣的势力支配的底下决定，人为的改造，是不能实现的。小而言之，一个团体，也是这样。凡一个学校，它有学风，某一个在这学校里念书的学生，当然受学风的影响和支配，想跳出学风以外，是不容易的。而这个学校的学风，又不是单独成立的，又与其他学校发生连带关系，譬如在北京某一学校，它的学风，不能不受全北京学校的学风的影响和支配，而不能脱离，就是这样。全北京的学风，影响到某一校；一校的学风，又影响到某一人，关系是如此其密切而复杂，所以社会在空间上给予人们的分限，是不可避免，而不易改造的。

（三）个人固有的分限：在个人自身的性质、能力、身体、人格、经济诸方面，常有许多不由自主的状态，这便是个人固有的分限。这些分限，有的是先天带来的，有的是受了社会的影响自然形成的，然而其为分限则一。譬如有些人身体好，有些人身体坏，身体好的人每天做十多点钟的功课，不觉疲倦；身体弱的人每天只用功几点钟，便非常困乏，再不停止，甚至患病。像这种差别，是没有法子去平均和补救的。讲其原因，自然是归咎于父母的身体不强壮，才遗传这般的体质。这不独个人为然，即以民族而言，华人同欧美比较，相去实在很远，这都是以前的祖先遗留的结果，不是一时的现象，然而既经堕落到如此地步，再想齐驱并驾，实无方法可施。既曰实行卫生，或可稍图改善，然一样的运动，一样的营养，而强者自强，弱者自弱，想立刻平等，是不可能的。才能经济诸端，尤其易见，有聪明有天才的人，一目十行，倚马万言⑤，资质愚笨的人，自然赶他不上；有遗产的子弟，可以安富尊荣，卒业游学，家境困苦的人，自然千辛万苦，往往学业不完。这种分限，凡为人类，怎能逃脱。身体才能，固然不能变易，即如物质方面之经济力，似乎可以转换，然而要将一个穷学生于顷刻中化为富豪，亦是不能实现的事。物质的限制尚且如此之难去，何论其他，个人分限，诚不可轻视的了。

（四）对手方给予的分限：凡人固然自己要活动，然而同时别人也要活动，彼此原都是一样的。加之人的活动方面，对自然常少，而对于他人的常多，所以人们活动是最易和他人发生关系的，既然如此，人们活动的时候，那对手方对于自己的活动也很有影响，这影响就是分限了。人们对他人发生活动，他人为应付起见，发出相当的活动来对抗，于是自己起了所谓反应。反应也有顺的，也有逆的，遇见顺的，尚不要紧；遇见逆的，则自己的活动将受其限制，而不能为所欲为，于是便构成了对手方的分限。这可以拿施教育者与受教育者做个比方，施者虽极力求其领会，然受者仍有活动的余地，若起了逆的反应，这个教育的方法，便要失败的。此犹言团体行为也，个人对个人也是如此，朋友、夫妇间的关系，何莫不然。无论如何任性的人，他的行为总难免反受其妻之若干分限，妻之方面亦同。人生最亲爱者，莫如夫妇，而对手方犹不能不有分限，遑论⑥其他。犹之下棋，我走一着，人亦走一着，设禁止人之移棋，任我独下，自属全胜。无如事实不许，禁止他人，既难做到，而人之一着，常常与我以危险，制我之死命，于是不得不放弃预定计画，与之极力周旋，以求最后之胜利。此即对手分限之说，乃人人相互间，双方行为接触所起之反应了。

此四种分限——再加分析，容或更有——既经明暸，只受一种之限制时，已足发生困难，使数十年之工作，一旦毁坏。然人生厄运，不止如是，实际上，吾人日常生活，几无不备受四种分限之包围和压迫。因此，假使有一不知命的人，不承认分限，甚至不知分限，或不注意分限，以为无论何事，我要如何便如何，可以达到目的。此种人勇气虽然很大，动辄行其开步走的主义，一往直前。可是，设使前边有一堵墙，拦住去路，人告诉他前面有墙，墙是走不过去的，而他悍然不顾，以为没有墙，我不信墙的限制，仍然前行。有时前面本是无墙，侥幸得以穿过，然已是可一不可再的成功，今既有墙，若是墙能任意穿行，自然很好，但墙实在是不能通过的东西，于是结果，他碰了墙，碰得头破脑裂，不得不回来。回来改变方向，仍是照这样碰墙，碰了几回之后，一经躺下，比任何软弱人还软弱，再无复起的希望。因他努力自信，总想超过他的希望，不想结果失望，自然一蹶不振。这种人的勇气，不能永久保持，一遇阻碍，必生厌倦，所以不知命——不信分限，专恃莽气的人是很难成功的。

儒家知命的话，在《论语》中有很重要的一句，便是批评孔子的："知其不可为而为之"那一句。可见知其可为而为之——不知或不信分限，不是勇气；必要知其不可为而为之，才算勇气。明知山上有金矿动手去掘的人，那不算有勇；要明知不可为，而知道应该去做的人，才算伟大。这句话很可以表现孔子的全部人格，也可以作为知命与努力的注脚，"知其不可为"便是知命，"而为之"便是努力，孔子的伟大和勇气，在此可以完全看出了。我们的科学家，或是梦想他的能力可以征服自然界，能够制止地震，固不算真科学家；或是因为知遇地震无法防止，便不讲预防之法，听其自然，也非真科学家。我们的真科学家，必具有下列的精神，便是明知地震是无法控制的，也不作谬妄的大言，但也不流于消极，仍然尽心竭力去研究预防的方法，能够预防多少，便是多少，不因不能控制而自馁，也不因稍一预防而自夸，这种科学家才是真科学家，如我们所需要的。他们的预料，本来只在某一限度，限度之上就应当无效或失败，但他们知道应该做这种工作，仍是勤勉地去做着，尝试复尝试，不妨其多，结果如是失败，原不出其所料，万无失望的打击；幸而一二分的成功，于是他们便喜出望外了。知命之道，如此而已。

这种一二分的成功，为何可喜呢？因为世界的成功，都是比较的，无止境的。中国爱国的人，都想把国家弄得像欧美日本一样富强，好似欧美日本便是国家的极轨一样，谁知欧美日本，也不见得便算成功，国中正有无穷的纷扰哩！犹如列子所语的愚公移山，他虽不能一手把很高的山移完，可是他的子孙能够继续着去工作，他及身虽止能见到移去一尺二尺，也是够愉快，比起来未见分毫的移动，强得多了。成功犹如万万里的长道，一人的生命能力，可不能走完，然而走到中途，也胜与终身不走的哩！所以知命者，明知成功之不可必，了解分限之不可逃，在分限圈制前提之下去努力，才是真能努力的人啊！

我们为何需要真正的努力？因为只有真正的努力，才可不厌不倦。人何以有厌倦？多因不知分限，希望过大，动遭失败，所以如此。知命的人，便无此弊。孔门学问如"学而不厌，诲人不倦"，"为之不厌，诲人不倦"，"居之无倦"，"请益曰无倦"，"自强不息"，"不怨天不尤人"诸端。所谓不厌，不倦，不息，不怨，不尤，都是不以前途阻碍而退馁，是消极的知命。如"学而时习之不亦悦乎，有朋自远方来不亦乐乎"，都是以稍有成功而自娱，是积极的努力。所以我们不止要排除尊己黜人的妄诞，也宜蠲⑦去美人恨己的忧伤，因这两者都于事实是无益的。我人徒见美国工人生活舒适，比中国资产阶级甚或过之，于是自怨自艾，于己之地位运动宁复有济。犹之豫湘⑧人民，因罹兵灾，遽羡妒他省人民，又岂于事实有补。总之，生此环境，于此时期，惟有勤勉乃身，委曲求全，其他夸诞怨艾之念，均不可存的。

孔子的"发愤忘食，乐以忘忧"工夫，实在是知命和努力的一个大榜样。儒家弟子，受其感化的，代不乏人。如汉之诸葛亮，固知辅蜀⑨讨曹之无功，然而仍以"鞠躬尽瘁死而后已"为职志者，深明"汉贼不两立，皇室不偏安"之义，晓得应该如此做去，故不得不做，此由知命而进于努力者也。又如近代之胡林翼⑩、曾国藩⑪，固曾勋业彪炳，而读其遗书，则立言无不以安命为本，因二公饱经事故，阅历有得，故谆谆以安命为言，此由努力而进于知命者也。凡人能具此二者，则作事时较有把握，较能持久。其知命也，非为懒惰而知命，实因镇定而知命；其努力也，非为侥幸而努力，实为牺牲而努力。既为牺牲而努力，做事自然勇气百倍，既无厌倦，又有快乐了。所以我们要学孔子的发愤忘食，便是学他的努力；要学孔子的乐以忘忧，便是学他的知命。知命和努力，原来是不可分离，互相为用的，再没有不相容的疑惑了。知命与努力，这便是儒家的一大特色，也是中国民族一大特色，向来伟大人物，无不如此。诸君持身涉世，如能领悟此一语的意义，做到此一层工夫，可以终身受用不尽！

【注释】

①黜：废除，取消。②轩轾：高低优劣。③戴东原：戴震，字东原，清朝思想家，考据学家，后人编有《戴氏遗书》。④诟病：指责或嘲骂。⑤倚马万言：倚靠在即将出发的战马前起草千万言的文件。形容才思敏捷。⑥遑论："不遑多论"的缩语，来不及多论。⑦蠲：除去，清除。⑧豫湘：今河南、湖南一带。⑨蜀：三国时刘备建立的蜀汉政权。⑩胡林翼：清朝大臣，湘军首领之一。谥文忠。⑪曾国藩：清朝大臣，湘军首领。平定太平天国后，主动裁撤湘军，谥文正。

如何造成一个学者

【题解】

　　此文是作者于 1925 年 9 月 13 日在清华研究院讲演的，谢明霄述意。作者指出造成学者的两个基本条件：一、养成作学问之能力。要明敏，即眼光要锐敏，善于观察与发展；要密察、能从各方面精细观察；善别裁、会鉴别；能通方，本通旁通，彻始彻终。二、养成作学问之良好习惯、要忠实。不盲从，不剿说；要深切。不要强不知以为知，不要以半解为全解；要敬慎。不武断，不轻信；要不倦。不厌烦琐，持之以恒。凡此种种，皆为材智与德行之修养。有志于成为学者的青年学子，皆应从这些方面磨励自己。

　　梁任公先生最近在清华研究院宣布该院创设之旨趣与夫造成学者所必须之条件，颇可供青年有志学术者之参考。录特其大意如左。

清华研究院之重要目的，在养成一般学者，但此事非短时期所能办。古今中外大学问家，四十岁以前多作预备工夫，其成就总在五六十岁或七十岁，文学家艺术家大部分依赖天才，可以早成；若用科学方法研究学问，必须经历相当时间，受过许多磨练。希望在一两年内造成大学者，真是妄想。清华研究院固不敢希望在一两年短时期中有大学者出现，但却愿使诸君得到造成学者之基本修养。

造成学者之基本条件有二：

一，养成作学问之能力。

（甲）明敏。明敏者，眼光锐敏之意。古人所谓读书得问是也。苹果落地，牛顿[①]怀疑而发现地心吸力；沸水冲动壶盖，瓦特惊异而发明蒸气机。于毫无问题之事物现象中能发现问题，此为研究学问第一要素。

（乙）密察。即《中庸》所谓文理密察。吾人对于问题，须从各方面观察，须精细观察。

（丙）别裁。对于杂乱繁多之材料，须能鉴别其为真或为伪，有用或无用，重要或次要。

（丁）通方。通方者，彻始彻终之谓。一问题并非孤立，必有与之相关之事件或问题，吾人对于本问题全部固须了解，即对于相关事件及问题，亦须有常识。本通旁通，方可免于偏陋拘墟[②]。

上述四端为作学问必具之能力，我辈在研究院中，希望帮助诸君养成。

二，养成作学问之良好习惯。

（甲）忠实。但凡不忠实，必定一事无成。学问上之不忠实，无如盲从与剿说。自己不用思想，一味相信别人，听人指使，谓之盲从。自己并无心得，随便以古人所说，改头换面，冒称已有，谓之剿说。此直学问界之盗贼。二者皆作学问之大忌，犯者不仅学问不成，亦于人格有损。

（乙）深切。与深切相反者，为肤阔与模糊。肤阔是懂得一点皮毛，不着边际，无显明界限，犯笼统宽泛之病。模糊是不清楚，不切实，对于一切现象，如隔几层窗纱，视察不明了。从前科举时代，场屋对策③，引用古圣先贤之语，连篇累牍，其实对于古人之言，并未真正了解其意义。然以此猎取功名者极多。现在学生对于各种科学之智识，类皆模糊影响，而在学校试验中，可操胜算。吾人须切实改正，不要强不知以为知，不要以半解为全解，不学则已，学必透彻。

（丙）敬慎。敬慎为作学问第一要件，不敬慎便流为武断。得一不可靠之孤证，遂加判断或有所主张，遂至真伪不明，是非颠倒。近人有喜专作翻案，出风头，末流至于尖酸刻薄。又有一种人专文过饰非，明知原先假定错误，但因自己曾费许多心血，不忍断然舍弃，于是支离牵强，曲为附会，是为护短。现今有名学者，多犯此病；尚有人立论根基不稳，稍受外界批评或影响，便立时改变主张，如是者屡④，遂入迷途，是皆所谓不敬慎也。

（丁）不倦。《论语》云："居之无倦，行之以忠。"此诚作学问之良好习惯。不倦有二义。一曰耐烦。搜集材料时不厌烦琐，比较或组织材料时不惜工夫，虽是极小问题，亦以全力赴之。达尔文⑤研究生物，养饲鸽子至于数十年，每日观察数次，故能有绝大贡献。二曰持久。大学者多以六七十岁为成熟期，倘无老而不衰之精神，绝难有伟大不朽之事业。现时青年在大学毕业或留学回国以后，学问便算终了，以此与书绝缘，此实可悲现象。其研究所以不能持久，主要原因由于对学问无甚深兴趣。此种兴味之养成，须经过磨练，苦尽甘来，遂与学问结不解缘矣。

上述养成能力，即是磨练材智，养成习惯；即是陶行冶德。材智与德行，不但作学问者必具，即对于作事者亦非常重要。清华研究院一方面固欲造成多数著述家及教育家，而更深之意义，则欲为社会造出许多领袖人物。领袖人物有需于材智与德行之修养，更何待言。诸君在此，有如斯良好之环境与设备，望勿自弃，鄙人当随诸导师之后，与诸君共勉焉。

【注释】

①牛顿：英国科学家。②拘墟：拘墟之见，形容狭隘短浅的见识。③场屋：科举考试的地方，又称科场。对策：汉代出现的察举制度的一种考试方法，又称"策试"。④如是者屡：多次这样。⑤达尔文：英国生物学家，进化论的奠基人。